Y0-ASQ-924

**Edición sénior** Helen Murray
**Edición de arte sénior** Anna Formanek
**Edición** Nicole Reynolds y Catherine Saunders
**Diseño** David McDonald, James McKeag e Isabelle Merry
**Producción editorial** Jennifer Murray
**Control de producción** Lloyd Robertson
**Coordinación editorial** Paula Regan
**Coordinación de arte** Jo Connor
**Dirección de publicaciones** Mark Searle

**Textos** Thomas McBrien

**Construcciones** CEa_Tlde/Cyana, Jonathize, Erik Löf, Frost_Beer, Guillaume Dubocage, Jakob Grafe, Jérémie Triplet, MYodaa, Ruben Six, Sander Poelmans, sonja firehart y Swampbaron.
**Renderización** Swampbaron
**Coordinación de construcciones Minecraft** Christian Glücklich

**COORDINACIÓN DE LA EDICIÓN EN ESPAÑOL**
**Coordinación editorial** Helena Peña Del Valle
**Asistencia editorial y producción** Eduard Sepúlveda

**DK desea expresar su agradecimiento a:**
Jay Castello, Kelsey Ranallo, Sherin Kwan y Alex Wiltshire, de Mojang; los asesores pedagógicos David Holmes, Philip Parker y Giles Sparrow; Maximilian Schröder por su ayuda técnica; LS Design por su apoyo en el diseño; Shari Last y Lisa Stock por la ayuda en la edición; Julia March por la revisión de los textos. Un agradecimiento especial para Max Kavanagh.

Publicado originalmente en Gran Bretaña en 2023 por Dorling Kindersley Limited
DK, One Embassy Gardens, 8 Viaduct Gardens, London, SW11 7BW

Parte de Penguin Random House

Título original: *The Minecraft Ideas Book*
Primera edición 2024

Copyright del diseño de página
© 2023 Dorling Kindersley Limited

© Traducción en español 2024
Dorling Kindersley Limited

Servicios editoriales: deleatur, s.l.
Traducción: Joan Andreano Weyland

© 2024 Mojang AB. All Rights Reserved. Minecraft, the Minecraft logo, the Mojang Studios logo and the Creeper logo are trademarks of the Microsoft group of companies.

Todos los derechos reservados. Queda prohibida, salvo excepción prevista en la Ley, cualquier forma de reproducción, distribución, comunicación pública y transformación de esta obra sin contar con la autorización de los titulares de la propiedad intelectual.

ISBN 978-0-7440-9411-4

Impreso en China

**www.dkespañol.com**

**Minecraft.net**

Este libro se ha impreso con papel certificado por el Forest Stewardship Council™ como parte del compromiso de DK por un futuro sostenible.
**Para más información, visita www.dk.com/our-green-pledge.**

DK

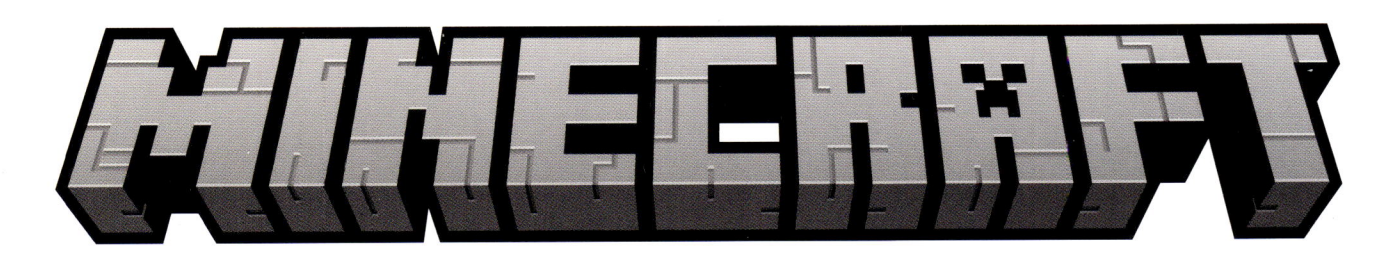

# MINECRAFT
# EL LIBRO DE LAS IDEAS

## CREA EL MUNDO REAL EN MINECRAFT

Thomas McBrien

# CONTENIDO

| | |
|---|---|
| **INTRODUCCIÓN** | **8** |
| **GLOSARIO** | **10** |
| **TRUCOS DE CONSTRUCCIÓN** | **12** |

## VIAJE AL PASADO — 14

| | |
|---|---|
| GRAN PIRÁMIDE DE GUIZA | 16 |
| GRAN MURALLA CHINA | 18 |
| CIRCO MÁXIMO | 22 |
| CIUDAD PROHIBIDA | 24 |
| CANOA POLINESIA | 28 |
| CASTILLO DE NEUSCHWANSTEIN | 30 |
| FASIL GHEBBI | 32 |
| RMS TITANIC | 34 |
| JARDINES COLGANTES DE BABILONIA | 38 |
| STONEHENGE | 40 |
| ESTATUA DE LA LIBERTAD | 42 |
| ACRÓPOLIS DE ATENAS | 44 |
| TAJ MAHAL | 48 |
| NIDO DEL TIGRE | 50 |
| TESORO DE PETRA | 52 |
| ANGKOR WAT | 54 |
| TORRE EIFFEL | 56 |
| YACIMIENTO PALEONTOLÓGICO | 58 |
| CASAS DEL MUNDO | 60 |

## PLANETA ASOMBROSO — 64

| | |
|---|---|
| CAMPAMENTO BASE DEL EVEREST | 66 |
| GRAN FUENTE PRISMÁTICA | 68 |
| SELVA TROPICAL | 70 |
| GRAN BARRERA DE CORAL | 74 |
| CATARATAS VICTORIA | 76 |
| CAÑO CRISTALES | 78 |
| TORRES DEL PAINE | 80 |
| PAN DE AZÚCAR | 82 |
| MONTE ETNA | 86 |
| DELTA DEL OKAVANGO | 88 |
| FOSA OCEÁNICA | 90 |
| BOSQUE DE SECUOYAS | 92 |
| ISLAS GALÁPAGOS | 94 |
| BAHÍA DE HA LONG | 96 |
| CUEVAS DE MÁRMOL | 98 |
| LAGOS DE PLITVICE | 100 |

## ¡EXPLORA! 102

| | |
|---|---|
| CASA DANZANTE | 104 |
| SHINJUKU | 106 |
| ALDEA FLOTANTE | 108 |
| ESTACIÓN DE METRO DE LONDRES | 110 |
| ISLAS DE LOS UROS | 114 |
| BASE DE PANDAS DE CHENGDU | 116 |
| ROVOS RAIL | 118 |
| PLATAFORMA DE LANZAMIENTO | 122 |
| MARTE, EL PLANETA ROJO | 126 |
| ESTACIÓN ESPACIAL INTERNACIONAL | 128 |
| BUQUE DE INVESTIGACIÓN POLAR | 132 |
| PUENTE DE BROOKLYN | 134 |
| GRAN BAZAR | 136 |
| CASTILLO DE CHENONCEAU | 138 |
| GLOBO AEROSTÁTICO | 140 |

## CREA TU MUNDO 142

| | |
|---|---|
| MICROCIUDAD | 144 |
| MUSEO DE HISTORIA NATURAL | 146 |
| CARRETERAS | 150 |
| PARQUE ACUÁTICO DE OBSTÁCULOS | 152 |
| TORRE DE VIGILANCIA | 154 |
| ESCENARIO AL AIRE LIBRE | 156 |
| CENTRO COMERCIAL | 158 |
| FUEGOS ARTIFICIALES | 162 |
| PISCINA | 164 |
| ROCÓDROMO | 166 |
| ACUARIO | 168 |
| FERIA | 170 |
| PARQUE COMUNITARIO | 174 |
| CASA ECOLÓGICA | 176 |
| CIUDAD FUTURISTA | 178 |
| GRANJA MODERNA | 182 |
| ESTACIÓN DE DEPORTES DE INVIERNO | 184 |
| ESTADIO DE FÚTBOL | 186 |
| JARDÍN BOTÁNICO | 188 |
| TEATRO | 190 |

## LOS CONSTRUCTORES 192

# INTRODUCCIÓN

Con más de 800 bloques para jugar, además de los que se agregan con cada actualización, lo único que necesitas son ideas para liberar tu creatividad en Minecraft. En este libro encontrarás más de 70 ideas asombrosas, inspiradas en el mundo que te rodea. Antes de embarcarte en tu aventura con Minecraft, aquí tienes algunos consejos para comenzar.

## GRANDES IDEAS

Este libro está lleno de ideas para inspirarte y explorar. En sus páginas hallarás mucha información y consejos sobre Minecraft, mientras aprendes sobre los referentes del mundo real en que se inspiraron las construcciones. Presta atención a estos recuadros mientras pasas las páginas.

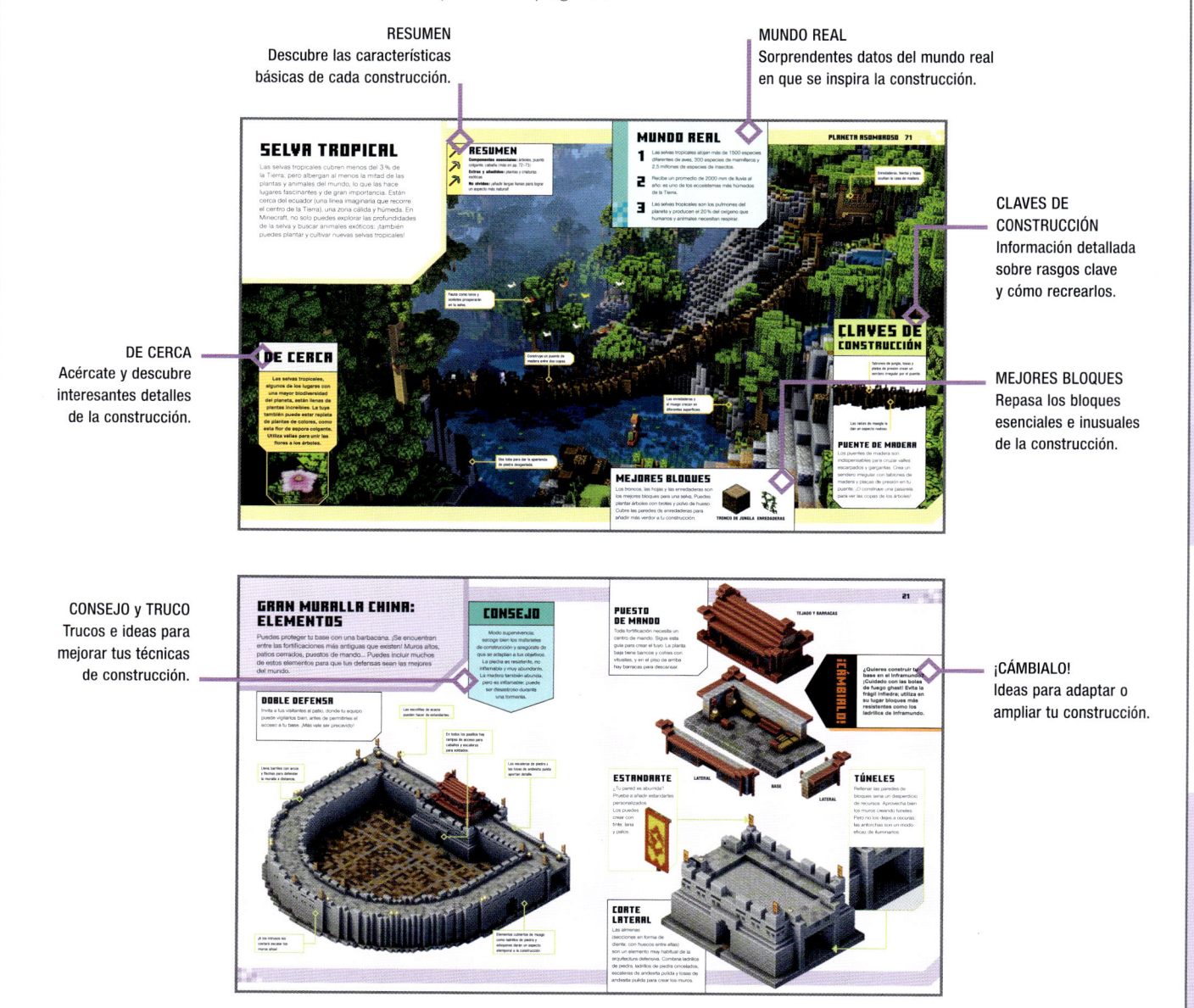

**RESUMEN**
Descubre las características básicas de cada construcción.

**MUNDO REAL**
Sorprendentes datos del mundo real en que se inspira la construcción.

**CLAVES DE CONSTRUCCIÓN**
Información detallada sobre rasgos clave y cómo recrearlos.

**DE CERCA**
Acércate y descubre interesantes detalles de la construcción.

**MEJORES BLOQUES**
Repasa los bloques esenciales e inusuales de la construcción.

**CONSEJO y TRUCO**
Trucos e ideas para mejorar tus técnicas de construcción.

**¡CÁMBIALO!**
Ideas para adaptar o ampliar tu construcción.

# CONOCE TUS BLOQUES

Los bloques son el material de construcción de Minecraft. Son sencillos cubos que llenan una unidad de espacio y forman el mundo de Minecraft. Tienen diferentes formas, tamaños y colores, y puedes dividirlos en grupos.

## BLOQUES BÁSICOS

La mayoría de los bloques que se utilizan en Minecraft son bloques de construcción básicos. Los hay de muchos tipos diferentes, como madera y piedra. Muchos están disponibles como bloques, escaleras, losas y paredes.

## BLOQUES DE REDSTONE

Estos bloques te permiten crear máquinas y añadir dispositivos como interruptores y puertas automáticas. Cuando excavas un bloque de piedra roja, obtienes una sustancia llamada polvo de redstone que transporta energía. ¡Conoce los diferentes tipos de bloques de redstone y aprovecha su poder!

- BLOQUE
- ESCALERAS
- PARED
- POLVO DE REDSTONE
- ANTORCHA DE REDSTONE
- SOLTADOR
- REPETIDOR DE REDSTONE
- REDSTONE
- ESCOTILLA DE REDSTONE
- BOTÓN
- LOSA
- RAÍL PROPULSADO
- DISPENSADOR
- PISTÓN
- DIANA

## BLOQUES INTERACTIVOS

Los bloques interactivos o utilitarios tienen un propósito distinto: pueden tener funciones sencillas (una palanca, un botón, una trampilla) o ser herramientas, como la mesa de trabajo o el horno.

- ESCOTILLA
- BOTÓN
- PALANCA
- YUNQUE
- COFRE
- HORNO
- MESA DE TRABAJO
- CAMA

## COLORES

Algunos bloques existen en hasta dieciséis colores. Los hallarás en el Inventario de Modo creativo, y puedes hacerlos con tinte y una mesa de trabajo.

- BLANCO
- NARANJA
- MAGENTA
- AZUL CLARO
- AMARILLO
- VERDE LIMA
- ROSA
- GRIS
- GRIS CLARO
- CIAN
- MORADO
- AZUL
- MARRÓN
- VERDE
- ROJO
- NEGRO

## CONSEJO

Usa los ejemplos del libro para inspirarte. No tienes que copiarlos al dedillo: sé creativo y personaliza tus construcciones. Puedes inspirarte en una torre de un castillo o añadir una columna de burbujas a tu construcción, ¡o hacer algo totalmente diferente!

# GLOSARIO

Al introducirte en Minecraft verás que hay muchos términos nuevos. Esta es una lista de algunos de los que verás en el libro y su significado.

**ALDEANO** Criatura pasiva que interactúa con jugadores ofreciendo tratos.

**ALFOMBRA** Fina capa de lana que se puede teñir de 16 colores.

**BIOMA** Un paisaje único, como los biomas de océanos, llanuras o pantanos. Hay más de 60 biomas en Minecraft.

**BLOQUE** Unidad básica de estructura en Minecraft que ocupa un espacio.

**BLOQUE DE COMANDOS** Bloque especial que se puede programar.

**BOTÓN** Bloque interactivo que envía una señal de redstone al pulsarse.

**CATALEJO** Esta lente de aumento permite ver de cerca objetos o lugares lejanos.

**COLUMNA DE BURBUJAS** Transporta a los jugadores hacia arriba si se hace con arena de almas o hacia abajo si se hace con magma.

**COMERCIO** Intercambio de esmeraldas y objetos con aldeanos.

**CREEPER** Criatura hostil que explota cerca de los jugadores.

**CRIATURA** Entidad controlada por el ordenador que parece viva. Es neutral, pasiva u hostil.

**DIMENSIÓN** Un reino de Minecraft. Hay tres dimensiones: el Mundo superior, el Inframundo y el End.

**END, EL** Oscura dimensión de Minecraft caracterizada por el Dragón de Ender y extraño terreno.

**ELEMENTO** Cualquier objeto de un inventario. Cuando se utiliza, un bloque o entidad (una vagoneta, un barco) aparece en el juego. Se muestran en un marco, un marco luminoso o soporte para armadura.

**ÉLITROS** Par de alas que se puede hallar en el End para volar planeando.

**ENCANTAMIENTO** Mejora que se puede añadir a la utilidad de una herramienta.

**ESCALERAS** Variante escalonada de bloque.

**ESCOTILLA** Bloque interactivo de barrera que se abre y cierra a mano o con señal redstone.

**ESTACIÓN DE TRABAJO** Bloque que, colocado junto a un aldeano ocioso, le hace adoptar ese oficio, como un telar con un pastor o un ahumador con un carnicero.

**ESTANDARTE** Alto bloque ornamental que se puede teñir y diseñar en un telar.

**FUENTE DE AGUA** Suministro de agua. Se pueden añadir y trasladar con cubos.

**FUENTE DE LUZ** Bloque que emite luz, como una antorcha, linterna o fogata.

**FUNDIR** Método para refinar bloques en Modo supervivencia. Por ejemplo, fundir convierte el mineral de hierro en lingotes.

**GENERACIÓN** Creación de criaturas y jugadores.

**HACHA** Herramienta para minar bloques de madera en Modo supervivencia.

**INFRAMUNDO** Una dimensión hostil en Minecraft.

**INVENTARIO (MODO CREATIVO)** Menú emergente donde hallar los bloques disponibles.

**INVENTARIO (MODO SUPERVIVENCIA)** Menú emergente en el que hallar los bloques recogidos y el equipo creado.

**LIBRO** Objeto hecho de cuero y papel. Puede escribirse o usarse para encantamientos.

**LOSAS** Bloque decorativo con la mitad de altura de un bloque.

**MESA DE ENCANTAMIENTO** Bloque interactivo que se usa para encantar objetos usando experiencia y lapislázuli.

**MESA DE TRABAJO** Bloque utilitario para crear bloques en Modo supervivencia.

**MINAR** Recoger bloques para obtener recursos.

**MODO CREATIVO** Modo de juego que da acceso a un suministro infinito de bloques y capacidad de vuelo.

**MODO SUPERVIVENCIA** Modo de juego en el que los jugadores tienen que recoger recursos y sobrevivir a peligros tanto diurnos como nocturnos.

**MUNDO SUPERIOR** Dimensión con varios biomas. Punto de inicio del jugador.

**NIVEL XYZ** Coordenadas en Minecraft. X indica este/oeste; Z indica norte/sur; Y es altura o profundidad en el mundo del juego.

**PALA** Herramienta para extraer bloques tipo tierra en Modo supervivencia (tierra, arena, grava...)

**PARARRAYOS** Bloque que redirige relámpagos, protege y genera una señal de redstone.

**PICO** Herramienta empleada para minar bloques minerales en Modo supervivencia.

**PILAR** Variante decorativa y con textura de bloque.

**PUERTA** Bloque barrera que puede abrirse y cerrarse a mano o con señal de redstone.

**PUERTA DE VALLA** Barrera interactiva que no es posible saltar, y que se abre a mano o mediante señal de redstone.

**REDSTONE** Término general para los bloques de ingeniería y sistema que permiten a los jugadores crear máquinas funcionales a sus construcciones. También, tipo de bloque que funciona como fuente de energía.

**REGENERACIÓN** Cuando los jugadores perecen, se regeneran en un lugar dado. Este lugar de regeneración puede cambiarse con una cama (Mundo superior) o ancla de regeneración (Inframundo).

**SAQUEADOR** Hostil criatura con ballesta que pulula por el Mundo superior.

**SENSOR DE LUZ SOLAR** Bloque de redstone que envía una señal al detectar luz solar.

**TELAR** Estación de trabajo del pastor. Se puede usar para añadir patrones a estandartes o como combustible en el horno.

**TERRAFORMACIÓN** Proceso deliberado de alterar el entorno, en Minecraft, o de convertir un bioma en otro.

**TIJERAS** Herramienta para extraer bloques orgánicos en Modo supervivencia (hierba, hojas, telarañas...).

**TINTE** Objeto que se usa para cambiar el color de bloques.

**VAGONETA** Vehículo similar a un tren que solo circula por vías. Se puede montar en ellas, pero se detienen si hay algo en el camino.

**VALLA** Barrera con aperturas a través de las que se puede ver. Por norma general no se puede saltar por encima.

**VARA DEL END** Recurso lumínico natural que puede utilizarse como decoración, para escalar torres o fundir nieve y hielo.

**VARIANTE (O VARIANTE DE BLOQUE)** Variación de bloque básico. Puede tratarse de losas, escaleras, paredes, escotillas, botones o bloques cincelados.

# JUEGA CON SEGURIDAD

Internet es genial para jugar, ver vídeos o comunicarse con otras personas, pero la seguridad es importante. Estas son algunas premisas que debes seguir para pasar tiempo en línea con seguridad.

- Utiliza siempre un apodo cuando hables con otros o publiques algo. Procura que no contenga tu nombre real.
- Nunca des información personal como nombre, edad, teléfono o dirección.
- Nunca le digas a nadie el nombre ni la dirección de tu escuela.
- No compartas tu contraseña ni información de conexión con nadie (excepto con tus padres o tutores).
- Nunca envíes fotos personales a nadie.
- Pide siempre permiso a tus padres o tutores si vas a crear una cuenta en línea (en muchas webs has de tener 13 años para hacerlo).
- Cuéntale a un adulto de confianza si algo en línea te ha preocupado o molestado.

# TRUCOS DE CONSTRUCCIÓN

Las ideas que encontrarás en este libro te servirán para iniciar tu propio proyecto, pero recuerda: camina antes de correr, es decir, tómate tu tiempo para planificar, investigar y prepararte antes de empezar tu proyecto.

## CÓMO INSPIRARSE

El primer paso para un nuevo proyecto es buscar inspiración. Mira este libro, observa tu ciudad, ve a la biblioteca o mira las fotos de tus vacaciones: seguro que encuentras algo que puedes recrear en Minecraft. Empieza por algo pequeño y luego pasa a algo más grande. Cuando tengas un proyecto, concéntrate en una sección y poco a poco completa la construcción.

## INVESTIGA

Antes de colocar tu primer bloque es importante tener un plan. ¡Investiga! ¿Qué tiene de especial tu idea? ¿Está inspirada en el mundo real? ¿Qué detalles puedes añadir para recrearla en Minecraft?

El SLS transporta la nave Orión.

El cohete SLS posee dos aceleradores sólidos.

La proporción es 1 metro = 1 bloque.

## ACEPTA EL JUEGO

Así como en el mundo hay paisajes, materiales y animales, en Minecraft hay biomas, bloques y criaturas. No obstante, a veces tendrás que poner en marcha la imaginación: ¿quieres recrear un perro? ¡Usa un lobo! ¿Qué otras cosas puedes sustituir?

## COMENZAR EL PROYECTO

Cuando tengas tu idea, hayas investigado y decidido cómo recrear el mundo real en Minecraft, será hora de empezar.

### 1. ESCOGE TU MODO DE JUEGO

#### MODO CREATIVO
Juega en Modo creativo para centrarte en la construcción. Tendrás suministro infinito de todos los bloques del juego… ¡y podrás volar!

#### MODO SUPERVIVENCIA
Juega en Modo supervivencia si quieres vivir una aventura. Tendrás que crear herramientas y extraer tus recursos. Puedes construir proyectos, pero te será mucho más difícil.

### 2. ESCOGE TUS MEJORES BLOQUES
Piensa en tu idea y elije al menos cinco bloques que se adapten bien a ella. Comienza a construir con ellos. Siempre puedes agregar otros más adelante, pero escoger cinco ahora te ayudará a mantener el rumbo.

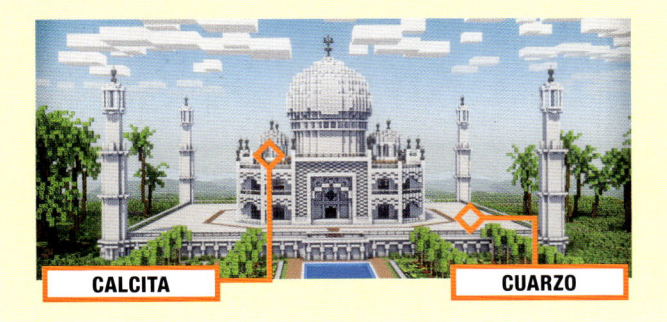

### 3. TRAZA UN MAPA
Ahora decide dónde construir. Elige un bioma: ¡hay más de sesenta para elegir! Piensa en el que mejor se adapta a tu idea. Una vez allí, prepara un área para trabajar.

**CALCITA**    **CUARZO**

### COLOCACIÓN DE BLOQUES
Colocar bloques básicos es fácil: selecciona un bloque de tu inventario y toca para colocarlo en el suelo o contra otro bloque. Con los bloques interactivos es más complicado: si tocas para colocar un bloque contra un bloque interactivo, ¡interactuarás con él! Para hacerlo, primero agáchate y luego toca.

### DIRECCIÓN DEL BLOQUE
Algunos bloques, como las escaleras, se pueden colocar en diferentes direcciones. Decide en qué dirección colocar un bloque girando tu personaje.

> **TRUCO**
> Puedes realizar un seguimiento del progreso de tu construcción, e incluso mostrar diferentes etapas, colocando mapas en marcos de elementos. Los mapas solo se actualizan cuando los tienes en tus manos.

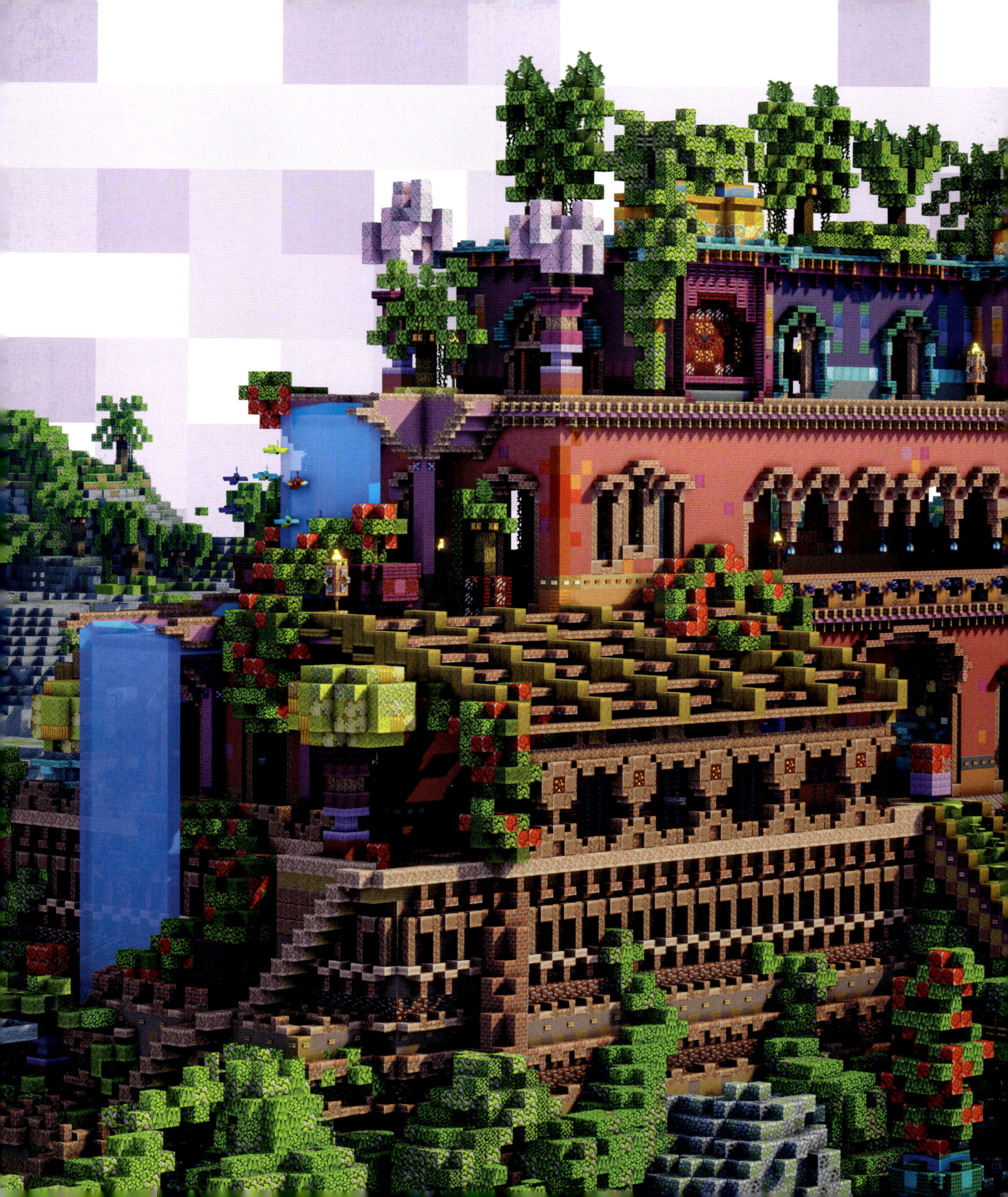

# VIAJE AL PASADO

¡El ser humano es asombroso! Durante decenas de miles de años hemos creado y construido innumerables maravillas. Nuestro pasado puede servirte de inspiración. ¿Eres capaz de recrear alguno de estos edificios y vehículos? O tal vez te sientas inspirado para crear tus propias maravillas.

# GRAN PIRÁMIDE DE GUIZA

La Gran Pirámide de Guiza es la mayor de las tres pirámides, junto a las antiguas ruinas de Menfis, en Egipto. Los faraones del antiguo Egipto ordenaron construir las pirámides como morada para el más allá, donde creían que se reencarnarían como dioses. El colosal tamaño de estas estructuras reflejaba su poder y autoridad. Construye tu propia pirámide, llena de túneles y cámaras secretas, digna de un faraón.

## RESUMEN

**Componentes esenciales:** una gran pirámide con cámaras
**Extras y añadidos:** la gran galería de jeroglíficos
**No olvides:** ocultar la entrada a la pirámide

## DE CERCA

La Gran Pirámide tiene tres cámaras principales, así como túneles y santuarios. Añade una cámara secreta a tu pirámide y decórala con jeroglíficos. Estas imágenes narraban la vida de los faraones que allí yacían. Graba tus aventuras en las paredes con bloques de arenisca cincelados.

- Recrea la forma triangular de la pirámide colocando bloques a modo de escalera ascendente. Emplea bloques de escaleras para dar un acabado suave pero sólido.

- La Cámara del Rey alojaba el sarcófago del faraón. Coloca junto a él un cofre con todo lo que necesitarás en el más allá.

- Los bloques de arenisca cincelada tienen creepers tallados.

- Los primeros exploradores bautizaron esta cámara como la de la Reina.

- Mantén a salvo tu tesoro en una cámara secreta que se abre mediante palancas ocultas.

## MUNDO REAL

**1** La Gran Pirámide se construyó para el faraón Keops hace más de 4500 años. Cada bloque pesa un promedio de 2,5 toneladas y se colocaron a mano.

**2** ¡La pirámide es colosal! ¡Es más alta que la Estatua de la Libertad y cubre un área del tamaño de más de 200 pistas de tenis!

**3** La pirámide fue el edificio más alto del mundo durante más de 4300 años.

VIAJE AL PASADO 17

### SARCÓFAGO

Los faraones eran enterrados en un ataúd especial llamado sarcófago, y esta construcción tiene el suyo propio. En Minecraft, los jugadores pueden usar las camas como nexo de reaparición. Aquí, la cama está dentro del sarcófago para que puedas reaparecer en el centro de la pirámide.

¡Para esta construcción se utiliza la friolera de 20 000 bloques!

Utiliza gruesos muros para mantenerte a salvo de creepers.

Construye una entrada secreta para acceder rápidamente a las cámaras más importantes.

Añade detalles como una mesa de trabajo y herramientas como si la pirámide estuviera en construcción.

Bloques de oro y placas de presión ligeras

### FACHADA HISTÓRICA

Hoy en día, la Gran Pirámide tiene el tono amarillento de la piedra arenisca, pero cuando se construyó brillaba con un blanco deslumbrante. Puedes recrear la fachada original de la pirámide con bloques como escaleras de cuarzo. Los expertos creen que las piedras de la cima estaban cubiertas con pan de oro.

La arenisca abunda en biomas desérticos. Se encuentra bajo capas de arena.

### MEJORES BLOQUES

Si construyes en Modo supervivencia, recuerda que no todos los bloques se ven desde el exterior. Recoge suficiente arenisca y cuarzo para las paredes exteriores e interiores y rellena el resto con los bloques que tengas a mano.

**ARENISCA**     **CUARZO**

# GRAN MURALLA CHINA

La Gran Muralla china es la estructura más larga jamás creada. Discurre desde la costa este de China hasta el paso de Jiayu, al oeste. No se supo exactamente su longitud hasta 2012. En Minecraft puedes crear tu propia gran muralla para proteger las fronteras de tu base.

## RESUMEN

**Componentes esenciales:** bloques de piedra, largas secciones de paredes, torres de guardia, puertas (más en pp. 20-21)

**Extras y añadidos:** variantes de bloques de piedra

**No olvides:** añadir fogatas

En tiempos se usaban señales de humo para comunicarse. Coloca un fardo de heno junto a una fogata para hacerlo.

Se usaban torres de vigilancia para transmitir mensajes entre otras torres.

En cada sección hay fuertes con alimentos, armas y armaduras.

Tala los árboles de las zonas cercanas a la muralla para evitar que se cuelen intrusos.

### TRUCO

Los intrusos, incluidas criaturas de Minecraft, intentarán atravesar la muralla por cualquier medio. Evita construir espacios oscuros y muy arbolados.

## MUNDO REAL

**1** La Gran Muralla se construyó a lo largo de cientos de años, y las partes más antiguas datan del siglo VII a. C.

**2** La longitud total sobrepasa los 21 000 km. Es la estructura más larga construida, y Patrimonio de la Humanidad de la UNESCO desde 1987.

**3** Pese a lo que se suele creer, no es visible desde la Luna. ¡El rumor comenzó mucho antes de que nadie llegara a la Luna!

VIAJE AL PASADO  19

## CLAVES DE CONSTRUCCIÓN

¿Te gustaría construir tu propia muralla? Comienza eligiendo un bioma y bloques del entorno. Esta muralla está en el bioma de las llanuras y usa piedras y adoquines cubiertos de musgo. Podrías construirla en el bioma de páramos, con terracota y arenisca roja.

Construye atalayas en zonas elevadas para detectar mejor a los invasores.

La muralla se extiende sobre todo tipo de terrenos. No hay montaña demasiado alta ni río suficientemente bajo para ella.

### ENTRADA
En tiempos de la construcción de la Gran Muralla se crearon estructuras semicirculares o rectangulares junto a ella para proteger las zonas más vulnerables.

### A VISTA DE MAPA
Una muralla puede protegerlo todo, sea cual sea el tamaño de tu base. Si se recrease la Gran Muralla a escala 1:1 ¡tendría más de 21 millones de bloques de longitud!

## MEJORES BLOQUES
El bioma de las llanuras ofrece más de una docena de variantes de piedra entre las que escoger, de adoquín a pizarra abismal, así como bloques trabajados. Una mezcla de bloques dará carácter a tu muro.

**ADOQUÍN**    **ADOQUÍN MUSGOSO**

# GRAN MURALLA CHINA: ELEMENTOS

Puedes proteger tu base con una barbacana. ¡Se encuentran entre las fortificaciones más antiguas que existen! Muros altos, patios cerrados, puestos de mando... Puedes incluir muchos de estos elementos para que tus defensas sean las mejores del mundo.

## CONSEJO

Modo supervivencia: escoge bien los materiales de construcción y asegúrate de que se adaptan a tus objetivos. La piedra es resistente, no inflamable y muy abundante. La madera también abunda, pero es inflamable: puede ser desastroso durante una tormenta.

### DOBLE DEFENSA

Invita a tus visitantes al patio, donde tu equipo puede vigilarlos bien, antes de permitirles el acceso a tu base. ¡Más vale ser precavido!

Las escotillas de acacia pueden hacer de estandartes.

En todos los pasillos hay rampas de acceso para caballos y escaleras para soldados.

Las escaleras de piedra y las losas de andesita pulida aportan detalle.

Llena barriles con arcos y flechas para defender la muralla a distancia.

¡A los intrusos les costará escalar los muros altos!

Elementos cubiertos de musgo como ladrillos de piedra y adoquines darán un aspecto atemporal a la construcción.

**VIAJE AL PASADO** 21

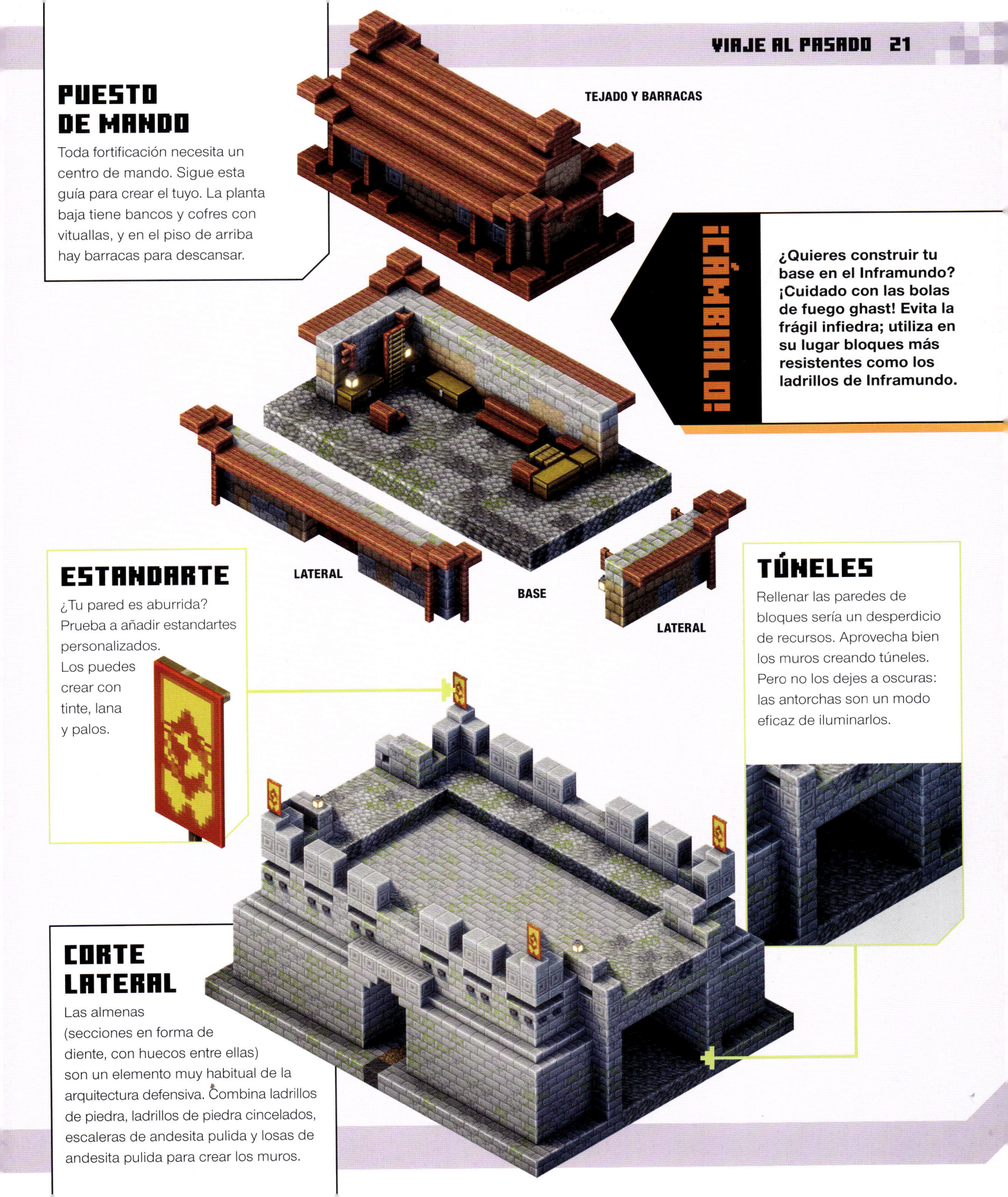

## PUESTO DE MANDO

Toda fortificación necesita un centro de mando. Sigue esta guía para crear el tuyo. La planta baja tiene bancos y cofres con vituallas, y en el piso de arriba hay barracas para descansar.

**TEJADO Y BARRACAS**

**LATERAL**

**BASE**

**LATERAL**

### ¡CÁMBIALO!

¿Quieres construir tu base en el Inframundo? ¡Cuidado con las bolas de fuego ghast! Evita la frágil infiedra; utiliza en su lugar bloques más resistentes como los ladrillos de Inframundo.

## ESTANDARTE

¿Tu pared es aburrida? Prueba a añadir estandartes personalizados. Los puedes crear con tinte, lana y palos.

## TÚNELES

Rellenar las paredes de bloques sería un desperdicio de recursos. Aprovecha bien los muros creando túneles. Pero no los dejes a oscuras: las antorchas son un modo eficaz de iluminarlos.

## CORTE LATERAL

Las almenas (secciones en forma de diente, con huecos entre ellas) son un elemento muy habitual de la arquitectura defensiva. Combina ladrillos de piedra, ladrillos de piedra cincelados, escaleras de andesita pulida y losas de andesita pulida para crear los muros.

# CIRCO MÁXIMO

Los antiguos romanos eran grandes aficionados a los juegos públicos. Los espectadores llenaban las gradas de grandes estadios como este, el Circo Máximo, y vitoreaban a sus aurigas favoritos, que competían en carreras de carros. Era un deporte apasionante y peligroso. ¡Construye un gran estadio y compite por ver quién es el más rápido!

## RESUMEN

**Componentes esenciales:** una pista de carreras circular, gradas

**Extras y añadidos:** estatuas y monumentos en la barrera central

**No olvides:** crear un marcador para contar las vueltas

Construye las gradas en formación de escalera para que todo el mundo pueda ver el espectáculo.

En el Circo Máximo había una barrera central decorada. Crea tu propia versión con bloques de colores.

Usa adobe, bloques de champiñón marrón y tierra con raíces para darle a la pista una textura gastada.

Incluye palancas en la barrera central para contar las vueltas.

## DE CERCA

¡La seguridad es lo primero! Como los caballos saltan hasta cinco bloques, deberías construir barreras más altas entre la pista y las gradas para proteger a los espectadores, así como una barrera en el centro de la pista. Evita las aglomeraciones creando muchas entradas.

Los carros tienen una estructura básica y un par de ruedas. Hasta cuatro caballos tiran de ellos.

VIAJE AL PASADO  23

Arcos típicos de la arquitectura romana.

Incluye postes para señalar el punto en que los carros deben girar.

## LÍNEA DE INICIO

Los participantes correrán en bucle. Todos deberían correr la misma distancia, pero, en las curvas, el jugador más cercano a las gradas recorrerá más distancia. Añade una línea de inicio escalonada para que todos estén en igualdad de condiciones.

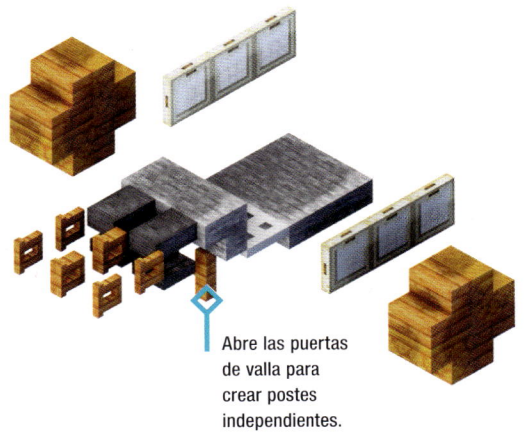

Abre las puertas de valla para crear postes independientes.

## CREA UNA CUADRIGA

Puedes usar el estadio para organizar carreras de caballos o construir cuadrigas como un guiño a la Antigüedad. Diseña carros únicos con escaleras, escotillas, yunques y puertas de valla. Une tus caballos a los carros con riendas.

## MEJORES BLOQUES

Los romanos construían con materiales naturales como madera y piedra. Construye con bloques de arenisca para darle un mayor realismo. Luego añade los detalles (asientos, vallas) en madera. Las losas de abedul combinan bien.

**ARENISCA**

**LOSAS DE ABEDUL**

## MUNDO REAL

1. El Circo Máximo era el mayor estadio de la antigua Roma, con capacidad para 250 000 personas.

2. Se utilizó durante casi un milenio. ¡Imagina cuántos millones de personas pasaron por él!

3. Los aurigas se agrupaban en cuatro equipos: los rojos, los blancos, los azules y los verdes, cada uno con sus incondicionales animadores.

# CIUDAD PROHIBIDA

El Palacio Imperial, conocido como la Ciudad Prohibida, es un conjunto de palacios situado en Pekín, la capital de China. Rodeado por altos muros y un foso, el palacio alojó a los emperadores durante casi 500 años. La mayoría de la gente tenía prohibido el acceso a él, de ahí su nombre. Cuenta con más de 8700 habitaciones y varios jardines. ¿Quieres construir tu propio complejo palaciego en Minecraft? ¿Cómo organizarás los edificios? ¿A quién permitirás visitarlo?

## RESUMEN

**Componentes esenciales:** un recinto amurallado con foso y muchos edificios

**Extras y añadidos:** pagoda, Salón de la Armonía Suprema (más en pp. 26-27)

**No olvides:** incluir gatos

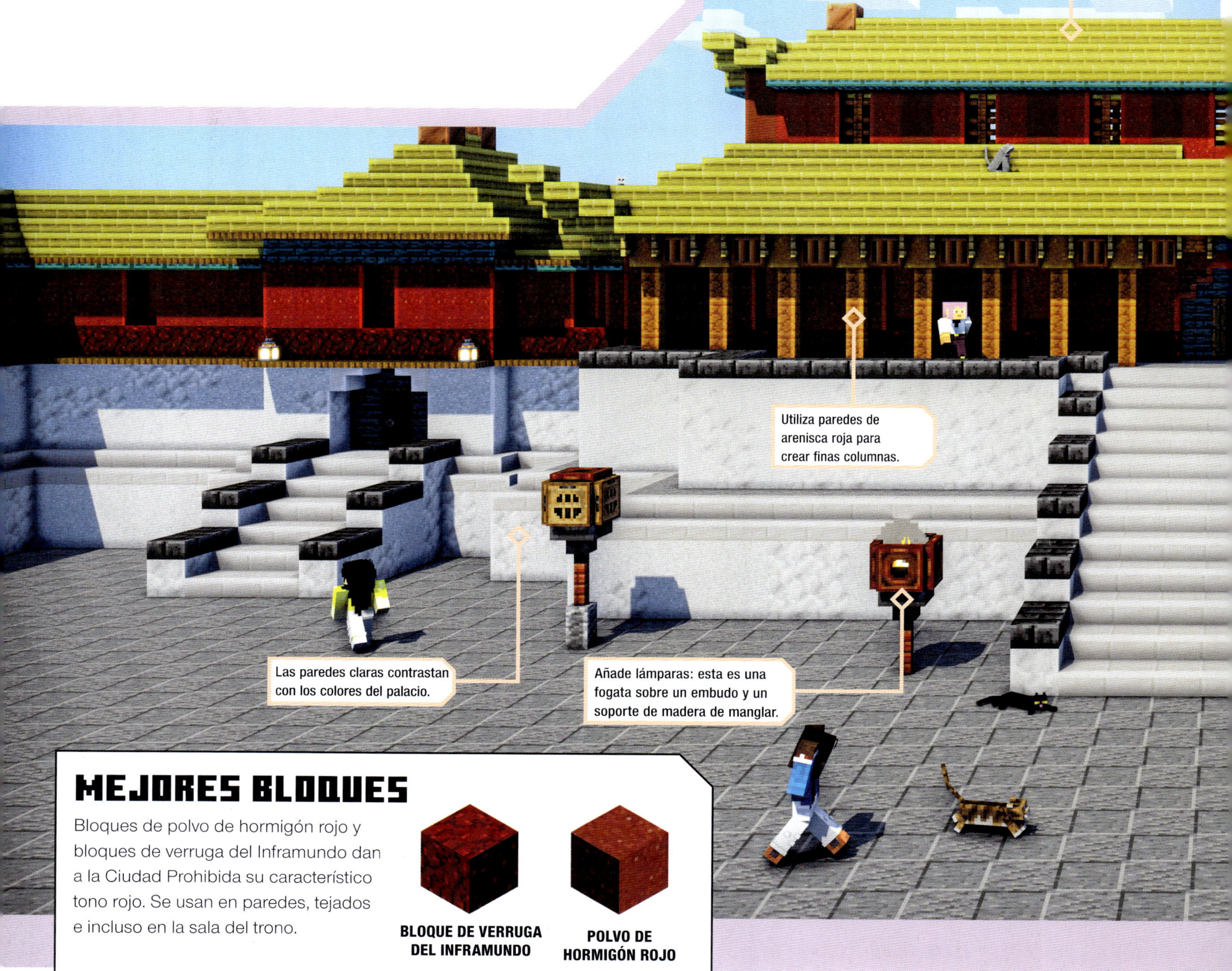

Construye techos dobles («a dos aguas»), un elemento clave de la arquitectura china.

Utiliza paredes de arenisca roja para crear finas columnas.

Las paredes claras contrastan con los colores del palacio.

Añade lámparas: esta es una fogata sobre un embudo y un soporte de madera de manglar.

## MEJORES BLOQUES

Bloques de polvo de hormigón rojo y bloques de verruga del Inframundo dan a la Ciudad Prohibida su característico tono rojo. Se usan en paredes, tejados e incluso en la sala del trono.

**BLOQUE DE VERRUGA DEL INFRAMUNDO**

**POLVO DE HORMIGÓN ROJO**

## MUNDO REAL

**1** La Ciudad Prohibida se terminó en 1420, tras 14 años de construcción, y en ella participaron casi de 1 millón de trabajadores. Es el palacio más grande del mundo.

**2** Está rodeada por muros de 10 m de altura y un foso de 52 m. Hoy día es un museo y Patrimonio de la Humanidad.

**3** Los emperadores no querían que los pájaros ensuciaran el palacio: los tejados se hicieron resbaladizos para que las aves no se posaran.

## VIAJE AL PASADO

## CLAVES DE CONSTRUCCIÓN

La Ciudad Prohibida es un enorme complejo palaciego. Todos sus palacios y pabellones tienen un estilo cromáticamente coherente y techos a dos aguas. Los edificios más importantes son los más grandes y están muy decorados, y reciben nombres como el «Salón de la Armonía Suprema».

### WUFENG LOU

La entrada a la Ciudad Prohibida está situada en la Puerta del Mediodía. Sus cinco pabellones dan a la puerta su apodo: Torre de los Cinco Fénix (Wufeng Lou, en mandarín).

### A DOS AGUAS

Los famosos tejados a dos aguas de la Ciudad Prohibida no se sujetan con clavos, sino con unos soportes de madera entrelazados y unidos a columnas (dougong). Podemos recrearlos con troncos de abeto sin corteza, escotillas y vallas.

Losas, perfectas para escalinatas poco empinadas.

Un centenar de gatos viven en el palacio para ahuyentar a los ratones. ¡Añade gatos u ocelotes a tu construcción!

Añade andesita y andesita pulida alternadas a la hora de crear el suelo.

### TRUCO

En las grandes construcciones se usan muchos bloques similares: planifica los que vayas a necesitar antes de empezar. En esta se usan arenisca roja, tablones deformados y losas de bambú.

# LA CIUDAD PROHIBIDA POR DENTRO

La Ciudad Prohibida tiene tres patios, con el Salón de la Armonía Suprema en el centro. En estos patios se tomaban las grandes decisiones políticas. Cuanto mayor era el estatus social de una persona, más podía adentrarse en el palacio. El acceso al Patio Interior se limitaba a la familia real. Los visitantes debían detenerse a veinte pasos de cada puerta, y rara vez se les permitía entrar. Construir este complejo, casi una ciudad, exige una cuidadosa planificación. Decide el espacio que vas a necesitar y construye de dentro hacia fuera para encajar los palacios.

## SALÓN DE LA ARMONÍA SUPREMA

El principal deber de un emperador era conceder audiencias. La corte tenía muchas funciones: desde legislar hasta celebrar coronaciones, bodas y otras ceremonias importantes. El Salón de la Armonía Suprema se construyó para ocasiones especiales. ¿Darás una finalidad especial a algún edificio?

## CALOR

Los braseros brindan calor y luz. Colócalos en el área frente al pabellón. Pueden construirse con una fogata, escotillas de manglar y una pared de andesita.

Recrea el tejado del pabellón con polvo de hormigón rojo, terracota roja, losas de bambú y escaleras.

Instala ventanas con vallas de abeto.

Utiliza losas de cuarzo, losas de ladrillo de pizarra abismal y calcita para crear la escalinata.

Acaba las paredes con polvo de hormigón blanco, calcita y escaleras de cuarzo liso.

**La Ciudad Prohibida refleja la arquitectura tradicional china. ¿Cómo son los edificios allí donde vives? Construye tu palacio del estilo que más te guste, ya sea antiguo o nuevo.**

## ¡CÁMBIALO!

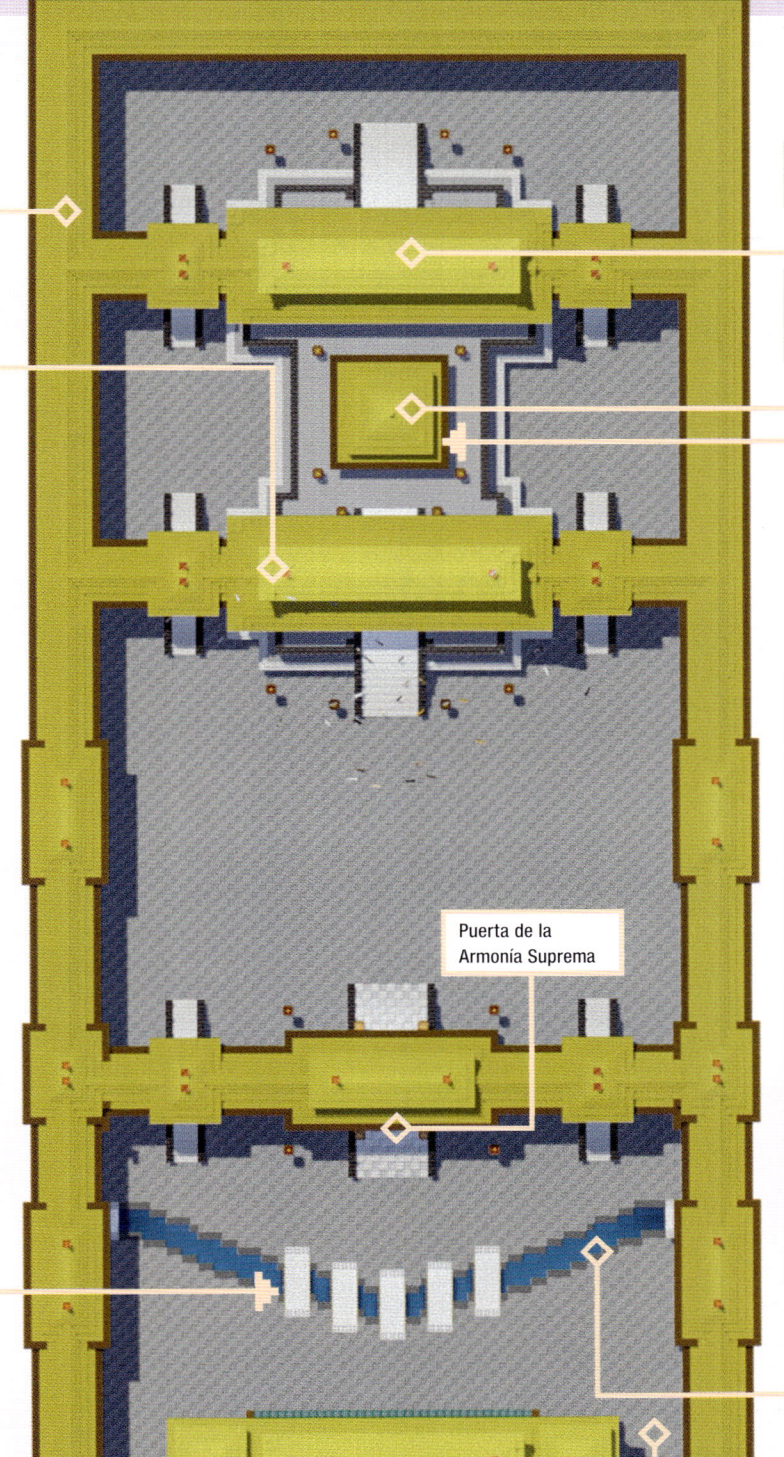

El amarillo era el color del emperador en la antigua China: el bambú es la versión perfecta en Minecraft.

En el salón de la Armonía Conservada se celebran banquetes.

El Salón de la Armonía Suprema se usaba para ceremonias. Allí se coronaba a los emperadores.

El salón de la Armonía Central es una pagoda. Aquí la ves sobre una gran plataforma de andesita.

## PUENTES

El Río de Agua Dorada serpentea por el primer patio, atravesado por cinco puentes de piedra blanca que llevan a los visitantes de la Puerta de Mediodía al corazón del Patio Exterior. En Minecraft están hechos de cuarzo liso, escotillas de hierro, carteles de abedul y escotillas de abedul.

## PAGODA

Las pagodas se caracterizan por sus techos escalonados. En esta versión de Minecraft se usan losas y escaleras de bambú y escotillas de abeto para crear dos tejados a dos aguas.

Puerta de la Armonía Suprema

Río del Agua Dorada

No hay árboles en el Patio Exterior, posiblemente para facilitar su defensa.

Puerta del Mediodía

## PATIO EXTERIOR

Cualquiera que se considerase lo bastante importante para ser admitido en la Ciudad Prohibida accedería a ella por el Patio Exterior. Era el centro de la política china, donde los más poderosos legislaban o pedían ayuda al emperador.

# CANOA POLINESIA

Los polinesios tienen una larga historia de navegación. Se cree que fueron los primeros en recorrer largas distancias en mar abierto. Observando las estrellas, los vientos y las aves, navegaron en sus canoas por islas de todo el Triángulo polinesio: ¡miles de millas de océano! Tú también puedes embarcarte en tu propio viaje, observando las estrellas y las nubes para navegar.

## RESUMEN

**Componentes esenciales:** un catamarán de madera, velas de colores

**Extras y añadidos:** añade una barca de Minecraft a la canoa

**No olvides:** llevar cañas de pescar y un caldero para agua potable

### TRUCO
En Minecraft puedes utilizar las direcciones de la brújula. El sol y la luna salen por el este y se ponen por el oeste. Las estrellas también siguen el patrón este-oeste. Las nubes siempre flotan hacia el oeste.

Añade un caldero para recoger agua dulce.

Los polinesios cazaban tortugas, peces y otra fauna marina.

## MEJORES BLOQUES

Los polinesios construían sus barcos con los recursos de su entorno, como los árboles. Cuando llegues a otras islas, puedes recoger bloques de diferentes maderas como abedul, mangle y abeto.

**TRONCO DE MANGLE SIN CORTEZA**

**TRONCO DE ABETO SIN CORTEZA**

**TRONCO DE ABEDUL SIN CORTEZA**

## MUNDO REAL

**1** Los catamaranes polinesios eran realmente resistentes: afrontaban viajes de hasta 4800 km de distancia.

**2** Polinesia abarca desde Nueva Zelanda, al sur, hasta Hawái, al norte, o la isla de Pascua, al este.

**3** Históricamente, los navegantes polinesios hacían sus propios mapas utilizando palos, conchas y fibras de coco.

VIAJE AL PASADO  29

### FORMA DE LA CANOA

Un catamarán se crea colocando una plataforma elevada entre dos canoas, lo que permite una mayor velocidad de navegación al haber una menor resistencia del agua. En Minecraft usamos escotillas para la plataforma y su pequeña bodega. Son bloques planos que dan ligereza a la embarcación.

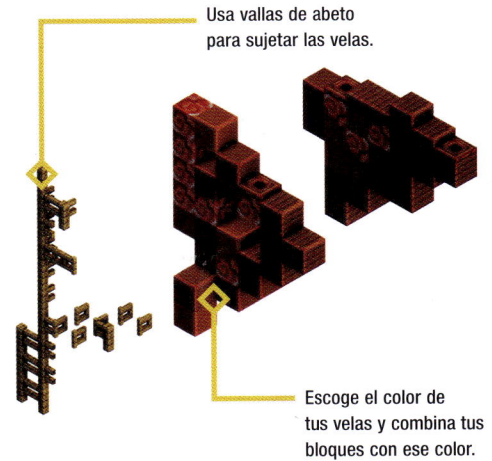

- Usa cables trampa a modo de cuerdas del velamen.
- Las grandes canoas tenían espacio para transportar provisiones, lo que permitía a grandes grupos emprender largos viajes a nuevas islas.
- Utiliza diferentes tipos de madera, como roble y abeto, para dar un acabado colorido.
- El catamarán flota sobre dos largas canoas de madera. Utiliza troncos de mangle sin corteza para que parezca que están tallados.

- Usa vallas de abeto para sujetar las velas.
- Escoge el color de tus velas y combina tus bloques con ese color.

### VELAS

Las canoas utilizaban grandes velas para recoger el viento. Los polinesios las fabricaban con hojas de pandano, y las cuerdas, con fibras de coco. Las velas de Minecraft son de lana, terracota roja acristalada y losas de mangle. Experimenta con otros bloques para crear velas de tus colores favoritos.

# CASTILLO DE NEUSCHWANSTEIN

Las pintorescas torres cónicas del castillo de Neuschwanstein son una imagen famosa; de hecho, es la fortaleza que inspiró el Castillo de Cenicienta de Disney. Fue construido para Luis II de Baviera, un rico gobernante que deseaba vivir en un castillo de leyenda. Y realmente lo consiguió tras 17 años de construcción. El castillo de Minecraft también es grandioso y mágico, pero no necesitarás tanto tiempo para construirlo.

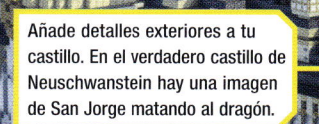

## RESUMEN

**Componentes esenciales:** un castillo con torres cónicas, grandes patios, puertas
**Extras y añadidos:** una cima arbolada
**No olvides:** iluminar los bosques para mantener a raya a las criaturas hostiles

Añade detalles exteriores a tu castillo. En el verdadero castillo de Neuschwanstein hay una imagen de San Jorge matando al dragón.

## ¡CÁMBIALO!

Corona las torres más altas de tu castillo de Minecraft con banderas. Utiliza yunques y paredes de diorita para crear el asta; luego pon barras de hierro encima. Crea banderas con bloques de lana teñida.

Coloca tu castillo sobre una cima que recuerde a las bellas y escarpadas montañas bávaras.

## MEJORES BLOQUES

Un castillo de cuento de hadas como este debe contar con los bloques más elegantes. En los principales edificios de esta versión de Minecraft se han utilizado bloques de cuarzo y de diorita, además de losas de abedul por su tono dorado.

**CUARZO**  **DIORITA**  **LOSAS DE ABEDUL**

# MUNDO REAL

**1** Aunque pueda parecer medieval, el castillo de Neuschwanstein se construyó en el siglo XIX.

**2** Luis II de Baviera adoraba las leyendas y los cuentos de hadas. Por todo el castillo hay cuadros de caballeros, textos de poetas y estatuas de cisnes. El nombre del castillo significa «nuevo cisne de piedra».

**3** Pese a construirse solo para Luis II y sus sirvientes, él había planeado que el castillo tuviera más de 200 habitaciones. Murió antes de verlo acabado.

## VIAJE AL PASADO

La punta de la torre está hecha con un yunque, una pared de andesita y una barra de hierro.

Hormigón gris

Escaleras de arenisca lisa

Pared de arenisca

Este torreón cuadrado contrasta con las torres circulares del palacio.

Enciende fogatas a lo largo del camino para que no se acumule la nieve.

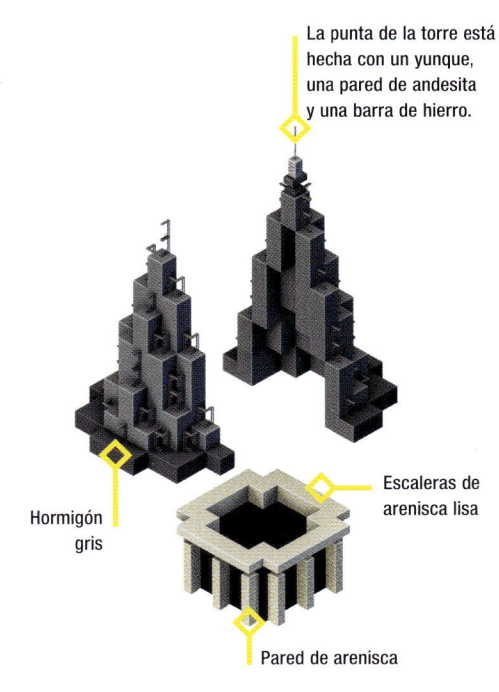

Añade una puerta de ladrillo rojo para dominar la entrada al castillo.

Utiliza piedra y andesita para que la entrada parezca tallada en la montaña.

## TEJADO CÓNICO

¿Has construido algún tejado cónico? Parecen cucuruchos de helado. Comienza construyendo una mitad para conseguir la forma, y luego copia la otra mitad. Añade detalles en la cima. Los tejados de esta construcción incluyen paneles de cristal tintado que les dan un aspecto liso desde lejos.

## VENTANAS COLORIDAS

Luis II usó vidrios de colores para decorar los dormitorios reales. Puedes elegirlos en color azul, en honor a la bandera bávara, o en los colores que prefieras para hacerlo aún más personal.

# FASIL GHEBBI

La ciudadela de Fasil Ghebbi está en Gondar (Etiopía). Su gran castillo, Enqualal Gemb, es toda una fuente de inspiración para cualquiera que busque protegerse de vecinos hostiles. Sus torres enormes y las altas almenas harán que posibles asaltantes se lo piensen dos veces antes de tratar de atacarla. ¿Qué añadirías a tu base para protegerla de los saqueadores?

## RESUMEN

**Componentes esenciales:** un castillo
**Extras y añadidos:** almenas, balcones y rampa
**No olvides:** añadir torres con cúpulas y saqueadores

## MUNDO REAL

**1** Fasil Ghebi fue fundada en el siglo XVII por el emperador etíope Fasilides. Fue la sede de los emperadores del país hasta el siglo XVIII.

**2** Fasil Ghebi es una ciudadela con palacios, iglesias y monasterios.

**3** Los muros de la ciudadela están hechos de grandes piedras. Aún están en pie, pese a tener más de 400 años.

Haz almenas con tablones y escaleras de madera de jungla.

Utiliza bloques de pared en las esquinas para las troneras.

Ventanas protegidas tras escotillas de roble oscuro.

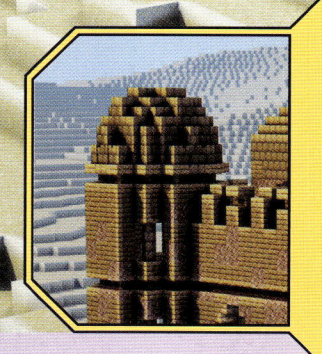

## DE CERCA

Fasil Ghebbi tiene una mezcla de estilos arquitectónicos árabe, hindú y europeo. El castillo tiene cuatro torres con cúpulas de estilo árabe. Utiliza paredes en lugar de bloques para las cúpulas de tu versión de Minecraft: lograrás un efecto más redondeado y esbelto.

# VIAJE AL PASADO 33

Construye el castillo con resistentes bloques de granito. Añade tablones de madera de jungla para darle textura.

## ALMENAS

Las almenas se separan por huecos que permiten a los arqueros disparar protegidos. Créalas en Minecraft con tablones y escaleras de madera de jungla. Dispón un cofre de flechas en la muralla para hacer frente a los asaltantes. También puedes tener a la mano calderos de agua: podrás utilizarlos para apagar posibles incendios antes de que los bloques ardan.

## ENTRADA

Esta es la entrada principal del castillo. Hazla más larga usando losas en lugar de escaleras. Bloquea la entrada del sótano de la ciudadela con bloques resistentes como granito y espeleotema para obligar a los invasores a subir por esta entrada. ¡Esto los expondrá a los disparos desde las almenas!

## MEJORES BLOQUES

Utiliza bloques resistentes para crear una estructura segura. Intenta usar cuantos más bloques de piedra mejor: granito, ladrillos de adobe y espeleotema.

**ESPELEOTEMA**    **LADRILLOS DE ADOBE**    **GRANITO**

# RMS TITANIC

El RMS *Titanic* fue uno de los barcos más grandes y lujosos del siglo XX. Sus diez cubiertas estaban equipadas con todo lo necesario para una semana de viaje desde Southampton (Inglaterra) hasta Nueva York. El diseño especial del barco llevó a la prensa de la época a llamarlo «insumergible», pero, por desgracia, se equivocaban. ¿Por qué no recrear este lujoso barco o construir tu propio transatlántico?

## RESUMEN

**Componentes esenciales:** un transatlántico de lujo con cuatro chimeneas, camarotes, restaurantes y otras estancias (más en pp. 36-37)

**Extras y añadidos:** mercancías

**No olvides:** añadir muchos detalles

### TRUCO
¡En equipo siempre sale mejor! Consulta la guía de las páginas 36 y 37 y pide a tus amigos que te ayuden a construir tu crucero de lujo. Comienza con la estructura básica antes de pasar a las diferentes estancias.

El *Titanic* original no contaba con suficientes botes salvavidas: asegúrate de que el tuyo esté bien preparado.

Los ventanales capturan la brisa marina. Añade escotillas de hierro para cerrarlos durante las tormentas.

Campana para emergencias. Tócala para alertar a los pasajeros.

Utiliza bloques de terracota roja para delimitar la línea de flotación, el nivel al que suele llegar el agua del mar.

# MUNDO REAL

**1** El *Titanic* se hundió el 15 de abril de 1912, en su viaje inaugural, tras chocar con un iceberg en el Atlántico.

**2** El enorme barco tenía más de 269 m de longitud: ¡22 autobuses uno tras otro!

**3** El *Titanic* tenía cuatro chimeneas, pero solo tres funcionaban. Las chimeneas daban un aspecto imponente al barco, así que le pusieron una extra.

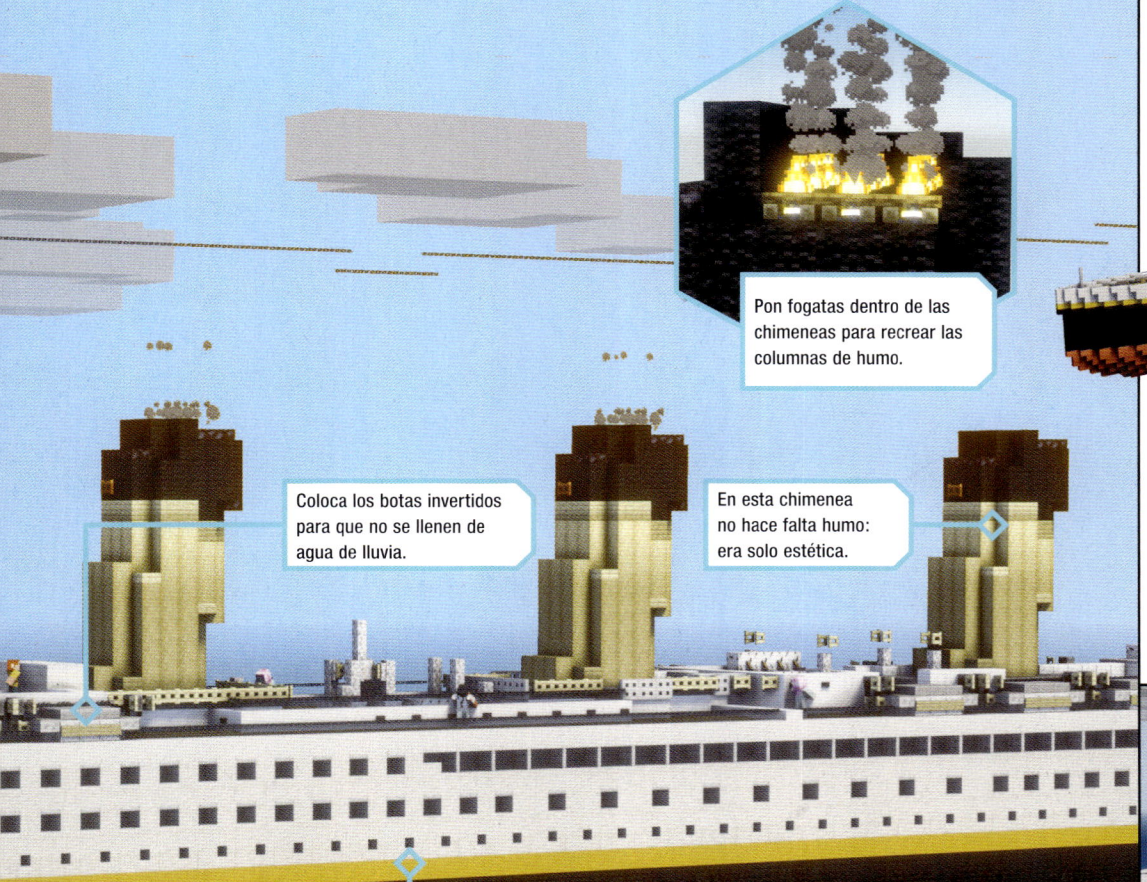

## VIAJE AL PASADO 35

# CLAVES DE CONSTRUCCIÓN

El *Titanic* se ganó un lugar en la historia por su gran tamaño. ¡Esta enorme recreación refleja la escala de la construcción original, con 193 bloques de largo y 53 de altura!

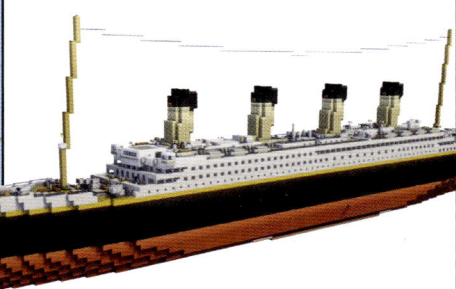

Pon fogatas dentro de las chimeneas para recrear las columnas de humo.

Coloca los botes invertidos para que no se llenen de agua de lluvia.

En esta chimenea no hace falta humo: era solo estética.

## CHIMENEAS

Las chimeneas del *Titanic* se construyeron en ángulo para disipar mejor el humo. En Minecraft puedes hacerlo colocando bloques en zigzag.

Crea ojos de buey con escaleras de cuarzo liso en lugar de bloques.

## CUBIERTA

Poner a navegar un barco exige mucho equipo y suministros. Añade grúas para cargar la bodega, hechas de bloques de diorita lisa y pared de diorita. Se ha recreado la entrada a la bodega con sensores de luz solar.

# MEJORES BLOQUES

En esta colosal construcción se utilizan muchos bloques diferentes. Para la forma básica necesitarás bloques de cuarzo liso, lana negra y terracota roja, así como losas de roble para las cubiertas.

**TERRACOTA ROJA**  | **LOSAS DE ROBLE**  | **CUARZO LISO**

# RMS TITANIC: CONSTRUCCIÓN

El RMS *Titanic*, con una longitud de más de tres campos de fútbol y más de 3300 pasajeros, era un barco fabuloso. Recrearlo en toda su gloria requiere esfuerzo. ¿Lo diseñarás siguiendo el modelo original, como aquí, o crearás un barco más moderno y esbelto?

## CONSEJO

El *Titanic* tiene varios bloques por debajo de la superficie del agua. Cuando hayas construido el casco tendrás que vaciarlo de agua. Por suerte, hay un bloque que lo hace: escoge esponjas y úsalas para absorber el agua. Puedes secarlas en un horno y reusarlas.

**ESPONJA**

## FORMA DEL BARCO

Esta recreación del *Titanic* es de una escala colosal. Construye la estructura principal antes de dedicarte a los detalles que la hacen tan especial.

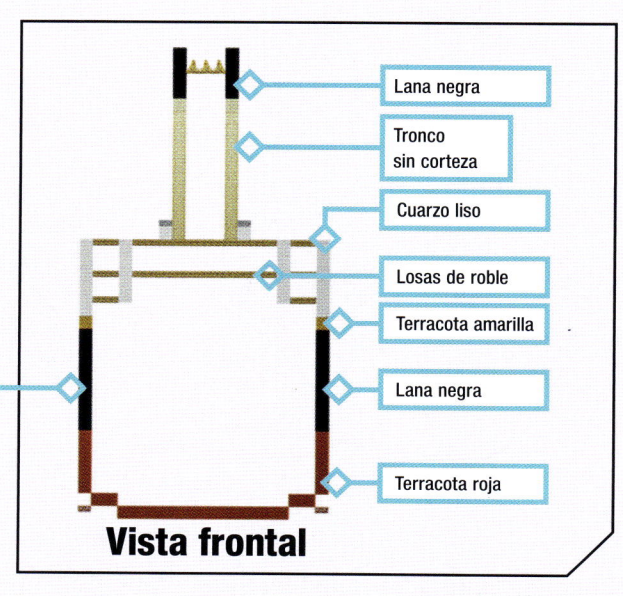

- Lana negra
- Tronco sin corteza
- Cuarzo liso
- Losas de roble
- Terracota amarilla
- Lana negra
- Terracota roja

19 bloques de ancho, 36 de altura

**Vista frontal**

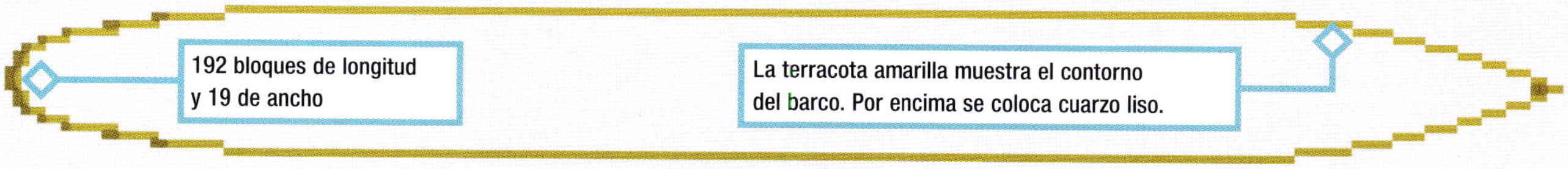

192 bloques de longitud y 19 de ancho

La terracota amarilla muestra el contorno del barco. Por encima se coloca cuarzo liso.

**Vista superior**

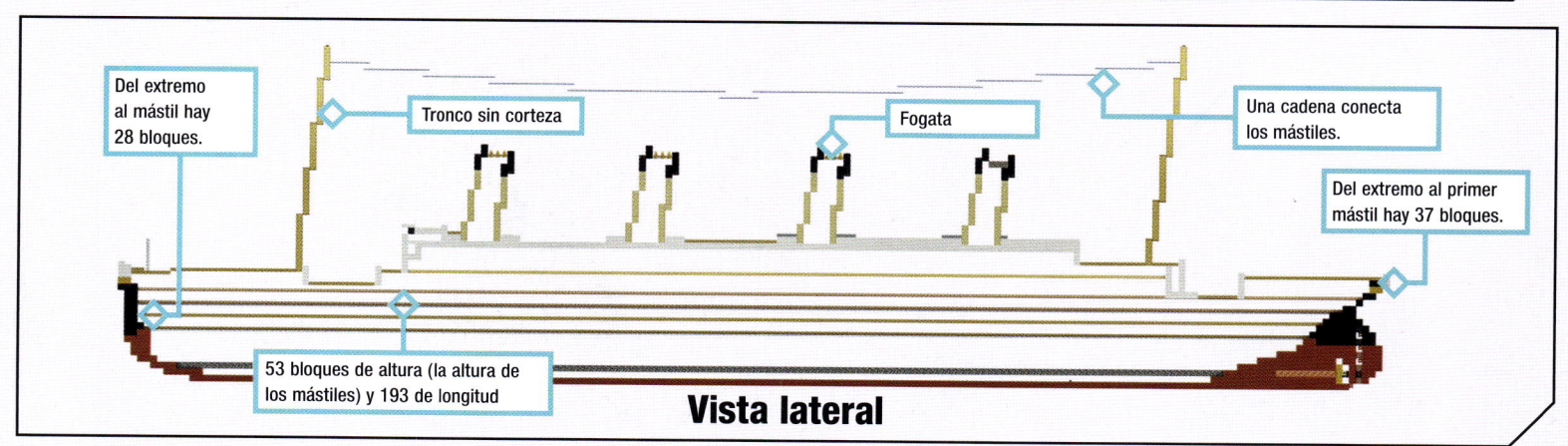

Del extremo al mástil hay 28 bloques.

Tronco sin corteza

Fogata

Una cadena conecta los mástiles.

Del extremo al primer mástil hay 37 bloques.

53 bloques de altura (la altura de los mástiles) y 193 de longitud

**Vista lateral**

# NAVE CON SUBDIVISIONES

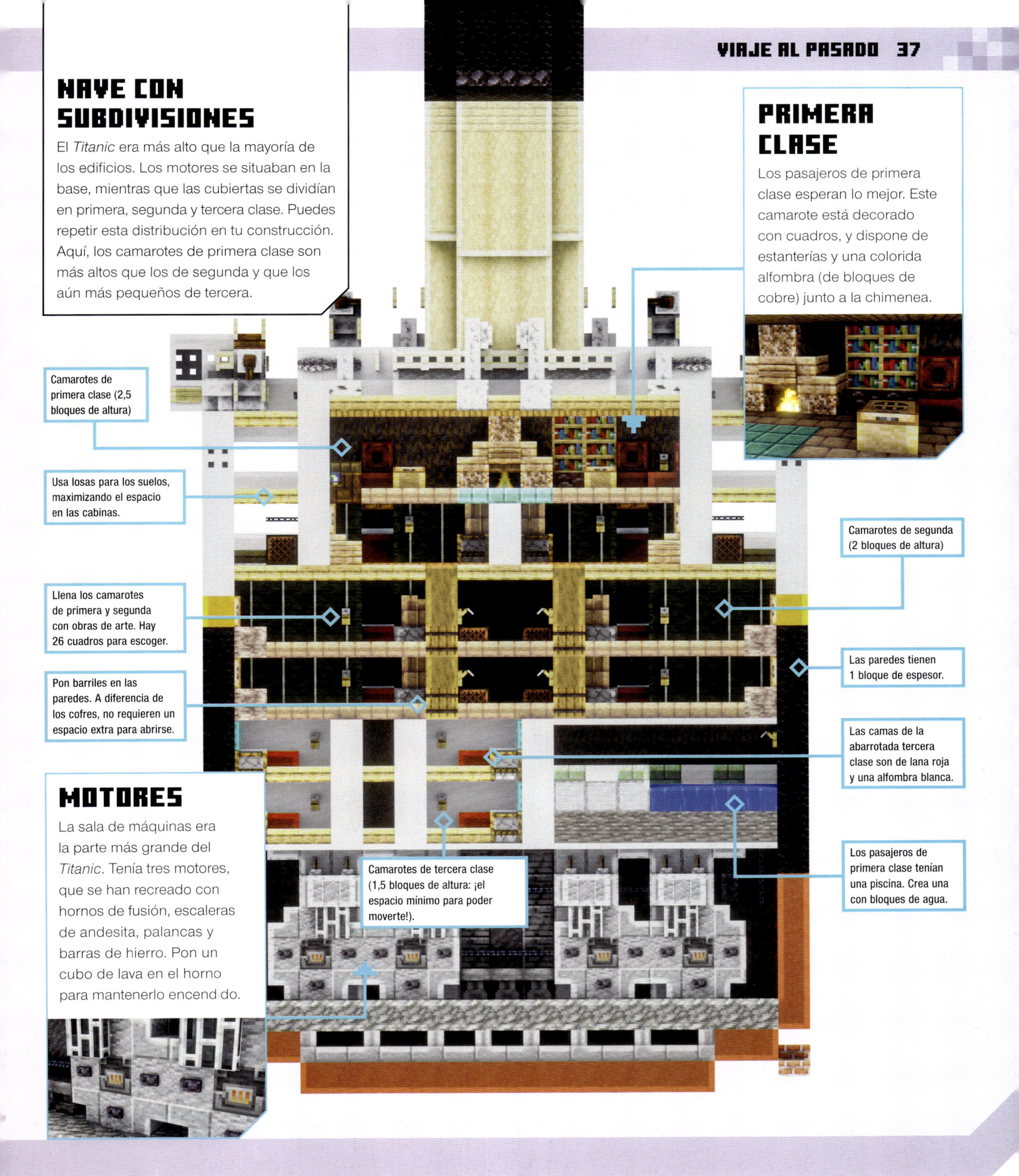

El *Titanic* era más alto que la mayoría de los edificios. Los motores se situaban en la base, mientras que las cubiertas se dividían en primera, segunda y tercera clase. Puedes repetir esta distribución en tu construcción. Aquí, los camarotes de primera clase son más altos que los de segunda y que los aún más pequeños de tercera.

# PRIMERA CLASE

Los pasajeros de primera clase esperan lo mejor. Este camarote está decorado con cuadros, y dispone de estanterías y una colorida alfombra (de bloques de cobre) junto a la chimenea.

- Camarotes de primera clase (2,5 bloques de altura)
- Usa losas para los suelos, maximizando el espacio en las cabinas.
- Llena los camarotes de primera y segunda con obras de arte. Hay 26 cuadros para escoger.
- Pon barriles en las paredes. A diferencia de los cofres, no requieren un espacio extra para abrirse.
- Camarotes de segunda (2 bloques de altura)
- Las paredes tienen 1 bloque de espesor.
- Las camas de la abarrotada tercera clase son de lana roja y una alfombra blanca.
- Camarotes de tercera clase (1,5 bloques de altura: ¡el espacio mínimo para poder moverte!).
- Los pasajeros de primera clase tenían una piscina. Crea una con bloques de agua.

# MOTORES

La sala de máquinas era la parte más grande del *Titanic*. Tenía tres motores, que se han recreado con hornos de fusión, escaleras de andesita, palancas y barras de hierro. Pon un cubo de lava en el horno para mantenerlo encendido.

# JARDINES COLGANTES DE BABILONIA

Se cree que los espectaculares Jardines Colgantes de Babilonia existieron hace más de 2600 años en el actual Irak. Según la leyenda, los jardines eran una obra maestra, con exuberantes árboles y arroyos. Sin embargo, nunca se han hallado restos de ellos, de modo que nadie sabe cómo eran realmente. Esto quiere decir que puedes ser tan imaginativo como quieras con tu versión de Minecraft. ¿Qué plantas incluirás en el tuyo?

## RESUMEN

**Componentes esenciales:** enredaderas colgantes, arroyos, terrazas superpuestas

**Extras y añadidos:** coloridos árboles y vegetación

**No olvides:** añadir una gama variada de animales y plantas

## DE CERCA

Los muros están llenos de creativos diseños que dejan pasar mucha luz natural. Con escaleras, losas y bloques de distintas texturas puedes crear muchos diseños divertidos y únicos.

La terracota acristalada es ideal para añadir color. Usa terracota acristalada naranja, rosa, amarilla, cian y roja para obtener coloridos árboles.

## MEJORES BLOQUES

Usa los colores terrosos del granito y de los restos ancestrales para reflejar un entorno lleno de helechos, musgo, hojas y enredaderas.

**GRANITO**    **RESTOS ANCESTRALES**    **MUSGO**

# MUNDO REAL

**1** Los jardines eran considerados una de las Siete Maravillas del Mundo, una lista de las estructuras fabricadas por el ser humano más espectaculares, compilada por antiguos viajeros griegos.

**2** La leyenda cuenta que los jardines fueron un regalo del rey Nabucodonosor II a su reina consorte, Amytis. Imitaban las montañas de su tierra natal, Persia.

**3** Los expertos han puesto en duda la existencia de los jardines, puesto que no han hallado restos. Las últimas investigaciones sugieren que existieron, pero al norte de Babilonia.

**VIAJE AL PASADO** 39

Puedes usar losa de ladrillo de rocanegra pulida para los ojos.

La terracota acristalada aporta bellos detalles.

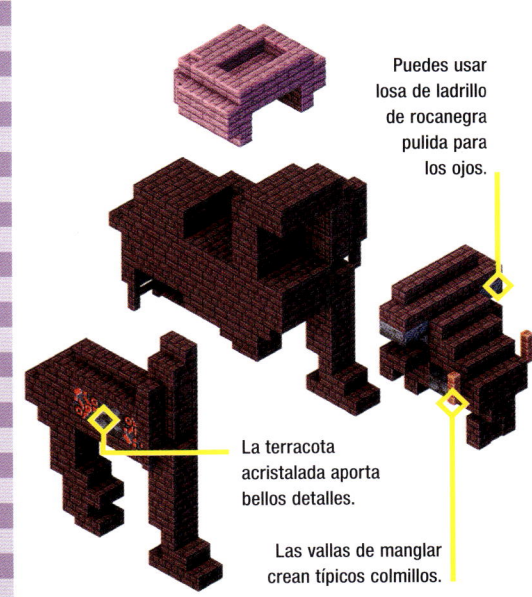

Las vallas de manglar crean típicos colmillos.

Los canales y arroyos no solo son un mero adorno: también dan a las plantas todo lo que necesitan para florecer.

Decora los jardines con estatuas ornamentadas de animales.

Añade fogatas para llenar de luz tus jardines.

Los bloques de terracota acristalada poseen texturas únicas a ambos lados. Juega con ellos para crear tus propios diseños de árboles.

## ESTATUAS DESLUMBRANTES

Majestuosas estatuas atraerán a visitantes a tus jardines. Crea estatuas de elefantes, como estas, con variantes como madera carmesí y ladrillo de inframundo. Esta tiene 10 bloques de longitud, 6 de ancho y 8 bloques de altura. Recrea los pies que dan estabilidad al elefante.

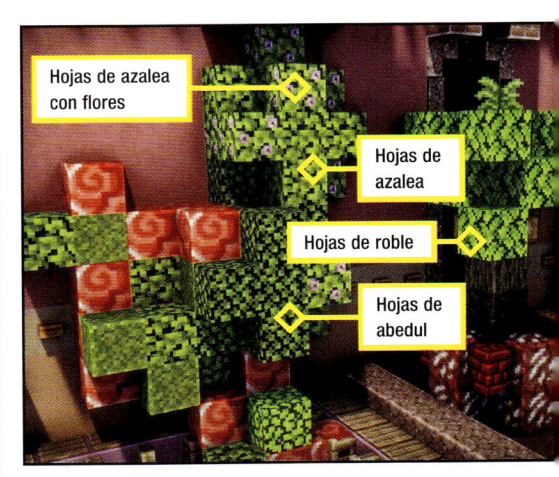

Hojas de azalea con flores

Hojas de azalea

Hojas de roble

Hojas de abedul

## DISEÑO DE JARDINES

Esta construcción posee muchas plantas trepadoras. Están hechas con hojas de azalea, abedul y roble. Utiliza terracota acristalada para que tu construcción sea una auténtica explosión de color.

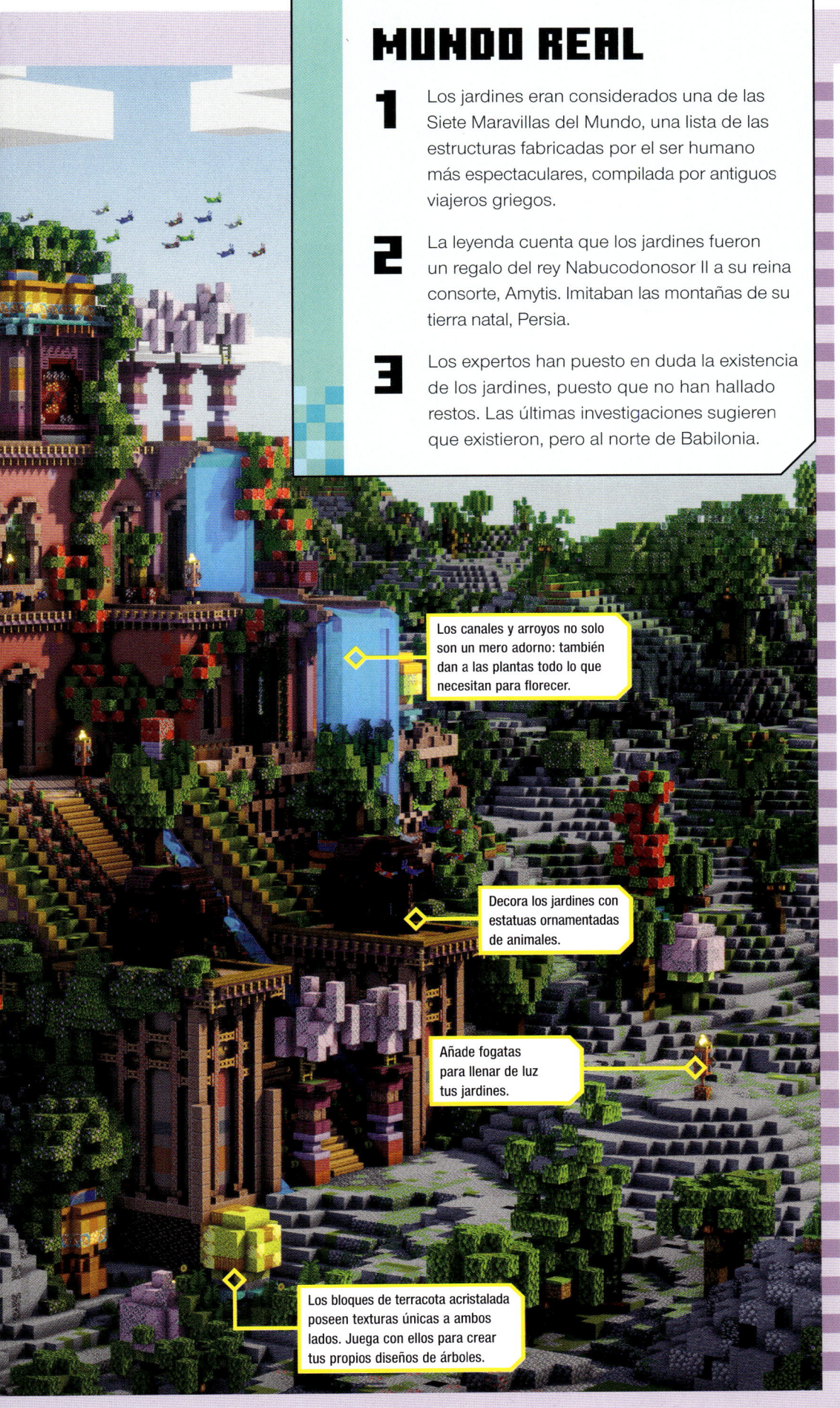

# STONEHENGE

Erigido hace más de 5000 años en Wiltshire (Inglaterra), esta maravilla prehistórica de proporciones épicas es el monumento de la Edad de Piedra más famoso de Europa. Stonehenge aún existe y es un lugar de encuentro en días especiales del año. Inspírate en él y construye tu monumento para reunirte con tus amigos.

## RESUMEN

**Componentes esenciales:** un círculo de rocas erigido en un prado
**Extras y añadidos:** rocas caídas
**No olvides:** usar recursos disponibles

Un trilito es una estructura con dos grandes rocas verticales soportando una tercera, horizontal.

Algunos bloques han de verse rotos y esparcidos.

## TRUCO

Muchas piedras de Stonehenge se usaron para construir iglesias cercanas, así que pon una señal para proteger tu construcción, con un saco de tinta luminosa para que se vea de noche.

# MUNDO REAL

**1** Las rocas de Stonehenge se orientan hacia la salida y puesta del sol del día más largo y el más corto (solsticios de verano e invierno).

**2** Nadie sabe exactamente cuándo se erigió Stonehenge; los historiadores creen que se usaba con fines rituales relacionados con el paso de las estaciones, el sol y el cielo.

**3** Hoy en día, miles de personas se reúnen en Stonehenge para celebrar los solsticios de verano e invierno.

VIAJE AL PASADO 41

> Los constructores de la Edad de Piedra emplearon métodos ingeniosos para colocar las rocas, como poleas y cuerdas.

> Los expertos creen que Stonehenge tuvo dos trilitos más, y hay quien sugiere que soportaban un techo.

## MEJORES BLOQUES

Al ser una estructura de la Edad de Piedra, no sorprende que en ella se usara precisamente piedra. No obstante, la construcción original habría usado todos los materiales disponibles, como madera y paja, así que tú también puedes experimentar con otros bloques.

**PIEDRA**

## AQUÍ VIENE EL SOL

Los antiguos constructores alinearon las rocas con el punto del horizonte por el que el sol salía en el solsticio de verano, el días más largo del año. A su manera, Stonehenge es un calendario. ¿Y si alineas tu monumento hacia la salida o puesta de sol?

## LA CONSTRUCCIÓN ORIGINAL

Muchos megalitos (piedras gigantes) se han caído, pero se cree que Stonehenge alguna vez tuvo hasta 165. ¿Y si recreas el Stonehenge de hace miles de años? Si tienes pocos adoquines, puedes excavar bajo la tierra para recoger más y crear piedra fundiéndolos. Usa un pico con encantamiento Toque sedoso para extraer piedra directamente. Algunos expertos creen que Stonehenge tuvo un techo de paja con un marco de madera: recréalo con madera y fardos de heno.

# ESTATUA DE LA LIBERTAD

La estatua de cobre se yergue orgullosa a 93 m de altura en el puerto de Nueva York. Fue un regalo de Francia a EE. UU. como símbolo de amistad para celebrar el centenario de la Declaración de Independencia. El monumento se inauguró en 1886 y anunciaba a los inmigrantes que llegaban a la tierra de la libertad. Crea tu propia estatua para recibir a los visitantes de tu mundo de Minecraft.

## RESUMEN

**Componentes esenciales:** el cuerpo de cobre, la antorcha, la corona, un gran pedestal
**Extras y añadidos:** variantes de cobre que reflejen su cambiante color
**No olvides:** ¡usar un panal para encerar el cobre!

## MUNDO REAL

**1** En origen, la estatua más famosa de Nueva York funcionaba como un faro para guiar a los barcos.

**2** Su nombre completo es «Libertad iluminando al mundo» y fue creada para celebrar el centenario de la independencia estadounidense y el final de la esclavitud en EE. UU. La antorcha simboliza la luz hacia la libertad.

**3** Se dice que un relámpago nunca golpea dos veces en el mismo lugar... ¡Pero esto es falso! Se cree que recibe impactos de relámpagos unas 600 veces al año.

## CLAVES DE CONSTRUCCIÓN

### OXIDACIÓN

En origen de color marrón rojizo el tono verde actual de la Estatua de la Libertad se debe a la oxidación (la exposición a la lluvia y el oxígeno). Esto también les pasa a los bloques de cobre en Minecraft, que tienen cuatro fases: cobre, cobre expuesto, cobre erosionado y cobre oxidado.

Champiluces luminosos simulan la antorcha encendida. La real está bañada en oro.

## ¡CÁMBIALO!

¿Quieres un recuerdo? ¡Cambia la escala y crea una Estatua de la Libertad en miniatura! Esta estatuilla cabrá en cualquier hogar. Hazla con variantes de piedra arenisca, cobre y prismarina, trampillas deformadas y una linterna.

# VIAJE AL PASADO    43

La capa verde de la superficie del cobre se llama «pátina».

¿Quieres ver cómo ha cambiado la Estatua de la Libertad con el tiempo? Construye la tuya con cobre sin encerar y mira cómo pasa lentamente de marrón a verde.

¡Necesitarás mucha roca de arenisca para construir este enorme pedestal! Eleva la estatua para hacerla visible desde todas partes.

Los botones, el toque final de una construcción, dan aquí más profundidad a las paredes.

El auténtico pedestal está dentro de las paredes de un viejo fortín militar.

Una mezcla de escaleras, losas y paredes llena la construcción de detalles interesantes.

Usa variantes de bloques de arenisca y abedul para crear las columnas, que dan a la estatua su aire neoclásico.

## MEJORES BLOQUES

Este monumento está hecho casi exclusivamente con dos tipos de bloques: arenisca y cobre. Las variantes se han utilizado para añadir detalles y mostrar la oxidación del cobre.

**ARENISCA**

**COBRE**

## TRUCO

Encera tus bloques de cobre con un panal si quieres evitar que cambien de color con el paso del tiempo. Usa un hacha para quitar la cera de los bloques.

# ACRÓPOLIS DE ATENAS

En la Antigüedad se construían fortalezas en la cima de las colinas para protegerse de los invasores. Las ciudades a menudo crecían alrededor de estas fortalezas. Esta construcción refleja una de las más famosas, la Acrópolis de Atenas, Grecia. Construida en piedra arenisca en un bioma de desierto, recrea el famoso Partenón y muchos otros edificios y templos.

## RESUMEN

**Componentes esenciales:** una fortaleza en una cima, con varios edificios (más en pp. 46–47)

**Extras y añadidos:** estatua de Atenea de nueve bloques de altura

**No olvides:** construir una escalinata a la base de la montaña

---

Usa bloques de columna de cuarzo para recrear las columnas acanaladas del Erecteón.

Según el mito, la diosa Atenea plantó un olivo en la Acrópolis.

Usa ladrillos amarillos de piedra del End para las altas murallas.

La estatua de Atenea, de nueve bloques de altura, es de cobre encerado, variantes de acacia y cuatro bloques de oro.

## MUNDO REAL

**1** La Acrópolis de Atenas se construyó hace más de 2500 años.

**2** Aunque la mayor parte de la Acrópolis está en ruinas, este importante yacimiento ha revelado muchos detalles sobre cómo vivían los antiguos griegos.

**3** Una de las partes mejor conservadas es el Partenón. Era un templo dedicado a la diosa Atenea, que da nombre a la ciudad.

## MEJORES BLOQUES

En esta construcción se han empleado las ocho variantes de bloque de arenisca. También puedes ir al End y recoger ladrillos de piedra de End como alternativa amarillenta y envejecida.

**LADRILLOS DE PIEDRA DEL END**   **ARENISCA ROJA**   **ARENISCA**

**VIAJE AL PASADO** 45

# CLAVES DE CONSTRUCCIÓN

## LA CLAVE ES EL SITIO

Igual que en la Acrópolis real, la ubicación es crucial. Busca una cima de arenisca en un bioma de desierto y aplánala hasta tener una meseta donde construir. Distribuye los diferentes edificios y construye altos muros a su alrededor para proteger a los habitantes de los invasores. Pon una escalera de acceso empinada y bien protegida junto a la montaña.

**TRUCO**

Utiliza en esta construcción las ocho variantes de arenisca que existen. Mézclalas para añadir bordes, capas y textura. En esta construcción se usan variantes de arenisca roja para resaltar los techos.

- Usa losas de arenisca roja y escaleras para el techo inclinado del Partenón y de otros edificios.
- Las escaleras imitan los ornamentos tallados de los Propileos, la puerta ceremonial a la Acrópolis.
- Recrea la estructura de cuatro columnas del templo de Atenea Niké.
- Usa diferentes bloques, como losas de abedul, para dar textura al suelo.
- Añade monumentos como el pedestal de Agripa, que se alza en la escalinata de los Propileos.
- Escalones de losa llevan de la ladera a la Acrópolis.

# ACRÓPOLIS: TEMPLOS

La Acrópolis de Atenas comenzó como una fortaleza defensiva, pero su situación, dominando la ciudad, hizo de ella un lugar popular para otros edificios como templos. Como muchos edificios religiosos, los templos griegos destacan por su impresionante diseño. Te mostramos cómo recrearlos, pero siempre puedes añadir tus propias ideas a cualquier construcción.

## FRISO

Los frisos de los templos eran de color azul, rojo y dorado, pero la pintura se perdió hace mucho tiempo. Restaura los templos con bloques de terracota acristalada en tu construcción.

## ERECTEÓN

Situado en el lado norte de la Acrópolis, el Erecteón es el único templo asimétrico. Está sostenido por columnas de diferentes alturas. Usa escaleras, escotillas y bloques de pared para que cada columna sea única.

Usa bloques de escalera para hacer el techo. Puedes cambiar la forma de un bloque de escalera rotando tu personaje.

Los bloques de terracota acristalada tienen patrones únicos, a diferencia de los demás bloques.

## RELIEVES

Las paredes y los capiteles de la Acrópolis poseían intrincados relieves que narraban historias. Usa piedra arenisca cincelada para añadir patrones a las paredes de tu templo.

Funde arenisca en un horno para tener arenisca lisa.

## CONSEJO

Todos los templos están cubiertos por techos de arenisca roja (también puedes usar acacia). Las formas triangulares de los techos son fáciles de recrear con losas y escaleras: crea un anillo de bloques en torno al templo para obtener la forma básica. Construye hacia arriba, en diagonal, uno o dos bloques por nivel, hasta obtener el triángulo.

## PARTENÓN

Tallado en 22 000 toneladas métricas de mármol, el Partenón es uno de los edificios más famosos del mundo. Para recrearlo, construye una «caja» sobre una base rectangular en diagonal; a continuación, agrega los detalles de la arquitectura griega clásica.

La cima del templo se completa con atriles y escotillas.

Las estatuas del techo cuentan el nacimiento de Atenea. Para ellas usamos vallas, escotillas y paredes de arenisca contra un fondo de prismarina verde.

El interior de los muros emplea los mismos ladrillos de piedra de End que la muralla de la Acrópolis.

Crea nichos para las estatuas con losas de arenisca y escaleras.

## COLUMNAS

Las columnas eran un rasgo característico de la arquitectura griega. Este modelo usa escotillas de abedul y puertas de valla de abedul para los detalles en la base y capitel.

Puertas de valla de abedul

Escotilla de abedul

Eleva el templo por encima de otros edificios con bloques de escalera para destacar su importancia.

## INTERIOR

Construir en Minecraft puede ser una forma divertida de aprender historia. ¿Sabías que el Partenón contuvo una estatua de Atenea hecha de oro y marfil? ¿Cómo la recrearías en Minecraft?

Esta estatua representa a Atenea. El cuerpo es de bloques de cobre y escalera.

# TAJ MAHAL

Este hermoso edificio de Agra, en India, está revestido de mármol blanco y está considerado una de las nuevas Siete Maravillas del Mundo. El Taj Mahal se empezó a construir en 1632 por órdenes del emperador mogol Sha Jahan para honrar a su esposa Mumtaz. Por dentro está decorado con gemas dispuestas en intrincados patrones. En Minecraft puedes construir algo para tu persona favorita o, incluso, mejor: construirlo con ella. Puede ser un magnífico palacio como el Taj Mahal o un edificio totalmente nuevo y único.

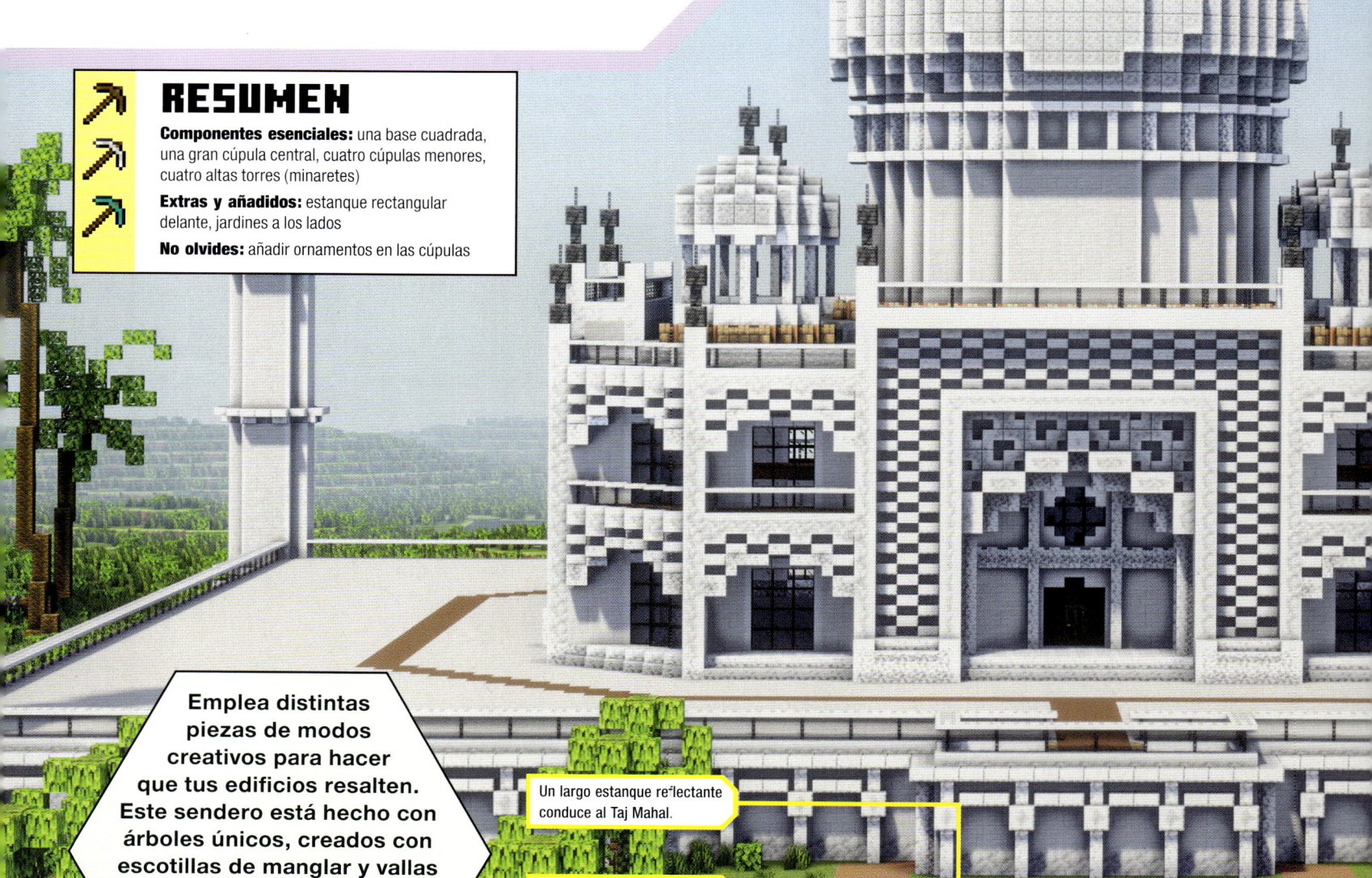

## RESUMEN

**Componentes esenciales:** una base cuadrada, una gran cúpula central, cuatro cúpulas menores, cuatro altas torres (minaretes)

**Extras y añadidos:** estanque rectangular delante, jardines a los lados

**No olvides:** añadir ornamentos en las cúpulas

A la cúpula central se la suele llamar «de la cebolla» debido a su forma.

Un largo estanque reflectante conduce al Taj Mahal.

Bloques de escaleras y losa dan a los jardines un efecto ligeramente escalonado.

### TRUCO

Emplea distintas piezas de modos creativos para hacer que tus edificios resalten. Este sendero está hecho con árboles únicos, creados con escotillas de manglar y vallas de jungla, así como hojas de azalea y hojas de manglar.

## MUNDO REAL

**1** Más de cuarenta tipos de gemas diferentes decoran el interior del Taj Mahal, incluidos diamantes, esmeraldas y amatistas.

**2** Se necesitaron más de 20 000 trabajadores y 20 años para acabar de construir el Taj Mahal. ¡Construir en Minecraft es mucho más rápido!

**3** Los materiales para el Taj Mahal procedían de toda Asia, y se transportaban a lomos de elefantes.

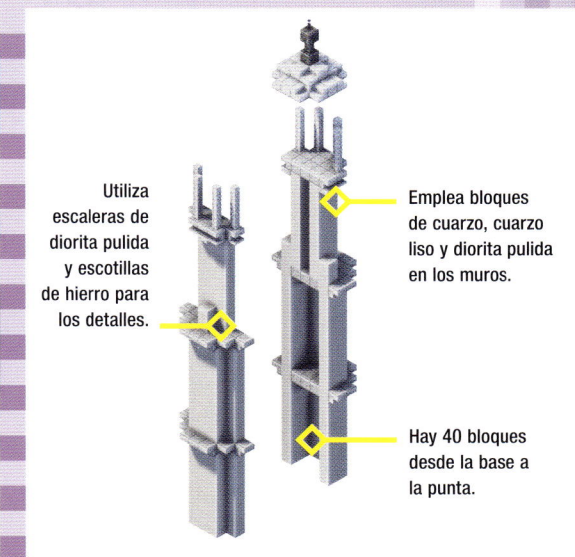

Utiliza escaleras de diorita pulida y escotillas de hierro para los detalles.

Emplea bloques de cuarzo, cuarzo liso y diorita pulida en los muros.

Hay 40 bloques desde la base a la punta.

## MINARETES

Cuatro esbeltos minaretes flanquean el Taj Mahal. Los minaretes suelen formar parte de una mezquita. Poseen un balcón, en la cima, desde el que el muecín llama a los fieles a la plegaria. La cima de este minarete de Minecraft tiene 11 bloques de altura y 5 de ancho, y está hecha de bloques de diorita y pizarra abismal.

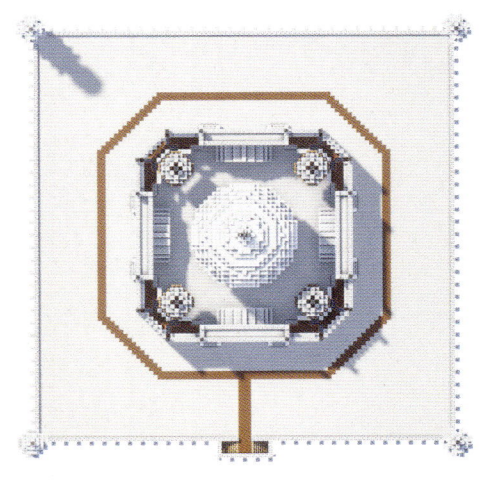

Crea cuatro minaretes coronados por un *chhatri*, un dosel ornamentado.

El Taj Mahal está construido con una simetría perfecta, que simbolizaba el poder en el mundo de los mogoles.

Añade árboles para embellecer los lados del camino.

## SIMETRÍA

Si miras este Taj Mahal de Minecraft desde arriba verás que es simétrico. Si hicieras pasar una línea por el centro, verías la misma imagen a ambos lados: imágenes especulares. Los cuatro minaretes están dispuestos a la misma distancia, con una cúpula en el centro. Planea bien la construcción antes de empezar. Dividir tu construcción en partes simétricas te ayudará a trabajar de manera organizada.

## MEJORES BLOQUES

El mármol del Taj Mahal ha ido perdiendo color con el tiempo. Esta construcción de Minecraft lo refleja, con bloques de cuarzo liso, así como otros de diorita, más clara, y de calcita para dar contraste.

**CUARZO LISO**  **DIORITA**  **CALCITA**

# NIDO DEL TIGRE

Este monasterio aislado en una cima del Himalaya es el lugar perfecto para estar a solas con tus pensamientos. El Nido del Tigre se construyó en Bután en 1692 como lugar de culto y meditación para monjes budistas. Llamado Paro Taktsang en idioma dzongkha, está construido en la ladera de una montaña empinada, encajado en piedra, y es casi inaccesible. Tú también puedes crear un lugar tranquilo y escondido en las montañas para cuando quieras un rato de tranquilidad.

## RESUMEN

**Componentes esenciales:** una ladera empinada

**Extras y añadidos:** un carro de suministros en la base de la montaña

**No olvides:** crear un sendero que ascienda por la montaña

El Nido del Tigre descansa sobre una empinada ladera. Busca montañas escarpadas en un bioma de cumbres rocosas.

## MUNDO REAL

**1** El Nido del Tigre se asocia al Gurú Rinpoche, un budista famoso.

**2** El comienzo de cada día está marcado por el giro de una rueda de oración. Se cree que esta actividad diaria trae armonía al mundo y es parte de la práctica de meditación budista.

**3** Hay cuatro templos principales en el monasterio, que aún albergan a monjes budistas.

Añade un carro para llevar alimentos y otros suministros esenciales al monasterio.

Crea banderas de oración con vallas y estandartes de colores.

## VIAJE AL PASADO 51

Una combinación de bambú y abedul da un aspecto ajado a los techos dorados.

### BANDERAS DE ORACIÓN

Los coloridos estandartes de esta construcción en Minecraft se inspiran en las banderas de oración. Se cree que estas banderas dispersan las oraciones al ondear al viento. Coloca los estandartes, una vez creados, en cualquier edificio para que ondeen con la brisa. Créalos colgando estandartes en vallas o cadenas.

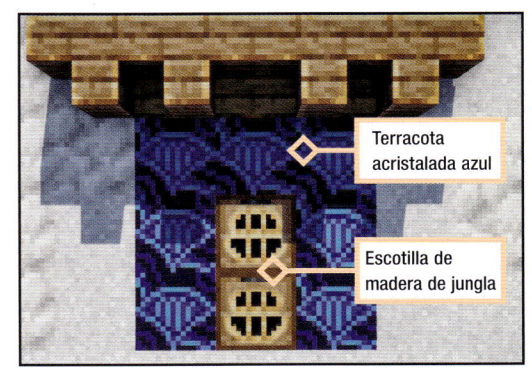

Terracota acristalada azul

Escotilla de madera de jungla

### PATRONES ÚNICOS

Los bloques de terracota acristalada están entre los más decorativos de Minecraft. Se pueden girar al colocarlos para obtener diseños únicos, como estas coloridas paredes. Crea terracota acristalada fundiendo bloques de terracota teñida.

## DE CERCA

Las paredes del monasterio están llenas de detalles. Elige los bloques cuidadosamente para que todos los elementos combinen entre sí: cuando construyas elementos de madera, usa bloques con colores similares al resto de la sección. La madera de mangle resalta junto a paredes de ladrillo de Nether y terracota roja.

### MEJORES BLOQUES

Este monasterio budista está construido al estilo tradicional, con paredes blancas y techos dorados. Polvo de hormigón blanco y calcita dan a las paredes una textura granulada realista.

**CALCITA**

**POLVO DE HORMIGÓN BLANCO**

# TESORO DE PETRA

Petra es una antigua ciudad en el desierto de la actual Jordania y fue la capital del reino nabateo hace más de 2000 años. Es famosa por sus muchos edificios tallados directamente en la roca, como esta tumba real llamada Tesoro de Petra o *al-Jazneh*. Aunque Petra era famosa entre los lugareños, los europeos la «descubrieron» en 1812. Construye tu ciudad tallada en Minecraft. Un bioma de páramos sería ideal.

## RESUMEN

**Componentes esenciales:** una fachada sobresaliendo de la roca, doce columnas, detalles tallados

**Extras y añadidos:** salas ocultas

**No olvides:** ¡añadir un camello y túneles secretos!

En arquitectura, la bonita «corona» de las columnas se llama capitel.

Ladrillos de adobe, losas y escaleras crean textura junto a la terracota marrón.

## MEJORES BLOQUES

Un páramo es un buen lugar para esta construcción: en él hallarás muchas montañas y cañones en los que tallar tu ciudad. Los páramos son uno de los biomas más raros: te costará encontrar uno. Usa bloques de adobe y terracota para fundirte con tu entorno.

**LADRILLOS DE ADOBE**

**TERRACOTA**

## MUNDO REAL

**1** Petra prosperó durante siglos como centro comercial. Los mercaderes cruzaban el desierto entre Babilonia y Damasco para comerciar con especias.

**2** Petra fue una de las ciudades más ricas del mundo durante casi 900 años, pero sufrió graves daños a causa de terremotos. Fue abandonada en 663 d. C.

**3** Rodeada por montañas, solo se puede llegar a Petra desde el estrecho cañón del Siq, por lo que quedó oculta al resto del mundo durante más de mil años.

### VIAJE AL PASADO 53

Paséate por un bioma de páramos y busca un cañón suficientemente profundo para ocultar la entrada a tu ciudad.

Añade detalles como este ladrillo de adobe con puertas de valla de abeto.

### TRUCO
No tienes que construir un gran modelo para recrear una gran idea. Aquí, Petra está representada por una entrada con columnas que conduce a la montaña. Podría ser parte de una ciudad tallada o una casa, o contener un tesoro.

### ANTIGUOS DETALLES
Aunque las columnas y los pilares son elementos esenciales de las construcciones antiguas, en realidad los puedes añadir a cualquier modelo. Harán resaltar las paredes y harán que la estructura parezca más grande. Añade detalles en los capiteles para que luzcan más grandiosos. Hazlos con puertas de vallas de la jungla y escotillas.

### CREAR TEXTURA
Petra está tallada en montañas de arenisca, y podrías recrearla en un bioma de desierto. Sin embargo, esta construcción usa terracota de los páramos, combinada con variantes de bloques de adobe. Usar bloques diferentes es un excelente modo de dar textura y detalles a tus creaciones.

# ANGKOR WAT

El complejo de Angkor Wat («ciudad de templos»), en Camboya, es famoso por su enorme tamaño y sus espectaculares tallas en piedra. Durante siglos, gran parte de Angkor Wat quedó cubierto por vegetación; en algunos lugares, los árboles crecieron por encima de los templos. Por suerte, el templo de cinco torres que se alza en el centro sobrevivió gracias al cuidado de los monjes budistas. Explora los misterios de este templo e inspírate para tu propia construcción. ¡Esta tiene más de 180 000 bloques!

## RESUMEN

**Componentes esenciales:** un gran templo con cinco torres, murallas, grandes arcadas
**Extras y añadidos:** árboles en torno al complejo
**No olvides:** mirarlo desde lejos para verlo mejor

- Haz brillar los patios interiores con suelos de losa de granito pulido.
- Utiliza losas de pizarra abismal para este tejado plano y coloca bloques de escaleras debajo para unirlos a las paredes.
- Incluye bibliotecas a cada lado del patio exterior.
- Construye una calzada elevada que conduzca al templo.

## CONSEJO

Las intrincadas tallas y los grabados de las paredes de Angkor Wat reflejan epopeyas hindúes. Añade detalles a tu construcción con toda una gama de materiales, como bloques cincelados, algunos de ellos con la talla de una criatura.

# MUNDO REAL

**1** El templo se construyó en el siglo XII y es el monumento religioso más grande del mundo.

**2** Se cree que representa la montaña mítica de Meru: las cinco torres reflejan sus cinco cimas.

**3** El templo se alinea con los puntos cardinales: la entrada principal apunta al oeste. En los equinoccios de primavera y otoño (cuando el día y la noche tienen la misma duración), el sol sale desde detrás de la torre central.

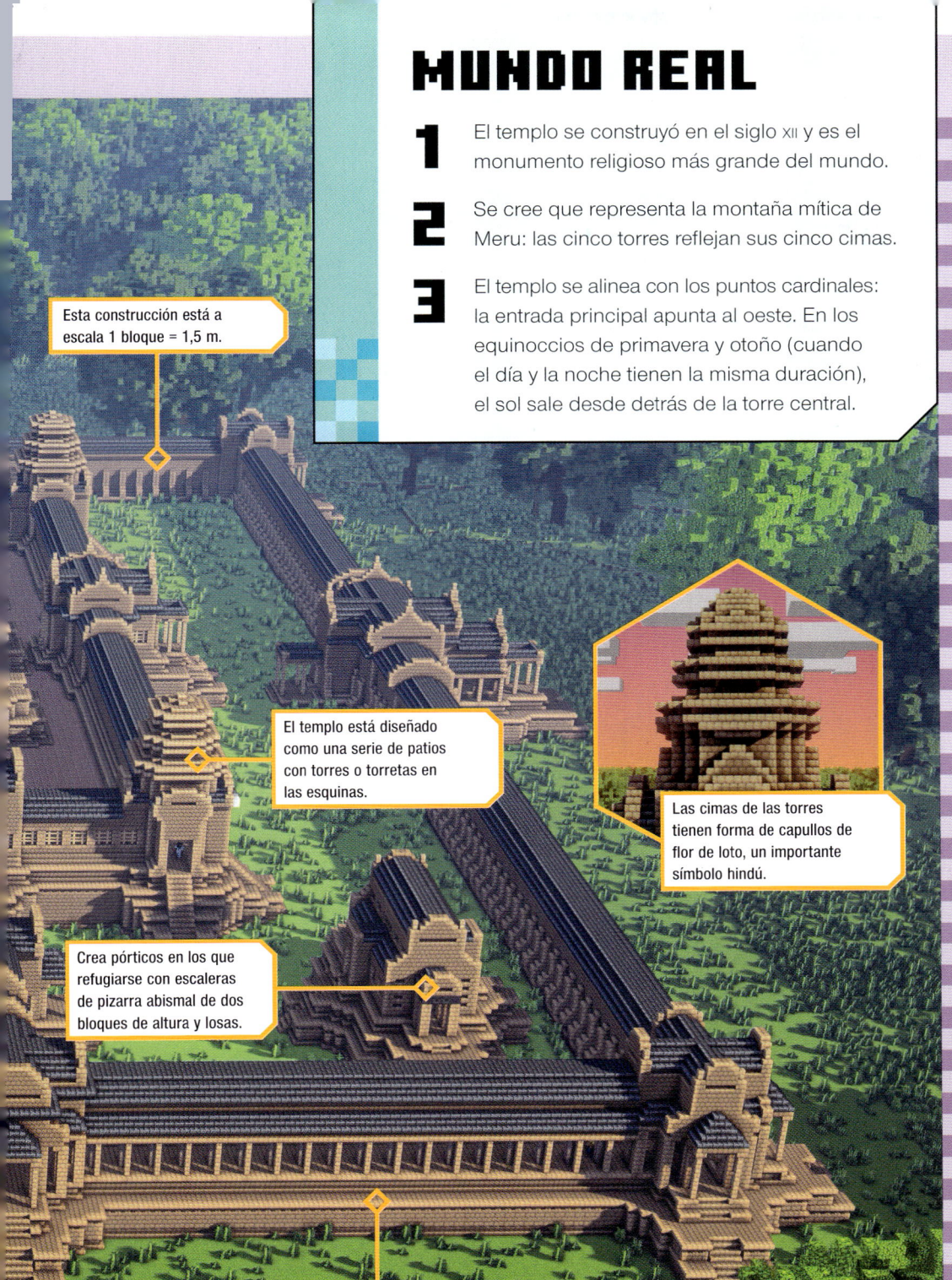

VIAJE AL PASADO 55

Esta construcción está a escala 1 bloque = 1,5 m.

El templo está diseñado como una serie de patios con torres o torretas en las esquinas.

Las cimas de las torres tienen forma de capullos de flor de loto, un importante símbolo hindú.

Crea pórticos en los que refugiarse con escaleras de pizarra abismal de dos bloques de altura y losas.

Los ladrillos de adobe tienen un color similar a la arenisca del Angkor Wat real.

## TERRAZAS CON TEXTURA

Todas las estructuras de Angkor Wat están increíblemente detalladas. Lo podemos recrear añadiendo terrazas y textura con una mezcla de escaleras, losas y paredes de adobe. Comienza con una base grande y ve estrechándola a medida que subes. Usa escaleras, losas y paredes para crear bordes afilados.

## ARCADAS

En Angkor Wat hay arcos conocidos como pórticos. Apuntan en todas direcciones y protegen del sol y la lluvia. Como en el resto del modelo, las variantes de ladrillos de adobe son clave para recrear estos pórticos. Los arcos, de seis bloques de altura, incluyen vallas de jungla para ventanas y bloques de espeleotema para columnas.

## MEJORES BLOQUES

El modelo recrea los tonos de Angkor Wat: está construido con variantes de ladrillo de adobe, con variantes de pizarra abismal en el tejado y bloques de espeleotema en los interiores.

**ESPELEOTEMA**  **PIZARRA ABISMAL**  **LADRILLOS DE ADOBE**

# TORRE EIFFEL

La Torre Eiffel, en París, es uno de los monumentos más famosos del mundo. Apodada la Dama de Hierro, la estructura se eleva por encima de la ciudad, a 330 m de altura. Se acabó de construir en 1889, para conmemorar el centenario de la Revolución Francesa. Esta construcción se recrea usando bloques de barro del color de la Torre Eiffel actual. No obstante, en el pasado, la torre se pintó de otros colores, como el rojo. Si prefieres hacer una torre más colorida, prueba el manglar, con un rojo intenso y muchas variantes útiles.

## RESUMEN

**Componentes esenciales:** cuatro «patas» con una base cuadrada encima, y secciones cada vez más estrechas

**Extras y añadidos:** jardines a su alrededor

**No olvides:** ¡añadir un pararrayos en la cima!

## CONSEJO

Cuando planifiques tu construcción, comienza por un esquema sencillo de la torre. Una vez tengas el boceto, prepara tus bloques favoritos y comienza a completar los detalles. Si juegas en Modo supervivencia, ¡usa andamios para no caerte!

## MUNDO REAL

1. La Torre Eiffel está hecha de más de 18 000 piezas de hierro unidas por más de 2,5 millones de remaches.

2. Hay 1665 escalones hasta la cima. Hoy en día, los turistas suben en ascensores, pero los primeros visitantes, en 1889, tenían que subir a pie.

3. La parte superior de la torre se balancea con el viento, inclinándose hasta 7 cm. El metal se contrae con el frío y se expande con el calor.

Tercer piso, con 70 bloques (274 m) de altura

La Torre Eiffel está dividida en tres niveles. Cada nivel tiene un ascensor independiente que puede transportar unos 1700 visitantes cada hora.

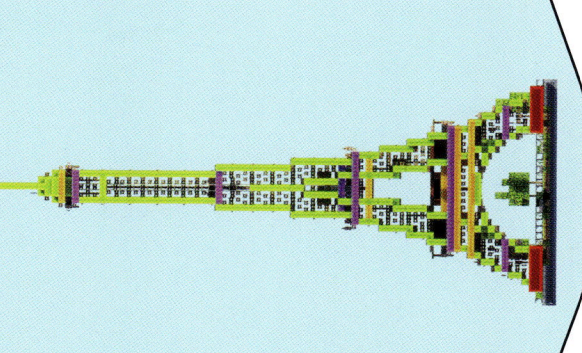

# VIAJE AL PASADO 57

## TRUCO

Como la torre Eiffel de verdad, esta estructura corre el riesgo de ser alcanzada por un rayo durante una tormenta. Pon un pararrayos en la cima de tu construcción para evitar que los bloques de madera prendan.

## MEJORES BLOQUES

Esta construcción emplea variantes de bloques de adobe, además de bloques de colores similares (jungla y abeto) para ofrecer resalte y profundidad.

**ADOBE**

**VALLA DE ABETO**

## DE CERCA

Cuatro enormes patas curvas sostienen la Torre Eiffel. Este modelo emplea dos escalones de abeto y valla de jungla para lograr un efecto similar. Las patas se asientan sobre andesita y losas de andesita pulida, que a su vez descansan sobre una base plana y sólida de andesita.

◇ Añade losas de andesita pulida para recrear la base.

◇ Adobe, ladrillos de adobe y paredes de ladrillo de adobe constituyen la mayor parte de la construcción.

◇ ¿Desarmarás tu construcción o la mantendrás para siempre? ¡La verdadera Torre Eiffel debía desmantelarse tras 20 años!

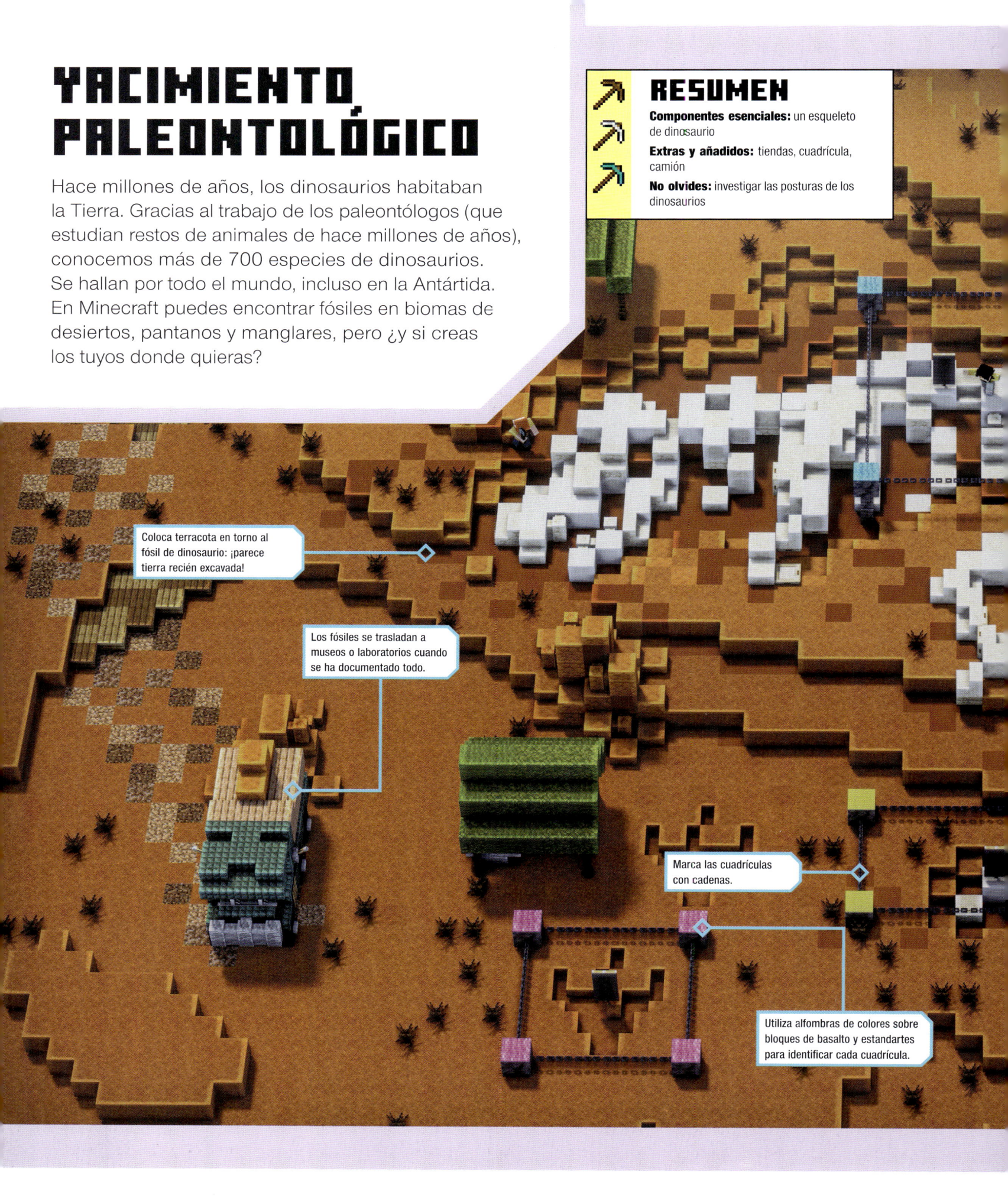

# YACIMIENTO PALEONTOLÓGICO

Hace millones de años, los dinosaurios habitaban la Tierra. Gracias al trabajo de los paleontólogos (que estudian restos de animales de hace millones de años), conocemos más de 700 especies de dinosaurios. Se hallan por todo el mundo, incluso en la Antártida. En Minecraft puedes encontrar fósiles en biomas de desiertos, pantanos y manglares, pero ¿y si creas los tuyos donde quieras?

## RESUMEN

**Componentes esenciales:** un esqueleto de dinosaurio

**Extras y añadidos:** tiendas, cuadrícula, camión

**No olvides:** investigar las posturas de los dinosaurios

---

Coloca terracota en torno al fósil de dinosaurio: ¡parece tierra recién excavada!

Los fósiles se trasladan a museos o laboratorios cuando se ha documentado todo.

Marca las cuadrículas con cadenas.

Utiliza alfombras de colores sobre bloques de basalto y estandartes para identificar cada cuadrícula.

# MUNDO REAL

**1** Los fósiles son restos de plantas y animales (huesos, conchas, plumas, hojas...) preservados en roca durante miles o millones de años.

**2** Las primeras descripciones de fósiles de dinosaurios son de hace unos 200 años. En 1824, los huesos de un «gran lagarto» recibieron el nombre científico de *Megalosaurio*.

**3** En China, el rápido desarrollo urbano está dejando al descubierto antiguos terrenos y, con ellos, miles de fósiles de dinosaurios.

VIAJE AL PASADO 59

Los esqueletos de dinosaurio completos son muy raros.

## CUADRÍCULAS

Es importante que los paleontólogos sepan exactamente dónde se ha hallado cada fósil. Las cuadrículas de colores les ayudan a cartografiar la zona y tomar notas precisas. Puedes usar tinte y un telar para crear estandartes con números.

### TRUCO

¿Quieres recrear el fósil de tu dinosaurio favorito? Búscalo primero en libros o en internet y, a continuación, usa bloques de hueso para recrear el esqueleto: puedes crearlos con nueve piezas de polvo de hueso.

## TIENDAS

En las excavaciones de verdad se usan tiendas para proteger los fósiles de la luz solar y la lluvia. Construye sencillas tiendas con vallas de madera, bloques de musgo y lana para recrear un yacimiento más realista.

## MEJORES BLOQUES

Los yacimientos son estructuras temporales que se desmontan tras la excavación. Da a tu yacimiento de Minecraft el mismo aspecto con bloques fácilmente desmontables. La lana y la madera son ideales: en Modo supervivencia se pueden quitar rápidamente con tijeras y hachas.

**TABLONES**   **LANA**

# CASAS DEL MUNDO

Construir una casa suele ser el primer proyecto en un nuevo mundo de Minecraft, ¡y en el mundo real es igual! Dondequiera que vayas encontrarás casas únicas y creativas, construidas con los recursos del entorno. A continuación exploraremos varias casas tradicionales y veremos cómo puedes recrearlas.

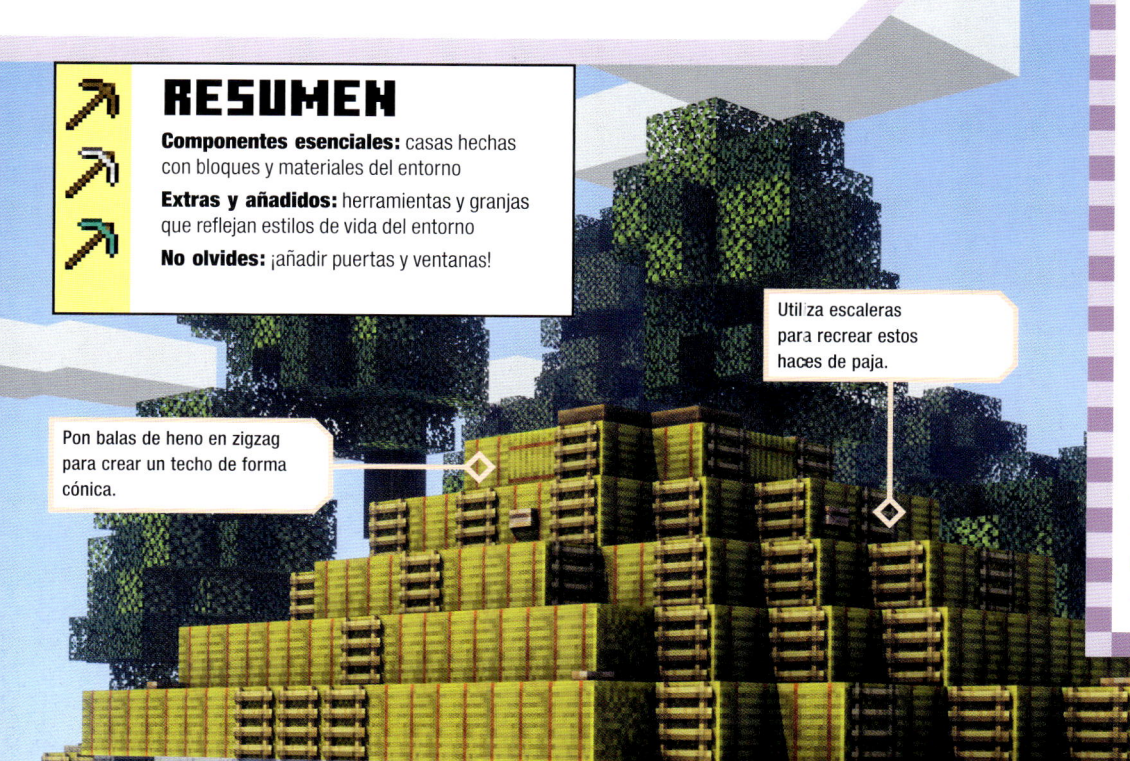

## PALLOZA

Una palloza es una casa tradicional de Galicia (España). Las paredes suelen ser de piedra, y el techo de paja y madera. Tiene pocas ventanas o aberturas para protegerse de los fuertes vientos invernales.

## RESUMEN

**Componentes esenciales:** casas hechas con bloques y materiales del entorno

**Extras y añadidos:** herramientas y granjas que reflejan estilos de vida del entorno

**No olvides:** ¡añadir puertas y ventanas!

## GRANJAS

La ganadería era muy importante para los habitantes de las pallozas: ¡las vacas vivían en la misma casa! Añade agua y tierra para cultivar, y una vaca para obtener leche. Planta semillas de trigo para las vacas y para crear balas de heno para el techo.

Utiliza escaleras para recrear estos haces de paja.

Pon balas de heno en zigzag para crear un techo de forma cónica.

Haz las paredes con bloques de piedra: adoquín, andesita y, evidentemente, piedra.

Evita que tu fuente de agua desborde con escotillas de roble oscuro.

## MEJORES BLOQUES

Esta recreación de una palloza guarda muchas similitudes con la real. Emplea ladrillos de piedra en las paredes, balas de heno en el techo y escaleras que imitan los haces.

**LADRILLOS DE PIEDRA**  **FARDOS DE HENO**

VIAJE AL PASADO  61

## TRULLO

Los trullos son casas en forma de hongo típicas de la Puglia (Italia). Originalmente eran viviendas temporales para los trabajadores. Su diseño pequeño, sencillo y fácil de construir los hizo muy populares en la región.

Un embudo y un yunque recrean una chimenea única.

Construye el techo con diversos bloques grises, como andesita pulida y variantes de losas, escaleras y bloques de piedra.

## DETALLES

Los trullos se caracterizan por sus paredes redondas y sus techos altos. A menudo solo tienen una habitación, por lo que son una primera casa perfecta para recrear en Minecraft.

Cuelga una linterna fuera para dar la bienvenida a otros jugadores.

## MEJORES BLOQUES

Los trullos se construían con caliza seca de los alrededores. Haz tu versión en Minecraft con bloques blancos como diorita, abedul, hueso y bloques de cuarzo para las paredes.

**DIORITA**   **TRONCOS DE ABEDUL**

## MUNDO REAL

La nieve es un buen aislante. La temperatura en el Ártico puede llegar a unos escalofriantes −45 °C, aunque en un iglú se puede estar a −7 °C.

## IGLÚ INUIT

Los iglús son refugios hechos de nieve, tradicionalmente utilizados por los inuit del Ártico. Son una parte importante de su cultura y brindan refugio contra el frío extremo y el viento.

### INTERIOR

El interior de un iglú real se calienta con pieles de animales y una estufa. En Minecraft no debes preocuparte por el frío, pero puedes hacer tu iglú más acogedor con alfombras, estandartes y una fogata.

¡Un iglú real puede albergar hasta a cinco personas!

Añade un túnel de entrada al iglú. Son pequeños para evitar que entre aire frío.

Los trineos se hacen con madera recuperada. ¡Este trineo tiene losas, escaleras, una puerta de valla y un lobo amaestrado!

Haz un agujero en el hielo para lanzar tu sedal.

## MEJORES BLOQUES

Los inuit construyen los iglús con el recurso más abundante del Ártico: ¡la nieve! En esta construcción se utilizan bloques de nieve para recrear la estructura en forma de cúpula. Dentro, alfombras y pancartas hacen las veces de pieles de animales.

**BLOQUE DE NIEVE**  **ALFOMBRA ROJA**

**VIAJE AL PASADO** 63

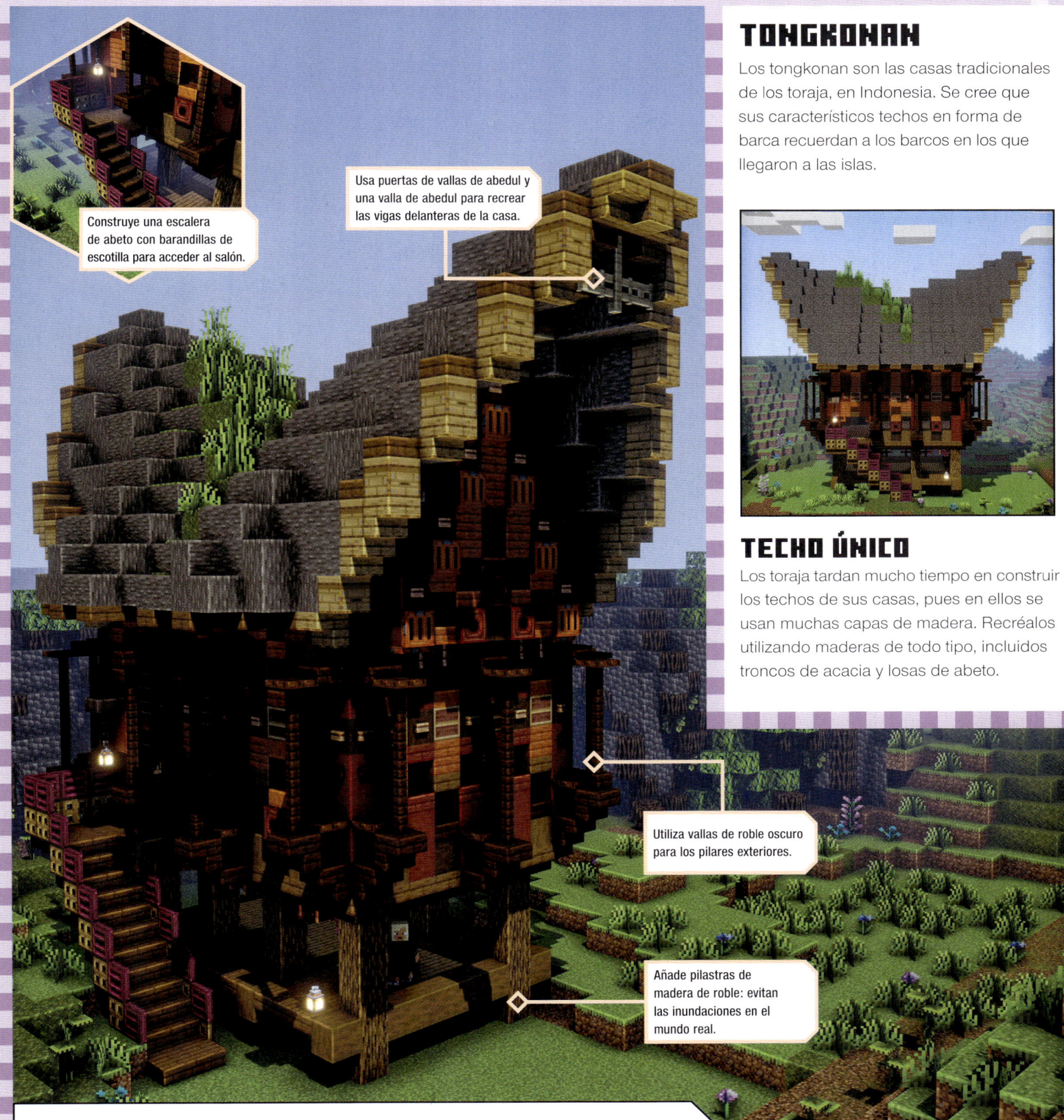

# TONGKONAN

Los tongkonan son las casas tradicionales de los toraja, en Indonesia. Se cree que sus característicos techos en forma de barca recuerdan a los barcos en los que llegaron a las islas.

Construye una escalera de abeto con barandillas de escotilla para acceder al salón.

Usa puertas de vallas de abedul y una valla de abedul para recrear las vigas delanteras de la casa.

## TECHO ÚNICO

Los toraja tardan mucho tiempo en construir los techos de sus casas, pues en ellos se usan muchas capas de madera. Recréalos utilizando maderas de todo tipo, incluidos troncos de acacia y losas de abeto.

Utiliza vallas de roble oscuro para los pilares exteriores.

Añade pilastras de madera de roble: evitan las inundaciones en el mundo real.

# MEJORES BLOQUES

Los toraja utilizan materiales de su entorno, que pintan de colores brillantes. Usa madera de colores, como tablones de roble oscuro y acacia, para recrear el aspecto pintado, o crea uno de un solo color con bloques de bambú.

**TABLONES DE ACACIA**

**TABLONES DE ROBLE OSCURO**

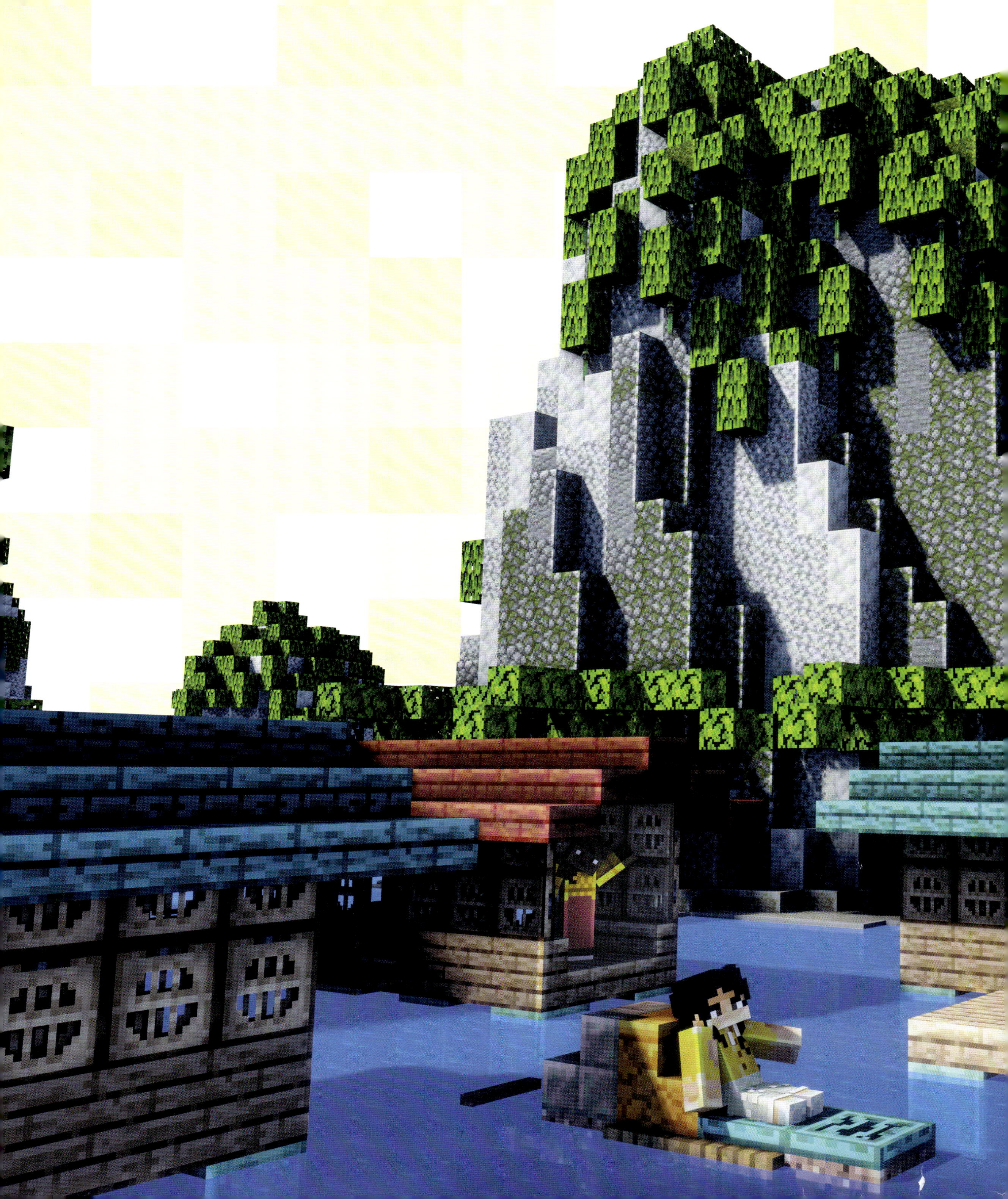

# PLANETA ASOMBROSO

De los cañones más profundos hasta las montañas más altas; de los desiertos abrasadores a los polos helados, nuestro planeta posee una impresionante belleza natural. Más allá de lo que elijas construir, deberás usar toda la gama de bloques de Minecraft para dar vida a estos lugares.

# CAMPAMENTO BASE DEL EVEREST

Escalar el monte Everest, la montaña más alta del mundo, es increíblemente peligroso. Antes incluso de intentarlo, los escaladores han de pasar unos días en el campamento base para acostumbrarse a la altitud. Escalar en Modo supervivencia también es peligroso: encanta tus botas con Caída de pluma para evitar regenerarte en casa. Luego construye un campamento base. ¡Podrías hacerlo tan bien que tal vez no quieras escalar la montaña de verdad!

## RESUMEN

**Componentes esenciales:** tiendas y estructuras temporales

**Extras y añadidos:** luces exteriores contra criaturas hostiles

**No olvides:** empacar montones de suministros

## ¡CÁMBIALO!

A muchos escaladores les gustaría que hubiera más comodidades y servicios disponibles en el campamento base. ¿Qué elementos no esenciales añadirías en Minecraft? ¿Una pista de patinaje? ¿Un cine? ¿O tal vez un gimnasio?

En el Himalaya hay que mantener el calor. Construye edificios que lo conserven.

Usa cajas de shulker para llevar suministros.

Añade linternas en el exterior para mantener el campamento a salvo de criaturas por la noche.

## MUNDO REAL

**1** El monte Everest, en la cordillera del Himalaya, es la cima más alta del mundo, con 8849 m.

**2** Aun así, el Everest sigue creciendo. Se asienta sobre dos placas continentales que ascienden 4 mm al año.

**3** Para obtener el permiso de escalada del Everest, los deportistas han de estar muy en forma y haber ascendido ya algún pico de 6500 m.

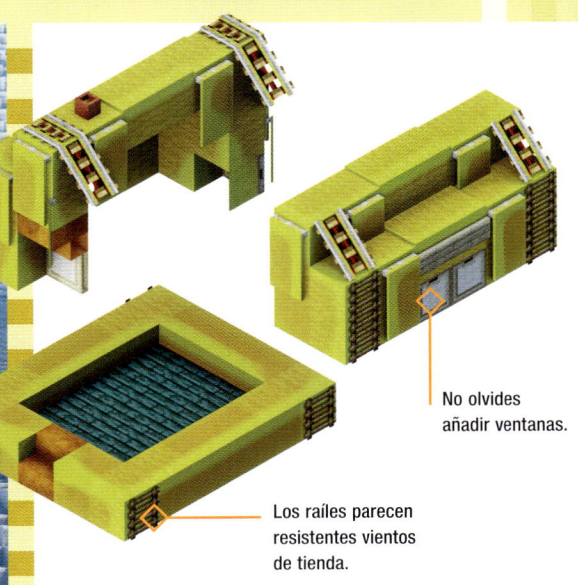

**PLANETA ASOMBROSO 67**

No olvides añadir ventanas.

Los raíles parecen resistentes vientos de tienda.

## REFUGIOS TEMPORALES

Los escaladores pasan de tres a cinco días en refugios temporales en el campamento base. Son resistentes tiendas de campaña firmemente ancladas al suelo. Puedes recrearlas con lana amarilla, estandartes y hormigón. Utiliza escaleras y barandillas para los anclajes y escotillas para las ventanas.

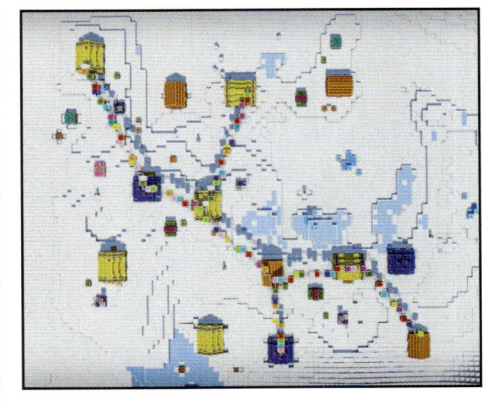

Caer en la nieve en polvo puede causar congelación. Equípate con botas de piel para caminar con seguridad.

Emplea arenisca roja y hormigón coloreado para las estructuras temporales.

Ancla las tiendas contra los fuertes vientos con raíles y escaleras.

## PLANIFICACIÓN

El campamento base se construye cada año: como el Everest solo puede escalarse durante la temporada de verano, nadie usa el campamento base durante los meses de invierno. Tú también puedes desmantelar tu construcción y comenzar de nuevo o renovarla en primavera. ¿Serías capaz de hacerla más cómoda? ¿Qué nuevas estructuras podrías añadir cada vez?

## MEJORES BLOQUES

Mantén la zona limpia para otros escaladores: usa bloques fácilmente desmontables como lana y madera. Emplea bloques resistentes (hormigón, arenisca roja) para imitar los materiales más seguros de las cocinas.

**ARENISCA ROJA**   **HORMIGÓN AMARILLO**

# GRAN FUENTE PRISMÁTICA

El Parque Nacional de Yellowstone (EE. UU.) se asienta sobre un volcán que entró en erupción hace 150 000 años. La actividad volcánica ha creado un paisaje espectacular con más de 10 000 fuentes termales. Una de sus maravillas naturales es la Gran Fuente Prismática. Este lago multicolor está en la Caldera de Yellowstone, cuyos colores proceden de las bacterias termales presentes en él. Recréalo con los muchos bloques de colores de Minecraft.

## RESUMEN

**Componentes esenciales:** un lago termal, un paisaje colorido, vapor

**Extras y añadidos:** plantas en descomposición

**No olvides:** colocar fogatas ocultas para un efecto de vapor

---

Usa polvo de hormigón en lugar de hormigón. Tiene los mismos colores pero una textura más granulosa.

Intenta utilizar bloques que ofrezcan muchos detalles, como liquen resplandeciente: se coloca sobre el bloque sin ocultar lo que hay debajo.

Si juegas en Modo supervivencia, tendrás que crear mucho tinte para obtener bloques de color lima, amarillo, rojo, azul y naranja.

## MEJORES BLOQUES

El bioma de desierto montañoso de Minecraft es ideal para situar la Gran Fuente Prismática. Haz un cráter en la arena para tu lago y usa bloques de colores de lana, terracota y hormigón para crear el efecto irisado.

**LANA VERDE** | **LANA NARANJA** | **TERRACOTA** | **HORMIGÓN CIAN**

# MUNDO REAL

**PLANETA ASOMBROSO   69**

**1** La Gran Fuente se formó en un manantial, calentado por el magma subterráneo.

**2** Los colores irisados se deben a las bacterias termales que proliferan en el lago. En el centro apenas hay bacterias porque el agua está demasiado caliente.

**3** En Yellowstone hay tres calderas (cráteres) creadas por tres erupciones del supervolcán. La más antigua tiene 2,1 millones de años.

Muchos bloques se pueden teñir de diferentes colores, incluidas alfombras, lana, terracota y hormigón.

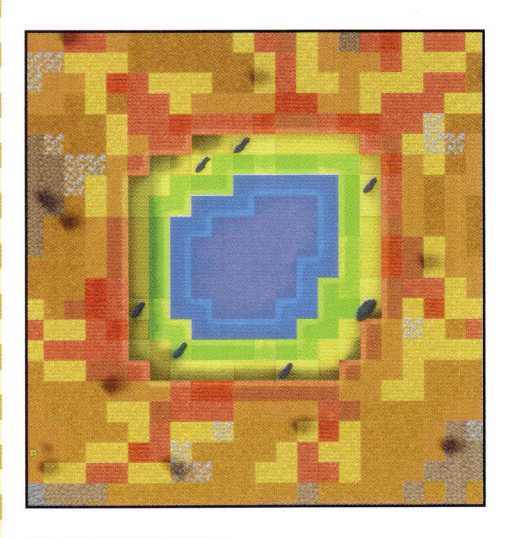

Dispón arbustos secos en torno al lago: las plantas que intentan crecer aquí no prosperan mucho.

## TEXTURAS

Si te fijas bien, esta construcción no es plana. La superficie es ligeramente irregular porque trata de recrear el aspecto natural y desgastado de la fuente. Para conseguir este efecto, basta con que coloques alfombras en bloques de colores a juego. Esto elevará ligeramente el suelo, añadiendo así un detalle realista a la construcción.

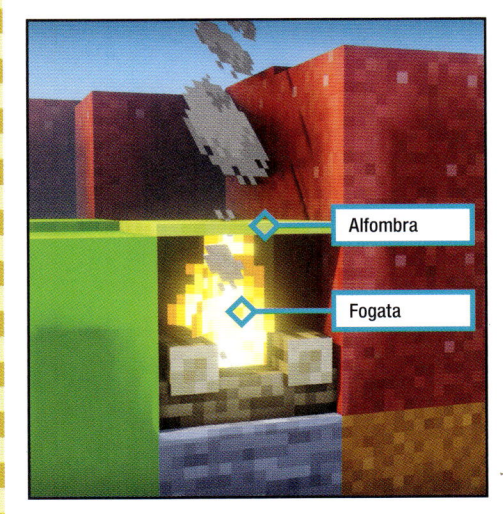

Alfombra

Fogata

## EFECTO VAPOR

Un buen truco para recrear el vapor de una fuente termal es colocar fogatas entre los bloques y ocultarlas con alfombras del mismo color. El humo atraviesa la alfombra pero el fuego queda oculto.

# SELVA TROPICAL

Las selvas tropicales cubren menos del 3 % de la Tierra, pero albergan al menos la mitad de las plantas y animales del mundo, lo que las hace lugares fascinantes y de gran importancia. Están cerca del ecuador (una línea imaginaria que recorre el centro de la Tierra), una zona cálida y húmeda. En Minecraft, no solo puedes explorar las profundidades de la selva y buscar animales exóticos: ¡también puedes plantar y cultivar nuevas selvas tropicales!

## RESUMEN

**Componentes esenciales:** árboles, puente colgante, cabaña (más en pp. 72-73)

**Extras y añadidos:** plantas y criaturas exóticas

**No olvides:** ¡añadir largas lianas para darle un aspecto más natural!

## DE CERCA

Las selvas tropicales, algunos de los lugares con una mayor biodiversidad del planeta, están llenas de plantas increíbles. La tuya también puede estar repleta de plantas de colores, como esta flor de espora colgante. Utiliza vallas para unir las flores a los árboles.

Fauna como loros y ocelotes prosperarán en tu selva.

Construye un puente de madera entre dos copas.

Usa toba para dar la apariencia de piedra desgastada.

## MUNDO REAL

**1** Las selvas tropicales alojan más de 1500 especies diferentes de aves, 300 especies de mamíferos y 2,5 millones de especies de insectos.

**2** Recibe un promedio de 2000 mm de lluvia al año: es uno de los ecosistemas más húmedos de la Tierra.

**3** Las selvas tropicales son los pulmones del planeta y producen el 20 % del oxígeno que humanos y animales necesitan respirar.

PLANETA ASOMBROSO 71

Enredaderas, hierba y hojas ocultan la casa de madera.

Las enredaderas y el musgo crecen en diferentes superficies.

## CLAVES DE CONSTRUCCIÓN

Tablones de jungla, losas y platos de presión crean un sendero irregular por el puente.

Las raíces de mangle le dan un aspecto nudoso.

### PUENTE DE MADERA

Los puentes de madera son indispensables para cruzar valles escarpados y gargantas. Crea un sendero irregular con tablones de madera y placas de presión en tu puente. ¡O construye una pasarela para ver las copas de los árboles!

## MEJORES BLOQUES

Los troncos, las hojas y las enredaderas son los mejores bloques para una selva. Puedes plantar árboles con brotes y polvo de hueso. Cubre las paredes de enredaderas para añadir más verdor a tu construcción.

**TRONCO DE JUNGLA**    **ENREDADERAS**

# SELVA TROPICAL: A FONDO

Los biomas selváticos están entre los más densos de Minecraft. Están tan llenos de árboles y bambú que casi no hay espacio para caminar. Los árboles aquí son muy altos: esto los convierte en el punto de partida perfecto para crear tu selva tropical, ¡y para construir una base oculta en una casa de madera!

## CRIATURAS DE LA JUNGLA

Como sus equivalentes del mundo real, las selvas de Minecraft albergan criaturas únicas. Hay loros en los árboles y, en el suelo, osos panda masticando bambú y ocelotes al acecho. Llévalos a tu propia selva con huevos generadores.

## CAPAS TROPICALES

Una verdadera selva tropical tiene cuatro capas, cada una con sus diferentes plantas y animales. Recrea estas capas en Minecraft. Deja muchas hojas de árboles de jungla en el suelo y cuelga enredaderas de los árboles.

**CAPA EMERGENTE**
Construye algunos árboles altos que se eleven hacia el cielo.

**DOSEL**
La parte más densa de la selva es el dosel arbóreo, formado por árboles menos altos. Usa árboles normales para llenar esta área. Sus cortas ramas están llenas de hojas.

**SOTOBOSQUE**
Bajo el dosel está el sotobosque: aquí crecen pocas plantas porque es poca la luz que llega.

**SUELO DE BOSQUE**
El suelo casi no recibe luz. Coloca hojas muertas y helechos en tu versión.

## CABAÑA

Mantén tu cabaña a salvo de criaturas hostiles escondiéndola en lo más profundo de la selva. Camúflala bien: constrúyela con bloques de roble oscuro, adobe, bloques de champiñón marrón, raíces de mangle...

## COCINA

Esta cocina está equipada con lo esencial para un explorador: un horno, una mesa de trabajo y una mesa de cartografía. Aquí puedes cocinar, fundir metales y trazar mapas.

Crea el tejado con losas de roble oscuro y escaleras para que se funda con el entorno.

Añade detalles con vallas, botones, escotillas, escaleras y madera sin corteza.

## DORMITORIO

Esta estancia tiene solo seis bloques de largo y cinco de ancho: el espacio para las camas de dos jugadores. Añade ventanas de valla de abeto y bloques de champiñón marrón y paredes de adobe.

## CONSEJO

Aprovecha el terreno forestal existente para dar forma a tu cabaña. Construye hacia fuera en cada dirección, moldeando la base en torno a los árboles originales. Puedes convertir los troncos en parte de las paredes. Si deseas añadir nuevos árboles, planta brotes y hazlos crecer con polvo de huesos.

Construye pilastras con raíces de mangle para elevar la cabaña por encima del suelo.

# GRAN BARRERA DE CORAL

Ubicada en el Mar del Coral, frente a la costa de Queensland (Australia), la Gran Barrera de Coral es la estructura viva más grande del mundo. Aunque los corales parezcan rocas, en realidad son grupos de diminutas criaturas llamadas pólipos. Dentro del coral viven algas coloridas y, a su alrededor, mucha fauna marina. Construye, explora y descubre criaturas interesantes en el mundo submarino de Minecraft: Busca tu casco de caparazón de tortuga y... ¡a construir!

## RESUMEN

**Componentes esenciales:** un arrecife de coral colorido
**Extras y añadidos:** delfines, tortugas, peces
**No olvides:** mantener el coral siempre en agua, cerca de agua o de bloques inundados

Hay racimos de corales de todos los tamaños y formas.

Los bajíos del arrecife y un clima tormentoso lo convierten en un área peligrosa para los barcos. Busca un pecio para tu construcción o crea uno utilizando variantes de roble y abeto.

Alimenta a los delfines con bacalao o salmón crudo y te llevarán al tesoro enterrado.

La contaminación y el cambio climático están calentando y acidificando el océano, lo que causa problemas a los corales. Las algas ya no pueden vivir en el coral y este se vuelve blanco. En Minecraft, el coral muere en unos instantes si lo colocas fuera del agua.

## DE CERCA

# MUNDO REAL

**1** Una barrera de coral es una formación larga y estrecha, sumergida en su mayor parte y generalmente en paralelo a la costa.

**2** Un arrecife de coral tarda millones de años en formarse. Los pólipos construyen duras protecciones a su alrededor, y estas forman grandes arrecifes parecidos a rocas.

**3** La Gran Barrera de Coral tiene 2600 km de largo; incluso se puede ver desde el espacio.

PLANETA ASOMBROSO 75

> En Minecraft, los pepinos de mar se generan en racimos de hasta cuatro.

> Tu arrecife de coral puede albergar peces tropicales, peces globo, tortugas y delfines.

## RACIMOS DE CORALES

El coral necesita agua para sobrevivir. En Minecraft, sumérgelo, ponlo junto al agua o junto a un bloque inundado para que sobreviva. El coral se genera en grupos de hasta 5×5 bloques de ancho y 8 bloques de alto. Puedes crearlo en Modo creativo. Hay tres tipos: coral, bloques de coral y gorgonias. Utiliza bloques de coral para la estructura principal y gorgonias para los detalles.

## VISIÓN NOCTURNA

El fondo del océano es muy oscuro por la falta de luz solar. Puedes crear pociones de visión nocturna para ayudarte a ver lo que sucede a tu alrededor. Crea una con una botella de agua, una verruga del Inframundo y una zanahoria dorada en un soporte para pociones.

## MEJORES BLOQUES

Para crear un arrecife de coral como este necesitarás muchos bloques de coral y arena. Puedes añadir detalles realistas como algas y hierba marina, o construir un pecio y un cofre del tesoro.

**CORAL CEREBRO**  **CORAL TUBO**

# CATARATAS VICTORIA

Las cataratas Victoria son una gran cascada ubicada en el río Zambeze, en la frontera de Zambia y Zimbabue (África). En Zambia la llaman Mosi-oa-Tunya, que significa «el humo que truena», por el atronador ruido que causa, que se oye a kilómetros de distancia, y por la neblina que suelen rodearla. Busca un barranco en un bioma de jungla para recrear esta cascada. Requerirá mucha agua, así que crea una fuente de agua infinita antes de construir.

## RESUMEN

**Componentes esenciales:** una magnífica catarata
**Extras y añadidos:** puente a través del río, islas, vegetación
**No olvides:** ¡añadir muchísima agua!

Usa bloques de cristal tintado para crear el efecto del agua atronadora de una cascada.

Esparce bloques de vidrio por el agua para imitar el aspecto de una catarata.

## DE CERCA

Esta recreación puede parecer grande, pero está a una escala mucho más pequeña que la real. Las cataratas Victoria tienen 1708 m de ancho, que equivaldría a 1708 bloques. ¡Esta cascada tiene solo 137, pero sigue siendo enorme!

## MUNDO REAL

**1** El nombre europeo «cataratas Victoria» se debe a la reina británica Victoria. El británico David Livingstone fue el primer europeo en visitarlas.

**2** Las cataratas Victoria tienen 1708 m de ancho y 108,2 m de alto.

**3** Las cataratas Victoria están protegidas por el Parque Nacional Mosi-oa-Tunya, en Zambia, y por el Parque Nacional de las Cataratas Victoria en Zimbabue.

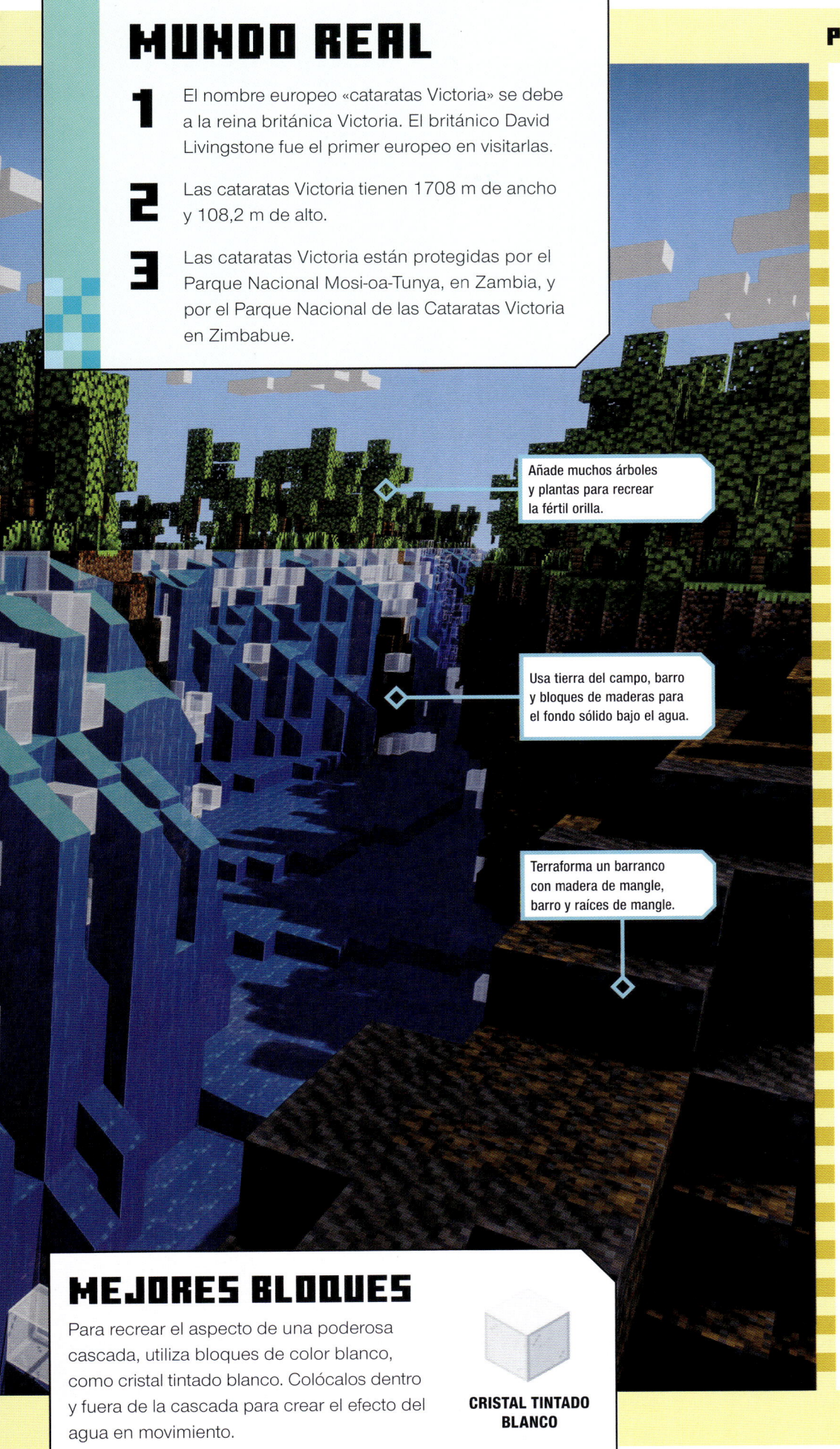

PLANETA ASOMBROSO 77

Añade muchos árboles y plantas para recrear la fértil orilla.

Usa tierra del campo, barro y bloques de maderas para el fondo sólido bajo el agua.

Terraforma un barranco con madera de mangle, barro y raíces de mangle.

### ¡QUÉ VISTAS!

Las vistas desde el puente del Filo de Cuchillo son espectaculares, pero solo es apto para quienes disfrutan de las alturas: es tan estrecho que parece el filo de un cuchillo. Este de Minecraft está recreado con ladrillos de piedra, caminos de tierra y adoquines. También puedes añadirle bloques cubiertos de musgo.

### ISLAS

Las cataratas dividen el río Zambeze en Zambeze superior (sobre la cascada) y Zambeze medio/inferior (debajo), y en cada parte prosperan diferentes especies de peces. También existen varios islotes. Buscar un barranco es un excelente modo de comenzar una construcción como esta, o puedes terraformar uno. Para añadir una isla, recoge pilas de bloques de tierra y agrégalas al fondo del río.

## MEJORES BLOQUES

Para recrear el aspecto de una poderosa cascada, utiliza bloques de color blanco, como cristal tintado blanco. Colócalos dentro y fuera de la cascada para crear el efecto del agua en movimiento.

**CRISTAL TINTADO BLANCO**

# CAÑO CRISTALES

Caño Cristales, también llamado «Río de los Cinco Colores», es un hermoso río de Colombia. Durante la mayor parte del año, este río es como tantos otros. Pero durante unos meses, cuando el nivel del agua es más bajo, una rara planta acuática hace que parte del agua adquiera un color rojo vibrante. El rojo contrasta con las algas verdes, la arena amarilla y las aguas azules y negras, creándose así un deslumbrante arcoíris líquido. Construye este increíble río irisado con bloques de colores en vez de plantas.

Crea una cascada con bloques de piedra y adoquines para que el río fluya por ella.

## RESUMEN

**Componentes esenciales:** un río multicolor, rápidos, cascadas

**Extras y añadidos:** árboles que rodeen el río

**No olvides:** retirar los bloques de grava y tierra del lecho del río

La planta *Macarenia*, de color rojo, destaca sobre los demás colores del río.

## DE CERCA

Utiliza telarañas en la cascada y en los rocosos rápidos para crear un efecto de espuma blanca. También puedes añadir magma o arena de almas bajo bloques de origen de agua para crear columnas de burbujas.

## MUNDO REAL

**1** La rara *Macarenia clavigera* es una planta acuática que no se halla en ningún otro lugar de nuestro planeta.

**2** El río Caño Cristales tiene muchos rápidos y cascadas, pero en él no hay peces, pues el agua contiene muy poco alimento.

**3** El fenómeno arcoíris se da entre los meses de agosto y noviembre.

**PLANETA ASOMBROSO  79**

### COLOR ROJO
La planta *Macarenia clavigera* no existe en Minecraft, pero en su lugar puedes utilizar lana roja, tablones de mangle, terracota roja e infiedra.

### AGUA CLARA
El río Caño Cristales es inusual porque en su lecho no hay sedimentos ni lodo. La grava y la tierra también se han eliminado en la versión de Minecraft. Para el río se emplea una variedad de bloques, como terracota, hormigón y fardos de heno, para que se mantenga brillante y colorido a la luz del día.

Asegúrate de que el río sea poco profundo: este solo tiene dos bloques en su punto más hondo.

Crea el efecto arcoíris con hormigón lima, lana cian, terracota roja, fardos de heno, bloques de oro...

### MEJORES BLOQUES
En este modelo se han empleado más de quince bloques diferentes para recrear sus colores: por algo lo llaman el «río arcoíris»

**LANA ROJA**   **ADOQUÍN**   **INFIEDRA**

**LANA CIAN**   **ESPONJA HÚMEDA**   **FARDO DE HENO**   **LANA VERDE**   **ORO**

# TORRES DEL PAINE

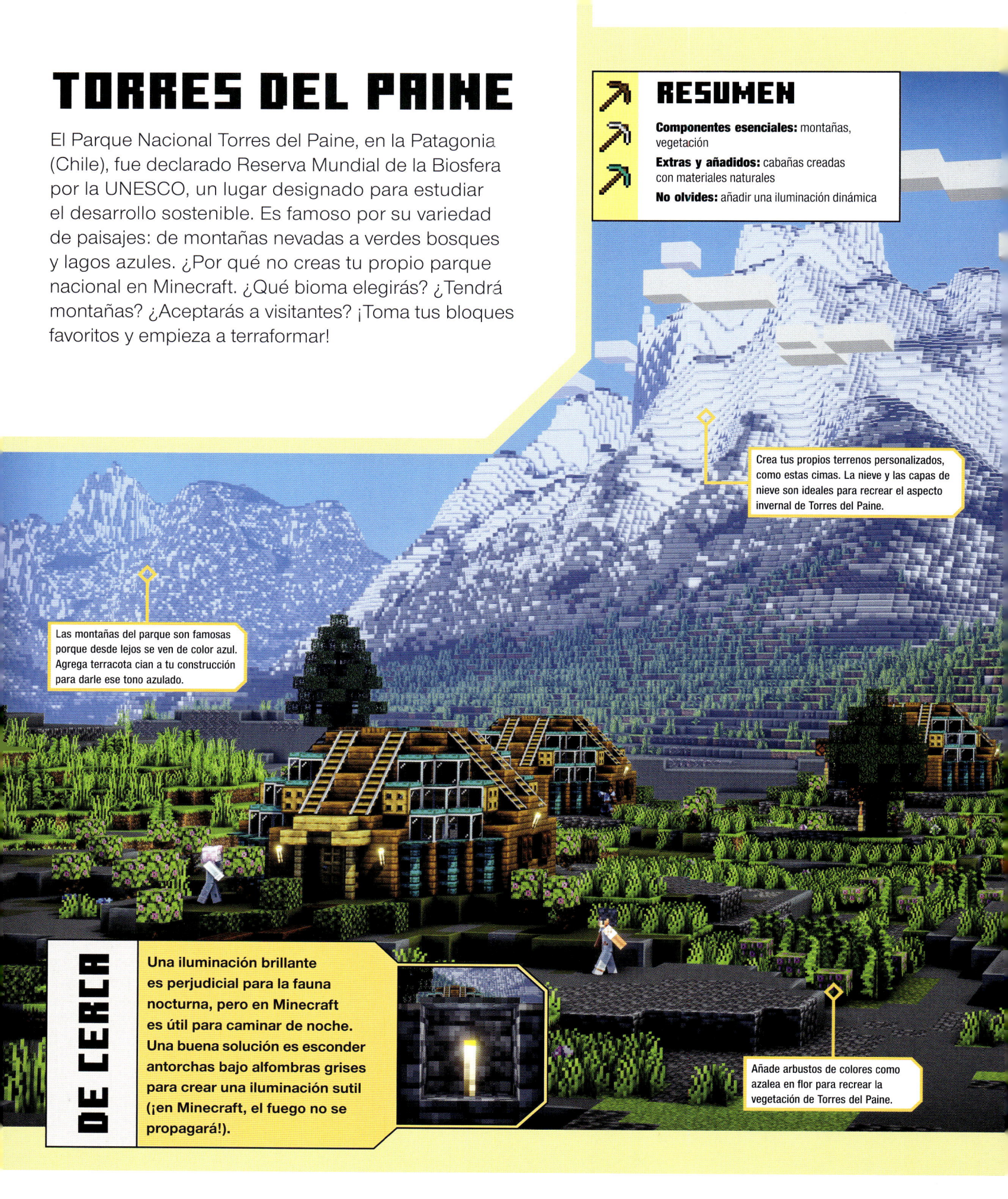

El Parque Nacional Torres del Paine, en la Patagonia (Chile), fue declarado Reserva Mundial de la Biosfera por la UNESCO, un lugar designado para estudiar el desarrollo sostenible. Es famoso por su variedad de paisajes: de montañas nevadas a verdes bosques y lagos azules. ¿Por qué no creas tu propio parque nacional en Minecraft. ¿Qué bioma elegirás? ¿Tendrá montañas? ¿Aceptarás a visitantes? ¡Toma tus bloques favoritos y empieza a terraformar!

## RESUMEN

**Componentes esenciales:** montañas, vegetación

**Extras y añadidos:** cabañas creadas con materiales naturales

**No olvides:** añadir una iluminación dinámica

---

Crea tus propios terrenos personalizados, como estas cimas. La nieve y las capas de nieve son ideales para recrear el aspecto invernal de Torres del Paine.

Las montañas del parque son famosas porque desde lejos se ven de color azul. Agrega terracota cian a tu construcción para darle ese tono azulado.

## DE CERCA

Una iluminación brillante es perjudicial para la fauna nocturna, pero en Minecraft es útil para caminar de noche. Una buena solución es esconder antorchas bajo alfombras grises para crear una iluminación sutil (¡en Minecraft, el fuego no se propagará!).

Añade arbustos de colores como azalea en flor para recrear la vegetación de Torres del Paine.

# MUNDO REAL

**1** Torres del Paine se formó hace unos 12 millones de años. Los tres altos picos de granito que dan su nombre al parque nacional se formaron cuando glaciares desgastaron capas de roca sedimentaria.

**2** Las tres montañas de granito se elevan 1500 m sobre el nivel del mar.

**3** Torres del Paine alberga mucha fauna única, como guanacos (parecidos a las llamas) y aves como ñandúes y cóndores.

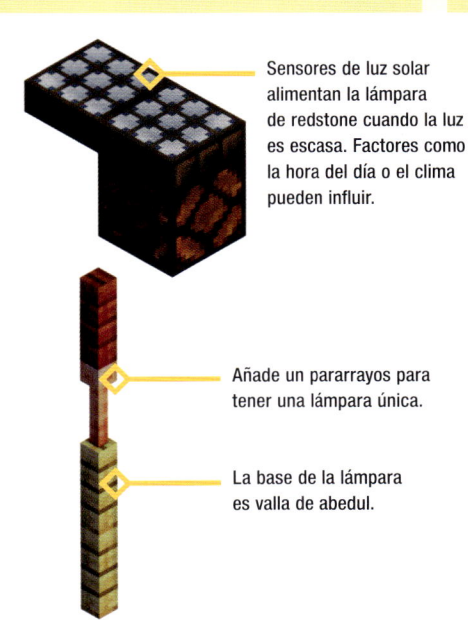

## PLANETA ASOMBROSO 81

Sensores de luz solar alimentan la lámpara de redstone cuando la luz es escasa. Factores como la hora del día o el clima pueden influir.

Añade un pararrayos para tener una lámpara única.

La base de la lámpara es valla de abedul.

## ILUMINACIÓN

Estas luces con sensor son geniales para darle un toque de civilización a tu construcción de forma segura y ecológica. Además, evitarán la aparición de criaturas hostiles en Modo supervivencia. Se fabrican con vallas, un pararrayo y una lámpara de redstone. Añade sensores de luz para evitar que se enciendan de día.

Construye cabañas ecológicas con forma de tiendas. Utiliza raíles para recrear los vientos que las sujetan.

Crea helechos de formas variadas con arbustos muertos y hojas de azalea encima.

## CABAÑA ECOLÓGICA

Los parques nacionales son espacios protegidos para que la naturaleza prospere, pero también lugares increíbles que visitar. Las cabañas ecológicas, construidas con materiales sostenibles y diseñadas para fundirse con la naturaleza, son perfectas para alojar a visitantes. Construye la tuya con recursos naturales como madera, barro y césped.

## MEJORES BLOQUES

Construir una reserva natural en Minecraft implica utilizar bloques del entorno. En este paisaje se han empleado adoquines cubiertos de musgo, terracota cian, toba y pizarra abismal.

**TERRACOTA CIAN**

**PIZARRA ABISMAL**

# PAN DE AZÚCAR

El Pan de Azúcar domina Río de Janeiro (Brasil). Su nombre procede de las pilas de azúcar que se cultivaron y exportaron desde Brasil en el siglo XIX. ¡Recrear su forma única será todo un reto para tus habilidades de terraformación! Busca un paisaje montañoso para empezar. Usa tus bloques favoritos para terraformar la montaña y colinas más pequeñas; luego construye un teleférico para subir a la montaña con facilidad.

## RESUMEN

**Componentes esenciales:** un gran peñasco, picos más pequeños y un teleférico (más en pp. 84-85)

**Extras y añadidos:** barcos en la bahía

**No olvides:** incluir loros y otros animales

## MUNDO REAL

**1** Los expertos creen que el Pan de Azúcar tiene más de 600 millones de años. Se formó bajo tierra antes de emerger lentamente.

**2** ¡Cada año, más de un millón de turistas suben en el teleférico del Pan de Azúcar sus 395 m de altura!

**3** El Pan de Azúcar es popular también entre los escaladores: hay más de 270 rutas de escalada.

- Añade estaciones de teleférico en la parte superior, media e inferior del peñasco.
- Planta árboles y plantas del bioma de jungla para recrear la exuberancia del Pan de Azúcar.
- Planta brotes de bambú para cultivarlo o encuéntralos en biomas de jungla, donde crece hasta 16 bloques de altura.

**PLANETA ASOMBROSO    83**

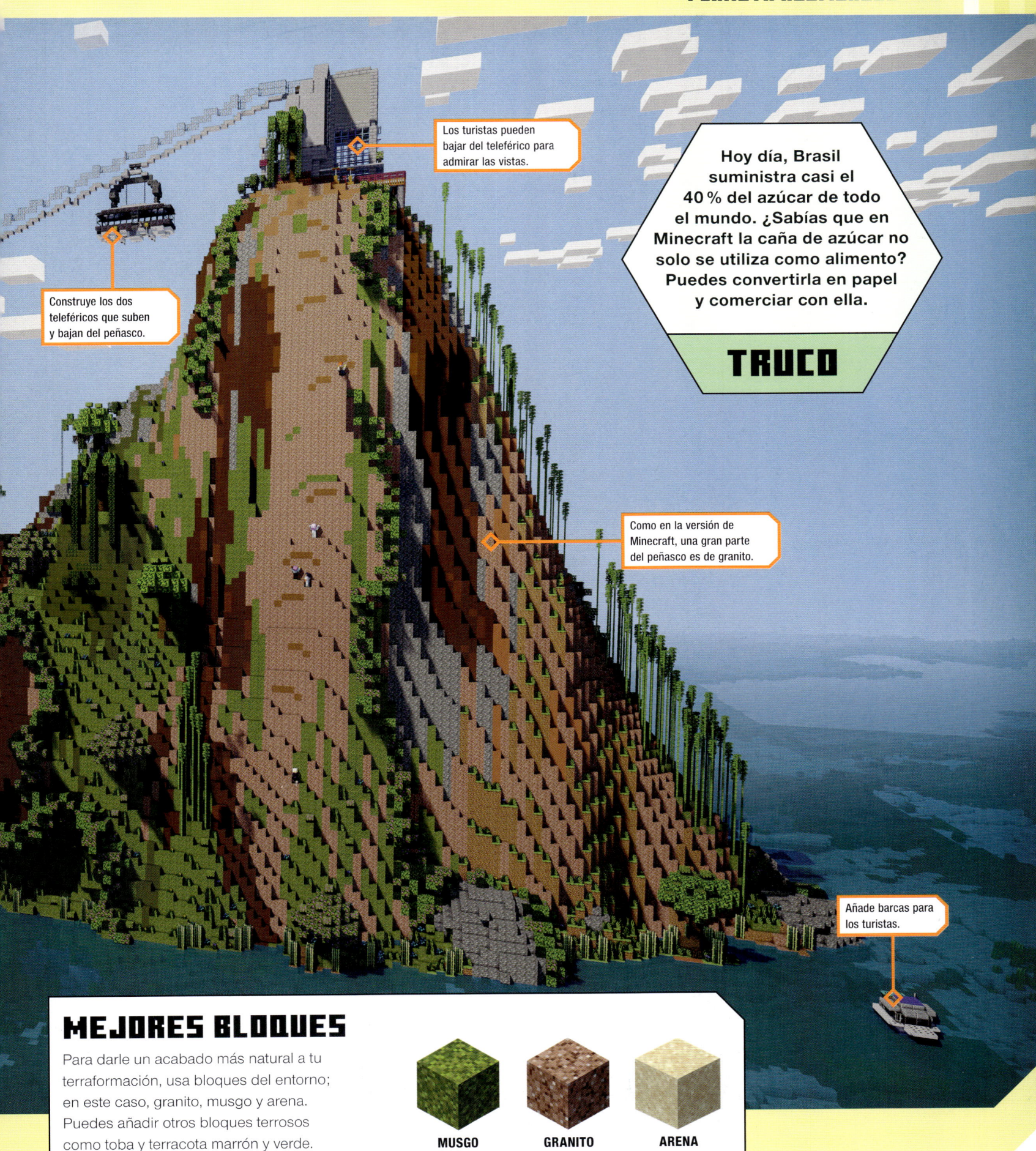

Los turistas pueden bajar del teleférico para admirar las vistas.

Hoy día, Brasil suministra casi el 40 % del azúcar de todo el mundo. ¿Sabías que en Minecraft la caña de azúcar no solo se utiliza como alimento? Puedes convertirla en papel y comerciar con ella.

**TRUCO**

Construye los dos teleféricos que suben y bajan del peñasco.

Como en la versión de Minecraft, una gran parte del peñasco es de granito.

Añade barcas para los turistas.

## MEJORES BLOQUES

Para darle un acabado más natural a tu terraformación, usa bloques del entorno; en este caso, granito, musgo y arena. Puedes añadir otros bloques terrosos como toba y terracota marrón y verde.

**MUSGO**    **GRANITO**    **ARENA**

# PAN DE AZÚCAR: EL TELEFÉRICO

Ascender los 395 m del Pan de Azúcar llevaría horas, pero en teleférico solo son unos minutos y la vista es espectacular. Este teleférico hace el recorrido en dos etapas y pasa cada 30 minutos. Aquí te enseñamos a recrear en Minecraft este icónico sistema de transporte.

## CONSEJO

Este modelo recrea el teleférico y la estación del Pan de Azúcar. El teleférico en realidad no se puede mover, pero puedes construir modelos más complejos con redstone y bloques de comandos. Es una construcción avanzada: deberás investigar cómo hacerla y practicar tus habilidades en modelos más pequeños.

## ESTACIONES

Primero debes construir las estaciones del teleférico. Esta construcción tiene tres, cada una de 17 bloques de alto, 15 bloques de ancho y 14 de profundidad. Una vez construidas, puedes unirlas con un cable hecho de andesita y barras de hierro.

- El arco y los escalones son de pared de andesita, pizarra abismal, escaleras de andesita y losas de piedra lisa.
- Añade un raíl propulsado, un raíl detector y una campana.
- El andén está hecho sobre todo de ladrillos de piedra.
- Puertas de valla carmesí y tablones aportan un extra de color.

## CABLES

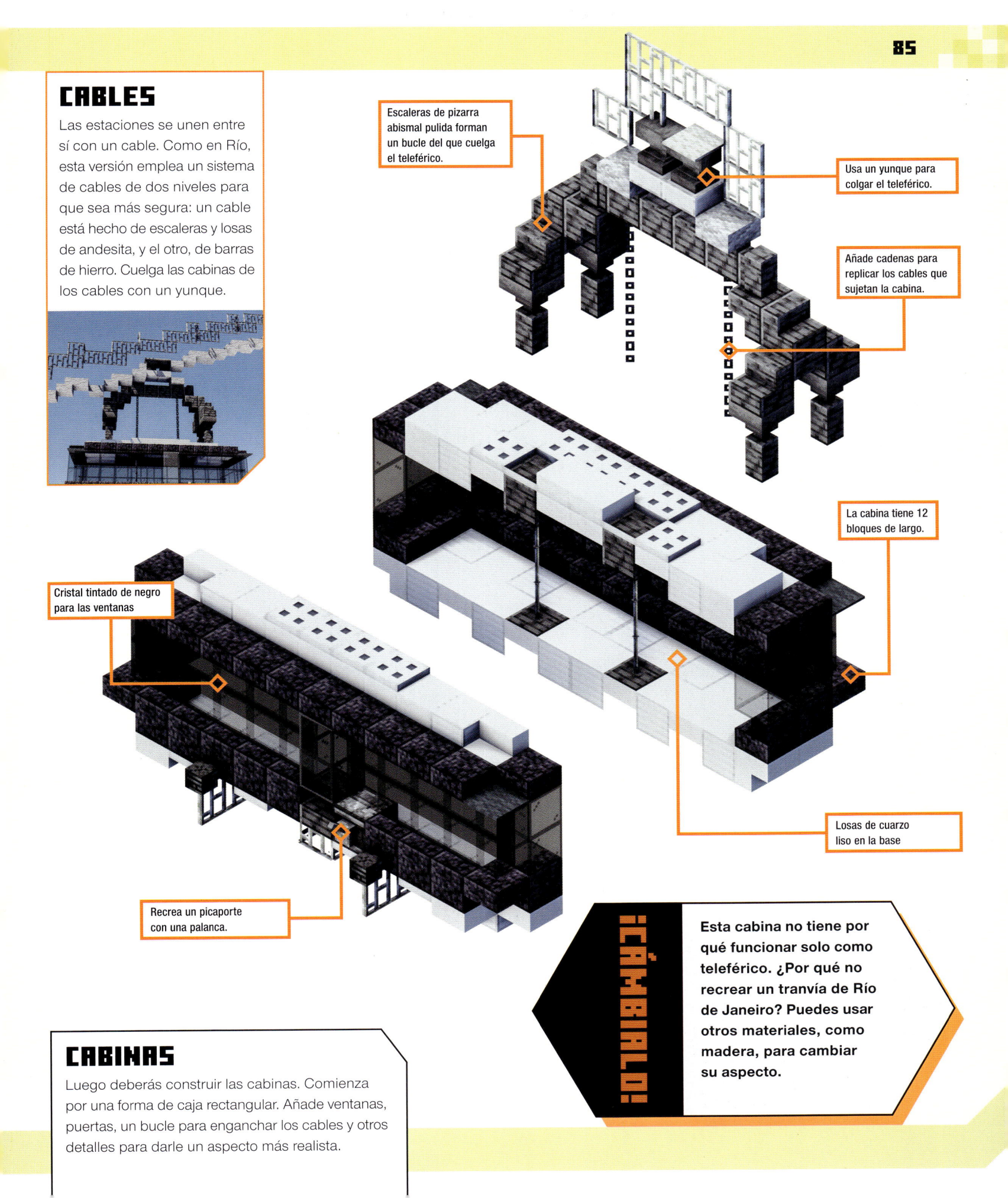

Las estaciones se unen entre sí con un cable. Como en Río, esta versión emplea un sistema de cables de dos niveles para que sea más segura: un cable está hecho de escaleras y losas de andesita, y el otro, de barras de hierro. Cuelga las cabinas de los cables con un yunque.

Escaleras de pizarra abismal pulida forman un bucle del que cuelga el teleférico.

Usa un yunque para colgar el teleférico.

Añade cadenas para replicar los cables que sujetan la cabina.

La cabina tiene 12 bloques de largo.

Cristal tintado de negro para las ventanas

Losas de cuarzo liso en la base

Recrea un picaporte con una palanca.

## CABINAS

Luego deberás construir las cabinas. Comienza por una forma de caja rectangular. Añade ventanas, puertas, un bucle para enganchar los cables y otros detalles para darle un aspecto más realista.

### ¡CAMBIALO!

Esta cabina no tiene por qué funcionar solo como teleférico. ¿Por qué no recrear un tranvía de Río de Janeiro? Puedes usar otros materiales, como madera, para cambiar su aspecto.

# MONTE ETNA

Los volcanes son las fuerzas naturales más poderosas de la Tierra, ¡y el Monte Etna es uno de los más activos! Se encuentra en la isla de Sicilia (Italia), y sus erupciones periódicas a veces expulsan ríos de lava y otras veces nubes de ceniza y bombas de lava (masas de lava que se endurecen y se convierten en rocas). Según el mito, el volcán fue el taller del dios griego Hefesto, que lo usó para forjar las armas de los dioses. Construye una fragua junto a tu volcán de Minecraft y usa la lava para alimentar un horno.

## RESUMEN

**Componentes esenciales:** un volcán cónico, nubes de ceniza, flujo de lava

**Extras y añadidos:** arbustos muertos, coral muerto

**No olvides:** añadir fisuras volcánicas

## DE CERCA

Las fisuras volcánicas son pequeños túneles que liberan flujos de lava. Estos fluyen montaña abajo y pueden ser peligrosos para las personas y los animales que viven cerca. Para crear fisuras en tu volcán, haz un pequeño agujero y utiliza un cubo para colocar una fuente de lava.

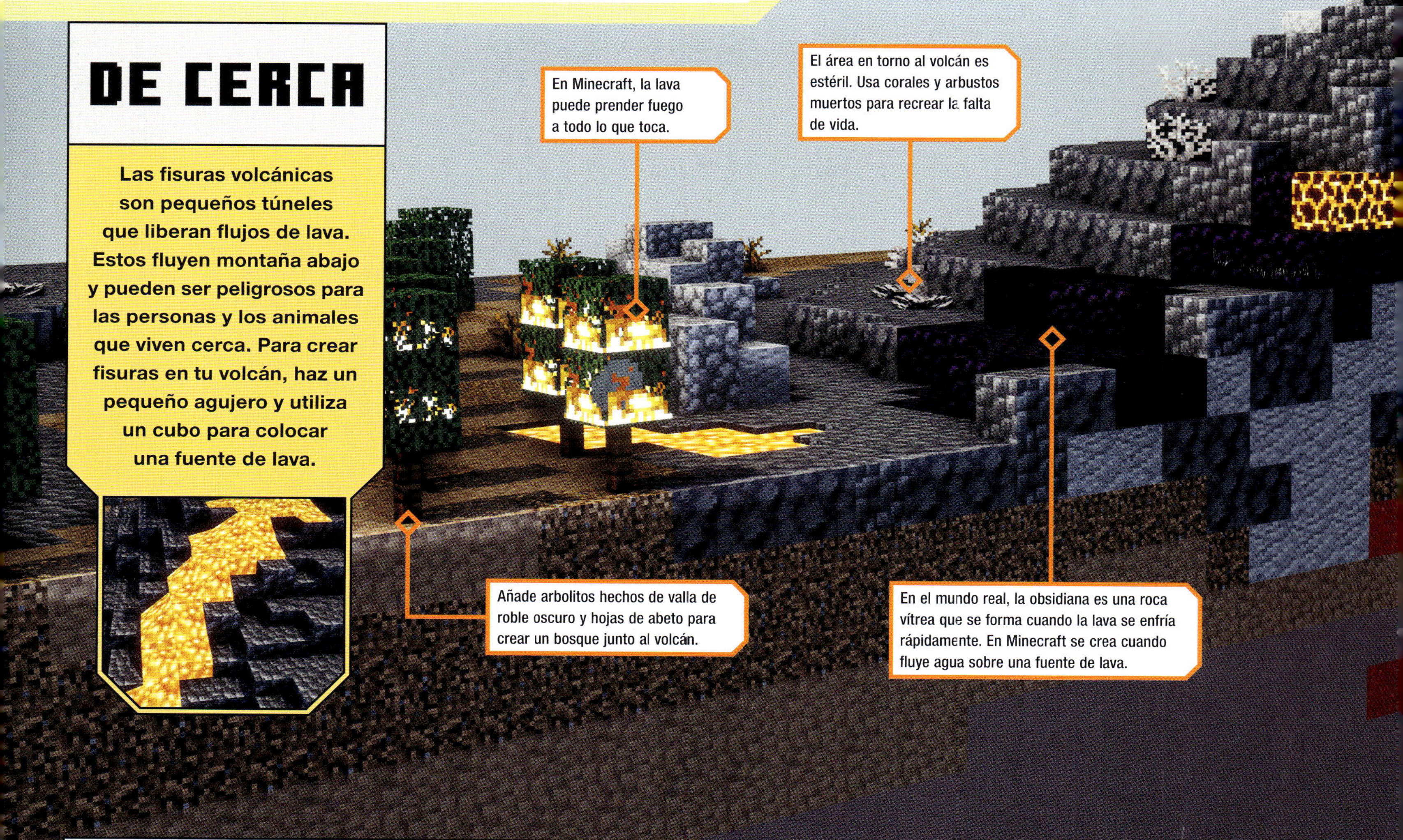

En Minecraft, la lava puede prender fuego a todo lo que toca.

El área en torno al volcán es estéril. Usa corales y arbustos muertos para recrear la falta de vida.

Añade arbolitos hechos de valla de roble oscuro y hojas de abeto para crear un bosque junto al volcán.

En el mundo real, la obsidiana es una roca vítrea que se forma cuando la lava se enfría rápidamente. En Minecraft se crea cuando fluye agua sobre una fuente de lava.

## MEJORES BLOQUES

Los volcanes son elementos geográficos naturales, por lo que, en Minecraft, lo mejor es crearlos usando bloques naturales, como pizarra abismal empedrada, adoquines, obsidiana y andesita. ¡Necesitarás mucho magma!

**PIZARRA ABISMAL EMPEDRADA**

**MAGMA**

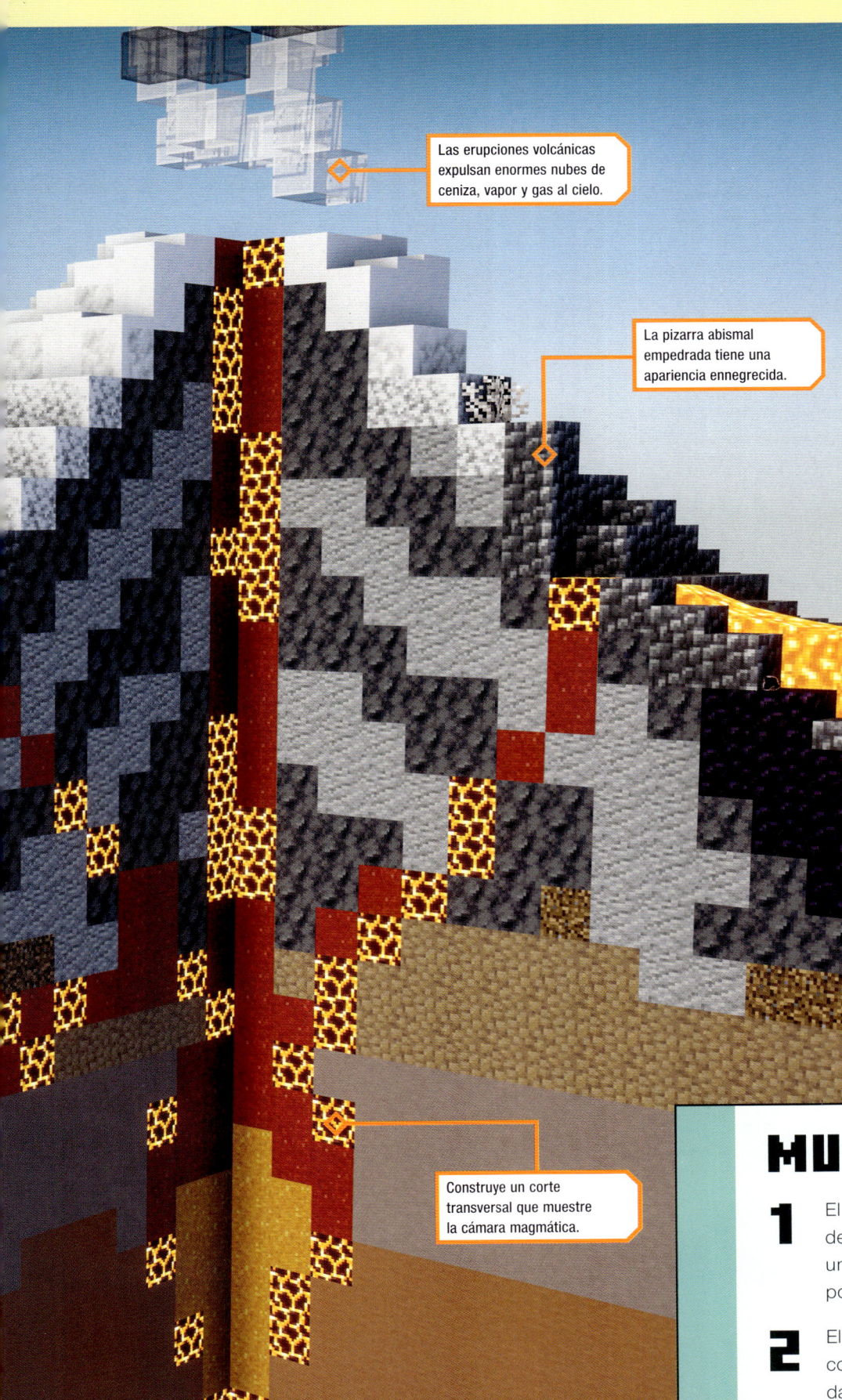

**PLANETA ASOMBROSO   87**

Las erupciones volcánicas expulsan enormes nubes de ceniza, vapor y gas al cielo.

La pizarra abismal empedrada tiene una apariencia ennegrecida.

Construye un corte transversal que muestre la cámara magmática.

## HUMO Y CENIZAS

En el mundo real, los volcanes en erupción expulsan enormes cantidades de ceniza al exterior. La ceniza, fundida con las nubes, forma nubes de ceniza, que bloquean la luz solar y afectan al clima. Para recrear una gran nube de ceniza en Minecraft, emplea bloques de cristal tintado. Si quieres crear una nube más pequeña, coloca fogatas bajo los bloques de la superficie y añade lava encima: parecerá que el volcán expulsa humo y cenizas.

## MUNDO REAL

**1** El Etna ha entrado en erupción casi 200 veces desde el año 1500. Estas erupciones actúan como una válvula de seguridad, liberando presión que podría causar erupciones más peligrosas.

**2** El Etna surgió hace 2 millones de años. Esto lo convierte en un volcán joven: ¡los más antiguos datan de hace 3 mil millones de años!

**3** Aunque el Etna es un volcán activo, también es una ruta de senderismo popular entre turistas.

# DELTA DEL OKAVANGO

El amplio delta del Okavango está en la desembocadura del río Okavango, en Botsuana (África). Durante la temporada de lluvias, sus verdes llanuras se inundan y la zona se convierte en un humedal. Muchos animales y plantas prosperan en estas condiciones cálidas y húmedas. Como el delta africano, el bioma de pantano de Minecraft aloja también una gran variedad de fauna y flora. ¡Usa uno como base para tu propia versión del delta del Okavango y crea un paraíso para las criaturas de Minecraft!

## RESUMEN

**Componentes esenciales:** un humedal amplio, altos árboles y ríos

**Extras y añadidos:** ranas, barcas, una cabaña

**No olvides:** llevar criaturas de Minecraft a tu bioma de pantano

## DE CERCA

En el delta del Okavango vive una gran variedad de ranas y sapos, desde la rana toro africana hasta la rana de caña de hocico largo. En Minecraft hay tres variantes de ranas, según el bioma del que provienen. Puedes hallar ranas naranjas en el bioma de pantano. ¡Como en el mundo real, las ranas en Minecraft también croan!

Replica los altos baobabs del delta del Okavango.

En el mundo real, las barcazas son ideales para los humedales, porque flotan y no quedan bloqueadas por el barro.

Añade bloques de musgo para darle al agua un toque verde.

Los visitantes pueden usar catalejos para observar la fauna a distancia.

Agrega ranas o utiliza un cubo para traer renacuajos de otros pantanos.

## MEJORES BLOQUES

Los biomas de pantano ofrecen una buena fuente de arcilla y barro, así como de materia vegetal como arbustos muertos. Añade hierba y más arcilla y barro para convertir tu pantano en un humedal. Crea tus árboles muertos con bloques de madera.

**HIERBA**    **ARCILLA**    **BARRO**

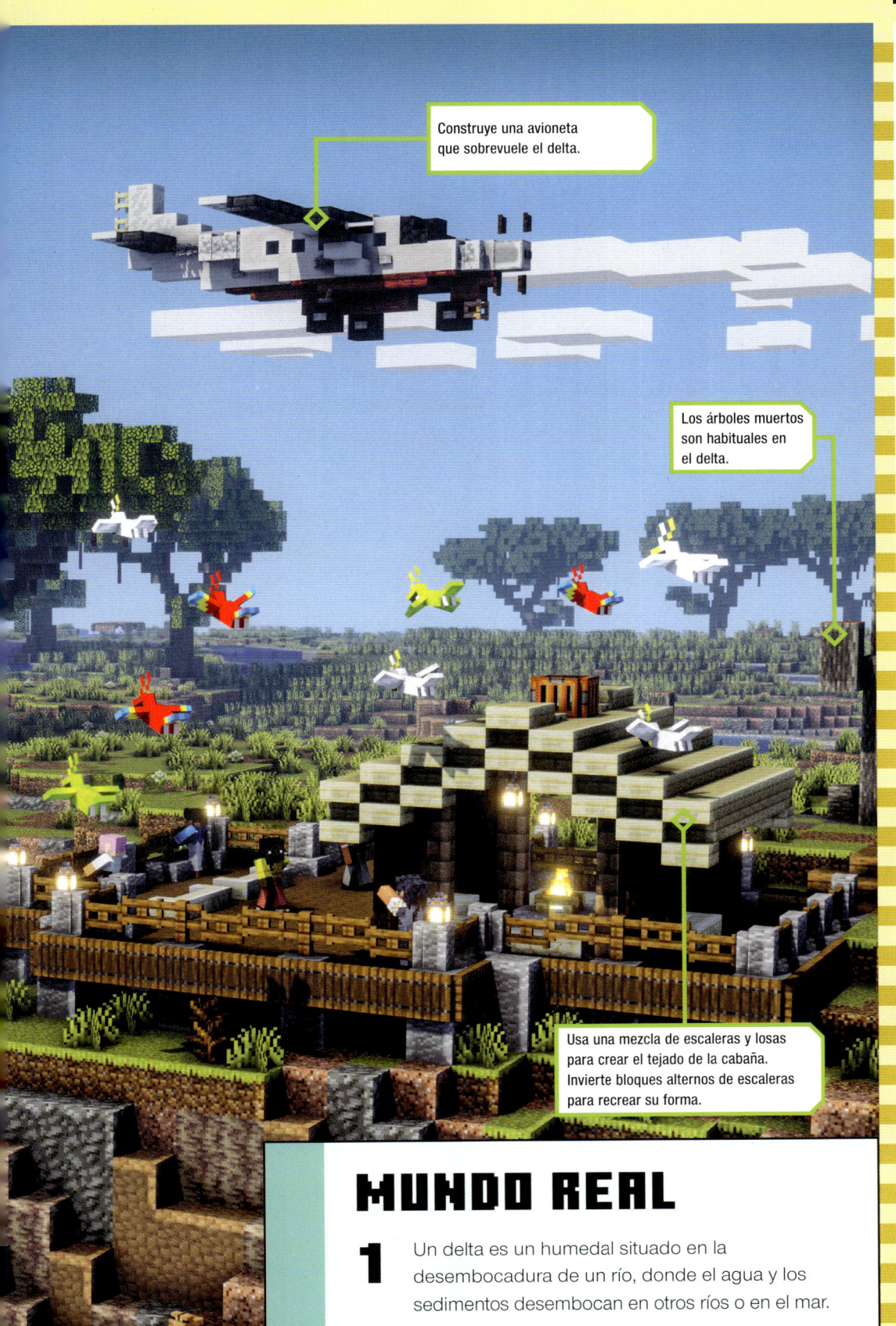

## PLANETA ASOMBROSO 89

Construye una avioneta que sobrevuele el delta.

Estrechos ríos atraviesan los biomas pantanosos.

Los árboles muertos son habituales en el delta.

### VIDA EN EL HUMEDAL

El bioma de pantano de Minecraft tiene aguas poco profundas y árboles como robles y manglares. Las aguas están llenas de vegetación y el suelo está cubierto de hierba. Estas condiciones son similares a las del delta del Okavango, donde las inundaciones estacionales crean un oasis natural.

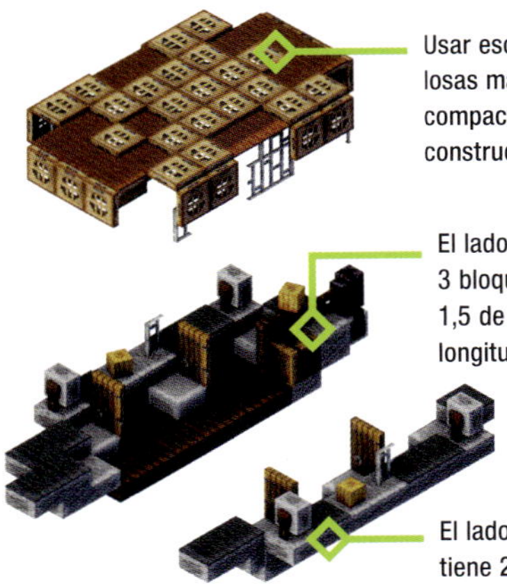

Usa una mezcla de escaleras y losas para crear el tejado de la cabaña. Invierte bloques alternos de escaleras para recrear su forma.

Usar escotillas u losas mantendrá compacta la construcción.

El lado de babor tiene 3 bloques de ancho, 1,5 de alto y 12 de longitud.

El lado de estribor tiene 2 bloques de ancho, 1,5 de alto y 10 de longitud.

### BARCAZA

Viajar por un humedal puede ser difícil porque, al ser poco profundo, muchas embarcaciones se atascan en el barro. Construye una barcaza para deslizarte por la superficie en Minecraft. Se desplaza un bloque por debajo del nivel del agua y está hecha de andesita, losas de roble oscuro y puertas de abeto. Su techo son trampillas de jungla y alfombras marrones.

## MUNDO REAL

**1** Un delta es un humedal situado en la desembocadura de un río, donde el agua y los sedimentos desembocan en otros ríos o en el mar.

**2** El del Okavango es el delta interior más grande del mundo y alberga una gran variedad de fauna, incluidos hipopótamos, elefantes, leones y aves.

**3** En temporada de lluvias, el delta del Okavango puede llegar a ocupar 16 800 km².

# FOSA OCEÁNICA

Los océanos constituyen un 70 % de la superficie de la Tierra, pero el ser humano solo ha explorado una pequeña parte. El fondo oceánico es especialmente misterioso porque la presión es demasiado elevada para que los humanos sobrevivan. Se sabe que no es plano: en el fondo oceánico hay altas montañas y profundas fosas. Pocas criaturas sobreviven en sus aguas frías y oscuras. Adéntrate en las profundidades de los océanos de Minecraft y construye lo que creas que podría vivir allí.

## RESUMEN

**Componentes esenciales:** escarpadas paredes, agua burbujeante

**Extras y añadidos:** sumergible, algas y criaturas

**No olvides:** llevar luces submarinas

En Minecraft puedes nadar a cualquier profundidad, siempre que te quede aire.

Añade peces de colores de biomas de aguas cálidas.

A estas profundidades llega muy poca luz solar. Es una zona en la que viven especies abisales, como el calamar. Puedes añadirlos a tu construcción.

Emplea arena de almas para crear columnas de burbujas que proporcionen aire.

## MUNDO REAL

**1** Los océanos contienen cerca del 97 % del agua de la Tierra. Los cinco principales son el Pacífico, el Atlántico, el Índico, el Ártico y el Austral.

**2** La fosa Challenger, en las fosas de las Marianas, es el lugar más profundo del océano. Se halla a 11 km bajo la superficie del océano Pacífico: ¡más profundo que la altura del Everest!

**3** Especies como el pulpo Dumbo, el pez colmillo o el pepino de mar viven en las fosas oceánicas.

# PLANETA ASOMBROSO    91

Usa capas de piedra, granito, andesita, pizarra abismal empedrada y barro para las paredes de la fosa. Puedes añadir oro y esmeraldas para los exploradores.

La capa exterior del sumergible es una escotilla de hierro.

Utiliza un bloque de cristal para la ventanilla del sumergible.

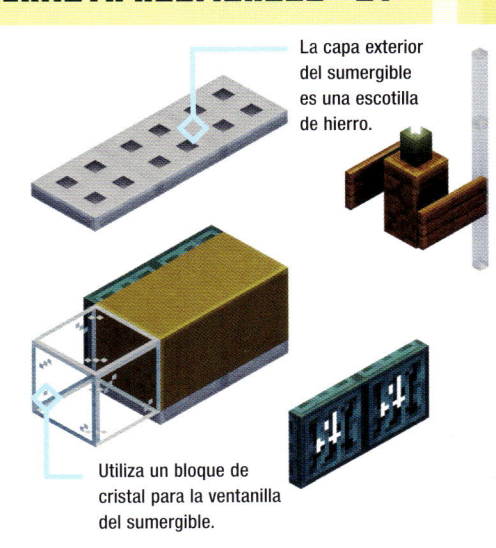

## SUMERGIBLE

Recrea un sumergible como los que exploran las fosas oceánicas. Este está fabricado con bloques de cristal, terracota amarilla y escotillas. La hélice se hace de paneles de cristal tintado de blanco, una pared de piedra arenisca roja y dos carteles de acacia.

## TRUCO

Todo explorador submarino necesita un casco de caparazón de tortuga. En Modo supervivencia podrás permanecer bajo el agua más tiempo. Recoge cinco escamas de tortuga y conviértelas en un casco.

## LA VIDA EN LA FOSA

En las fosas oceánicas habitan muchas especies marinas. Dale vida a tu fosa de Minecraft añadiendo pepinos de mar, corales, fondos marinos y algas. Los pepinos de mar, con bloques de magma, proporcionan luz para ver. Y es que, cuanto más te adentras en el océano, más extraña es la fauna. ¿Qué extrañas y maravillosas criaturas eres capaz de construir?

## MEJORES BLOQUES

La arena del alma, junto con el magma, se puede usar para crear columnas de burbujas para los exploradores submarinos. Sin embargo, no se halla en el Mundo superior: deberás recolectarla en el Inframundo si juegas en Modo supervivencia.

**MAGMA**     **ARENA DE ALMAS**

# BOSQUE DE SECUOYAS

La especie de árbol más alta del mundo es la secuoya gigante, que alcanza una altura media de unos 90 m. ¡Si fueran edificios, tendrían más de 27 pisos de altura! Muchas secuoyas también son extremadamente antiguas: algunas llevan más de 3000 años en pie. En Minecraft, los árboles más altos crecen en el bioma de jungla. Las secuoyas no se reproducen de manera natural, pero puedes construir las tuyas. Dirígete a un bioma de jungla para empezar a crear tu bosque de secuoyas.

## RESUMEN

**Componentes esenciales:** muchas secuoyas de diferentes alturas

**Extras y añadidos:** un árbol caído, una madriguera de zorro

**No olvides:** crear tanto árboles jóvenes como viejos

## DE CERCA

Las secuoyas crecen en climas cálidos y húmedos. Sus raíces crecen por encima y por debajo del suelo en todas direcciones para absorber el agua de lluvia. Construye tus raíces de secuoya en zigzag para que encuentren agua allí donde crezcan. Incluso las raíces de este árbol caído siguen buscando agua.

La secuoya más alta llegaría a los 115 bloques de altura en Minecraft.

Los paseantes se ven diminutos junto a los colosales árboles.

## MUNDO REAL

**1** La secuoya más alta se llama Hyperion. Tiene la asombrosa altura de 115,5 m y un diámetro de más de 20 m.

**2** En los siglos XIX y XX, las secuoyas se utilizaron para la construcción, pero su madera es blanda y se astilla con facilidad.

**3** California es famosa por sus vastos bosques de secuoyas. Estos colosales árboles son una importante atracción turística.

PLANETA ASOMBROSO 93

La forma general del árbol es simétrica, pero cada rama es ligeramente diferente, lo que le da un aspecto natural.

En esta construcción se han utilizado sobre todo tablones de acacia y acacia sin corteza, pero tú puedes usar cualquier madera.

### CONSTRUIR UN TRONCO

Los árboles son estructuras fáciles de construir. Basta con empezar por el tronco e ir construyendo hacia arriba. Este mide 5×5 bloques en la base y se estrecha a solo un bloque de ancho en la cima. Agrega tablones para crear una textura similar a la de la corteza, y usa un hacha para crear madera sin corteza.

No olvides crear también árboles jóvenes con hojas de color verde claro.

Este árbol caído muestra cómo las raíces se extienden en busca de agua.

Usa polvo de huesos para que el suelo de tu bosque esté cubierto de hierba alta y flores.

### AÑADIR RAÍCES

Cuando el tronco de tu árbol sea grande y alto, será el momento de añadir detalles a la base. Coloca algunos bloques de tablones en torno a la base para ensancharla; luego coloca algunos bloques más en cada dirección para crear las raíces.

### MEJORES BLOQUES

Los árboles del Mundo superior están hechos de madera, a diferencia de los árboles de hongos del Inframundo. Aquí se han usado una serie de bloques de madera de acacia y jungla para crear secuoyas jóvenes y viejas. El dosel está hecho de terracota verde y hojas de azalea.

**TABLONES DE ACACIA**

**TABLONES DE JUNGLA**

# ISLAS GALÁPAGOS

Las islas Galápagos son famosas por la increíble fauna que habita en ellas. Este archipiélago, ubicado frente a la costa de Ecuador, en el océano Pacífico, está formado por trece islas grandes y seis pequeñas. En ellas hay volcanes, selvas y playas, así como una inusual fauna, con iguanas marinas y tortugas gigantes. No encontrarás estos animales en Minecraft, así que da rienda suelta a tu creatividad con las tortugas y los loros mientras construyes tu isla paradisíaca.

## RESUMEN

**Componentes esenciales:** muchas islas, volcanes

**Extras y añadidos:** tortugas, mangles, lava en los volcanes

**No olvides:** construir tu archipiélago lejos del continente

## MEJORES BLOQUES

Necesitarás muchos bloques para crear las islas. La arena, la hierba y la piedra funcionan bien, pero las Galápagos son volcánicas, por lo que también usaremos mucha toba y pizarra abismal para los cráteres.

**TOBA**

**PIZARRA ABISMAL**

Las tortugas de Minecraft se parecen a las tortugas de las Galápagos. En el mundo real hay especies mayormente terrestres y otras más adaptadas a la vida acuática.

En las islas Galápagos hay 21 volcanes sobre el nivel del mar. ¿Incluirás tantos en tu construcción?

Añade una pequeña barca de losas carmesí y escaleras para llevar suministros hasta la aldea.

## PLANETA ASOMBROSO

**CONSEJO**

En Minecraft, puedes buscar un archipiélago o crear el tuyo propio. En este segundo caso, has de saber que cuando la lava se mezcla con agua, se crean adoquines. Utiliza este truco para imitar la manera en que se forman las islas en el mundo real y comienza tu archipiélago.

En Minecraft, los arrecifes de coral se pueden colocar en biomas de agua fría o cálida.

Crea una microcasa colocando un bloque y agregando una trampilla como tejado.

### ALDEA PORTUARIA

La isla más grande de las Galápagos se llama Isabela. Alberga un pequeño pueblo portuario, como este de Minecraft. Es muy pequeño, con solo unos pocos edificios: algunas casas y una tienda de regalos. A pesar de su tamaño, Isabela es un centro pesquero y turístico importante: incluye barcos y un muelle en tu construcción.

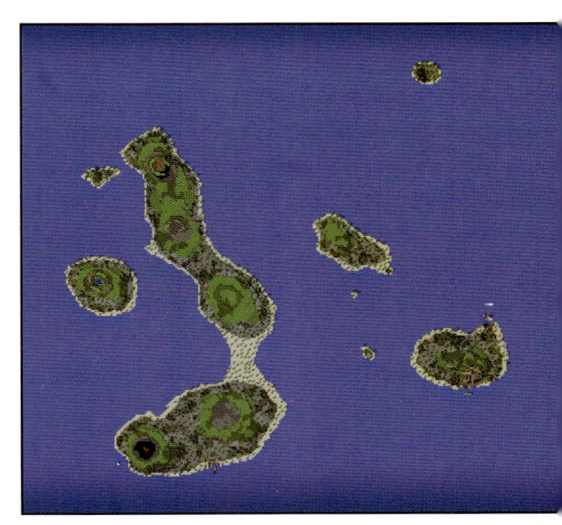

### ISLAS VOLCÁNICAS

Las islas Galápagos se formaron por la actividad volcánica, así que puedes divertirte añadiendo a tu construcción volcanes y elementos volcánicos como lava y cráteres. Haz cada isla un poco diferente en tamaño, forma y carácter. Por ejemplo, el volcán más activo, con erupciones regulares, está en la isla de Ferdinanda. Puedes recrearla con mucha lava roja brillante.

### MUNDO REAL

1. Las islas Galápagos es el hogar de algunas especies, como la tortuga gigante, que no se encuentran en ningún otro lugar.

2. El archipiélago se halla a 1000 km de distancia de la tierra continental más cercana (Ecuador). Esto ayuda a proteger su ecosistema único.

3. Charles Darwin desarrolló su famosa teoría de la evolución después de estudiar las plantas y los animales de las islas Galápagos.

# BAHÍA DE HA LONG

Los pilares de piedra caliza de la bahía de Ha Long, en Vietnam, destacan como joyas en sus prístinas aguas. Este paraíso tropical, declarado Patrimonio de la Humanidad por la UNESCO, está lleno de selvas, cuevas y arrecifes de coral, y es el hogar de muchas especies animales. Además, hay pequeños pueblos flotantes. Construye tu propio pueblo de pescadores y no olvides poner un barco para regresar al continente.

## RESUMEN

**Componentes esenciales:** aldeas flotantes, altas estructuras calizas, barcas de pesca
**Extras y añadidos:** profundas cuevas
**No olvides:** iluminar con pepinos de mar

## DE CERCA

En Ha Long Bay hay grandes cuevas subterráneas para explorar. En su interior hay formaciones rocosas llamadas estalagmitas y estalactitas, que se forman por el goteo del agua. En Minecraft, ambas están hechas de espeleotema y se hallan en cuevas.

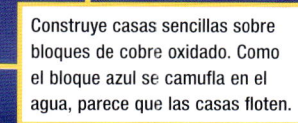

Añade musgo o enredaderas a los adoquines para recrear el aspecto del karst.

Utiliza escotillas para ventanas. La luz se filtrará por los huecos.

Construye casas sencillas sobre bloques de cobre oxidado. Como el bloque azul se camufla en el agua, parece que las casas floten.

## MUNDO REAL

**1** Según una leyenda, hubo un tiempo en que vivieron dragones en la bahía de Ha Long. De hecho, el nombre Ha Long significa «dragón descendente».

**2** Esta bahía alberga algunos de los animales más peculiares del mundo, como el langur de cabeza blanca, exclusivo de la isla de Cat Ba.

**3** La pesca ha sido una forma de vida para los lugareños desde antaño. Las aldeas han existido desde hace milenios.

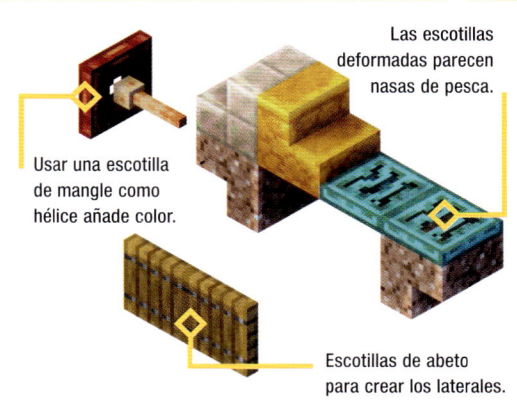

### PLANETA ASOMBROSO 97

Las escotillas deformadas parecen nasas de pesca.

Usar una escotilla de mangle como hélice añade color.

Escotillas de abeto para crear los laterales.

## BARCA DE PESCA

¡Una aldea de pescadores necesita barcas! Este diseño de seis bloques de largo es fácil de construir y queda genial en el agua. La hélice, creada con una escotilla, incluso sobresale del agua. Crea una flota de barcas de pesca.

Usa una mezcla de adoquín musgoso, calcita, andesita y diorita para crear karsts de aspecto natural.

Puedes usar losas y escotillas para crear pasarelas sobre el nivel del mar.

¡Busca delfines en las aguas tropicales!

## KARSTS

Karst es el nombre que se da a un paisaje de piedra caliza. No hay caliza en Minecraft, así que deberás ser creativo a la hora de construir el paisaje propio de la bahía de Ha Long. Crea una gran roca de andesita y añade vetas de diorita y calcita para darle un aspecto único. Remata la construcción añadiendo vegetación como adoquines cubiertos de musgo y hojas.

## MEJORES BLOQUES

Hallar madera en un bioma oceánico es un desafío si juegas en Modo supervivencia. Planta tus propios árboles con polvo de huesos y brotes para ganar tiempo. Estas aldeas flotantes utilizan bloques de madera como tablones de jungla, acacia y mangle.

**TABLONES DE JUNGLA**   **TABLONES DE MANGLE**   **TABLONES DE ACACIA**

# CUEVAS DE MÁRMOL

A lo largo de la frontera entre Argentina y Chile hay una maravilla geológica completamente única: un conjunto de sorprendentes e intrincadas cuevas de mármol de un brillo azul deslumbrante. Las Cuevas de Mármol se formaron por las olas del lago General Carrera, que poco a poco las fueron esculpiendo. Su brillante tono azul es, en realidad, el agua reflejada en la roca. Sorprende a tus amigos creando una cueva única para ellos en Minecraft. Si bien no hay bloques de mármol en Minecraft, puedes emplear muchos tipos de bloques para lograr el hermoso brillo azulado.

## RESUMEN

**Componentes esenciales:** amplias cavernas azules

**Extras y añadidos:** canoas de varios colores

**No olvides:** añadir varas del End a tu cueva para dar un brillo resplandeciente al agua

Crea estalactitas únicas con una vara del End y una barra de hierro.

Coloca liquen resplandeciente junto a otros bloques para dar luz.

Las varas del End emiten una luz irisada.

## DE CERCA

La magia de esta cueva es su luz. Casi todos los bloques emiten un tono blanco azulado, de los de terracota acristalada a los de diorita, e incluso las velas. Estas iluminan también las esquinas, evitando así la aparición de criaturas.

## MEJORES BLOQUES

Emplea bloques azules y verdes, como hormigón azul, azul claro y cian, bloque de verruga deformado y prismarina para construir tus propias cuevas azuladas.

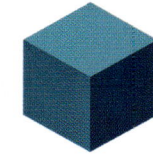

**HORMIGÓN AZUL** | **HORMIGÓN CIAN** | **VERRUGA DEFORMADA** | **PRISMARINA**

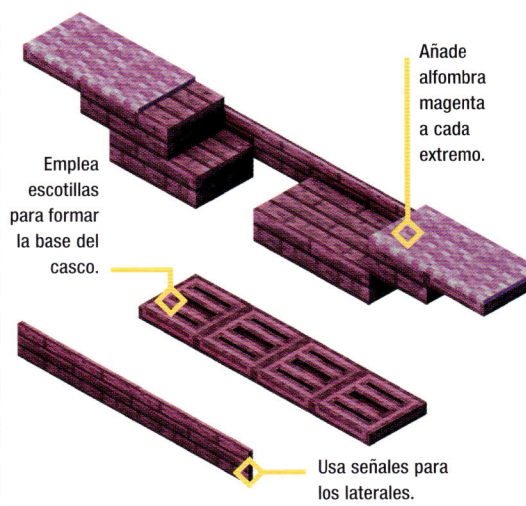

## MUNDO REAL

**1** El prístino lago General Carrera es uno de los más amplios de Sudamérica, con un área de 1850 km$^2$.

**2** Las Cuevas de Mármol tardaron mucho tiempo en formarse; se cree que más de 6000 años.

**3** Su color azulado es más brillante en verano, cuando el hielo se funde y el nivel de las aguas del lago crece.

**PLANETA ASOMBROSO** 99

Añade alfombra magenta a cada extremo.

Emplea escotillas para formar la base del casco.

Usa señales para los laterales.

### CANOAS

Para conservar esta maravilla natural, los turistas visitan las cuevas en canoas y barcas. Incluye en tu construcción unas cuantas canoas de colores. Esta está fabricada con piezas de color carmesí, pero puedes hacerla de cualquier color.

Los jugadores pueden admirar las bellas cuevas desde una canoa.

Crea agua de color azul claro construyendo tu cueva en un bioma de océano cálido y llenando el fondo con bloques negros.

### ESTALACTITAS

El agua que ha goteado durante milenios del techo de las Cuevas de Mármol ha creado hermosas estructuras naturales como las estalactitas. En Minecraft puedes crear estalactitas con espeleotema en punta, pero puedes ser más creativo y hacerlas a medida. En estas se ha utilizado una gran variedad de bloques, como panel de cristal, pared de diorita, barras de hierro y telaraña.

# LAGOS DE PLITVICE

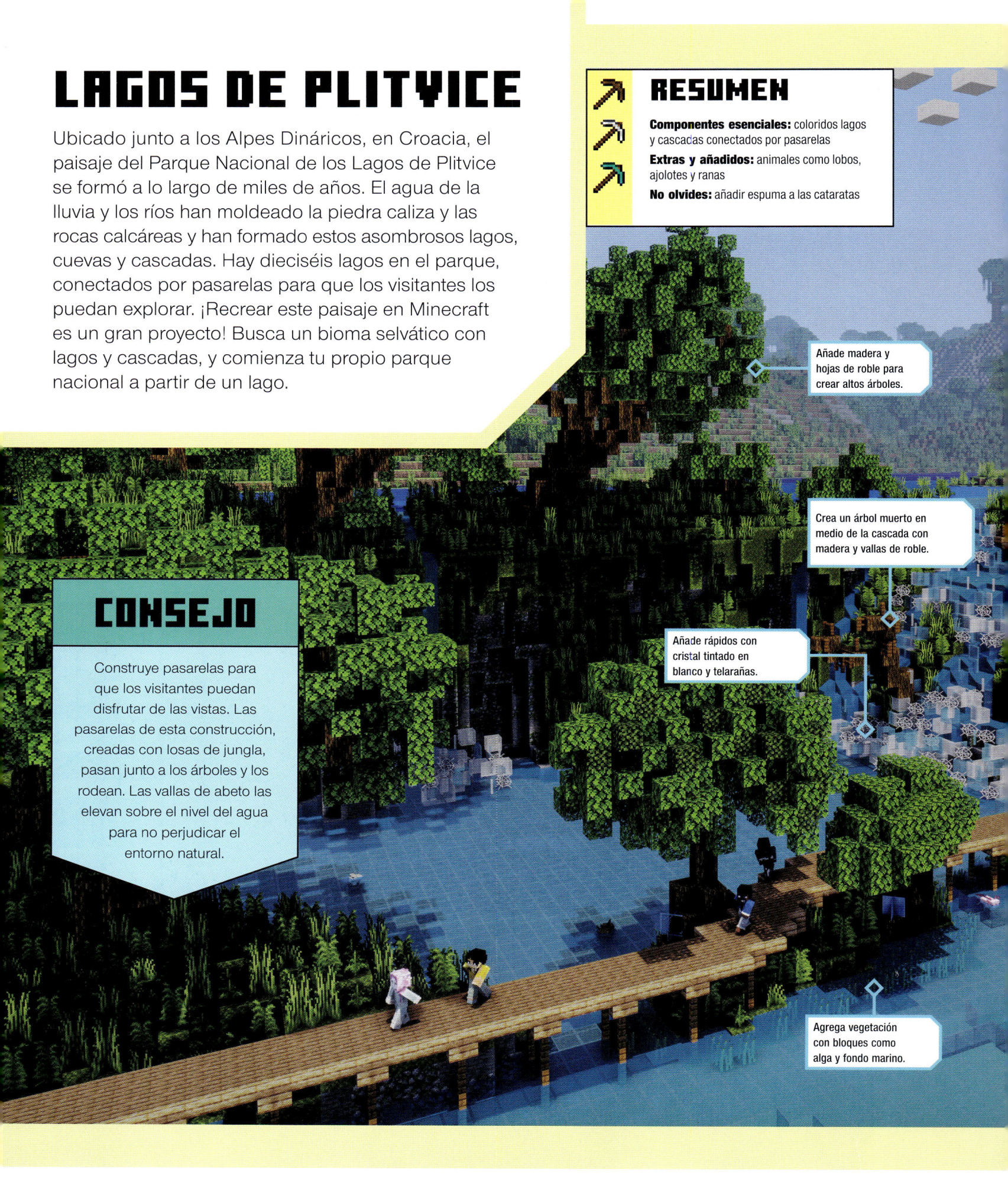

Ubicado junto a los Alpes Dináricos, en Croacia, el paisaje del Parque Nacional de los Lagos de Plitvice se formó a lo largo de miles de años. El agua de la lluvia y los ríos han moldeado la piedra caliza y las rocas calcáreas y han formado estos asombrosos lagos, cuevas y cascadas. Hay dieciséis lagos en el parque, conectados por pasarelas para que los visitantes los puedan explorar. ¡Recrear este paisaje en Minecraft es un gran proyecto! Busca un bioma selvático con lagos y cascadas, y comienza tu propio parque nacional a partir de un lago.

## RESUMEN

**Componentes esenciales:** coloridos lagos y cascadas conectados por pasarelas

**Extras y añadidos:** animales como lobos, ajolotes y ranas

**No olvides:** añadir espuma a las cataratas

Añade madera y hojas de roble para crear altos árboles.

Crea un árbol muerto en medio de la cascada con madera y vallas de roble.

Añade rápidos con cristal tintado en blanco y telarañas.

Agrega vegetación con bloques como alga y fondo marino.

## CONSEJO

Construye pasarelas para que los visitantes puedan disfrutar de las vistas. Las pasarelas de esta construcción, creadas con losas de jungla, pasan junto a los árboles y los rodean. Las vallas de abeto las elevan sobre el nivel del agua para no perjudicar el entorno natural.

## MUNDO REAL

**1** Los lagos de Plitvice cambian de color de azul a verde según sus niveles de minerales y algas y el ángulo del sol.

**2** El parque nacional alberga una gran variedad de mamíferos, como osos, linces, nutrias, jabalíes, ciervos, lobos, zorros, tejones y murciélagos.

**3** El parque es el hogar de más de 160 especies de aves como lechuzas, halcones, cucos y pájaros carpinteros.

Rodea tus cascadas con frondosos bosques y praderas. ¡Los lagos solo representan el 1 % del parque nacional!

En invierno, las cascadas de los verdaderos lagos de Plitvice pueden congelarse. ¿Por qué no hacer una versión congelada del parque nacional en Minecraft?

Añade animales como ajolotes y ranas a tu construcción.

### MEJORES BLOQUES

Para crear el lecho de tu lago en Modo supervivencia necesitas arena de una playa o desierto con los que fabricar bloques de vidrio, y un monumento oceánico para la prismarina oscura. Para el resto, usa los bloques habituales de un bioma de jungla.

**PRISMARINA OSCURA**

### ESPUMA

Cuando el agua fluye rápidamente sobre rocas y acantilados, cae y salpica y crea espuma blanca. Para recrear estas aguas podemos emplear bloques y paneles de cristal tintado cian y azul. ¡Las telarañas dan un toque aún más llamativo!

- Capa de agua
- Tres capas de cristal tintado
- Una capa de linternas de mar y prismarina oscura
- Lecho del río

### LAGOS COLORIDOS

El agua tiene un color diferente en cada bioma. Este lago se halla en un bioma selvático, con lagos de color azul claro. Puedes cambiar el color de tu lago dependiendo de cómo construyas el lecho. Para un lago turquesa, necesitarás tres tipos de bloques en capas: una de prismarina oscura y linternas marinas; tres de cristal blanco, celeste y azul y una de agua. Vistos desde arriba, estos bloques dan a las aguas un color único.

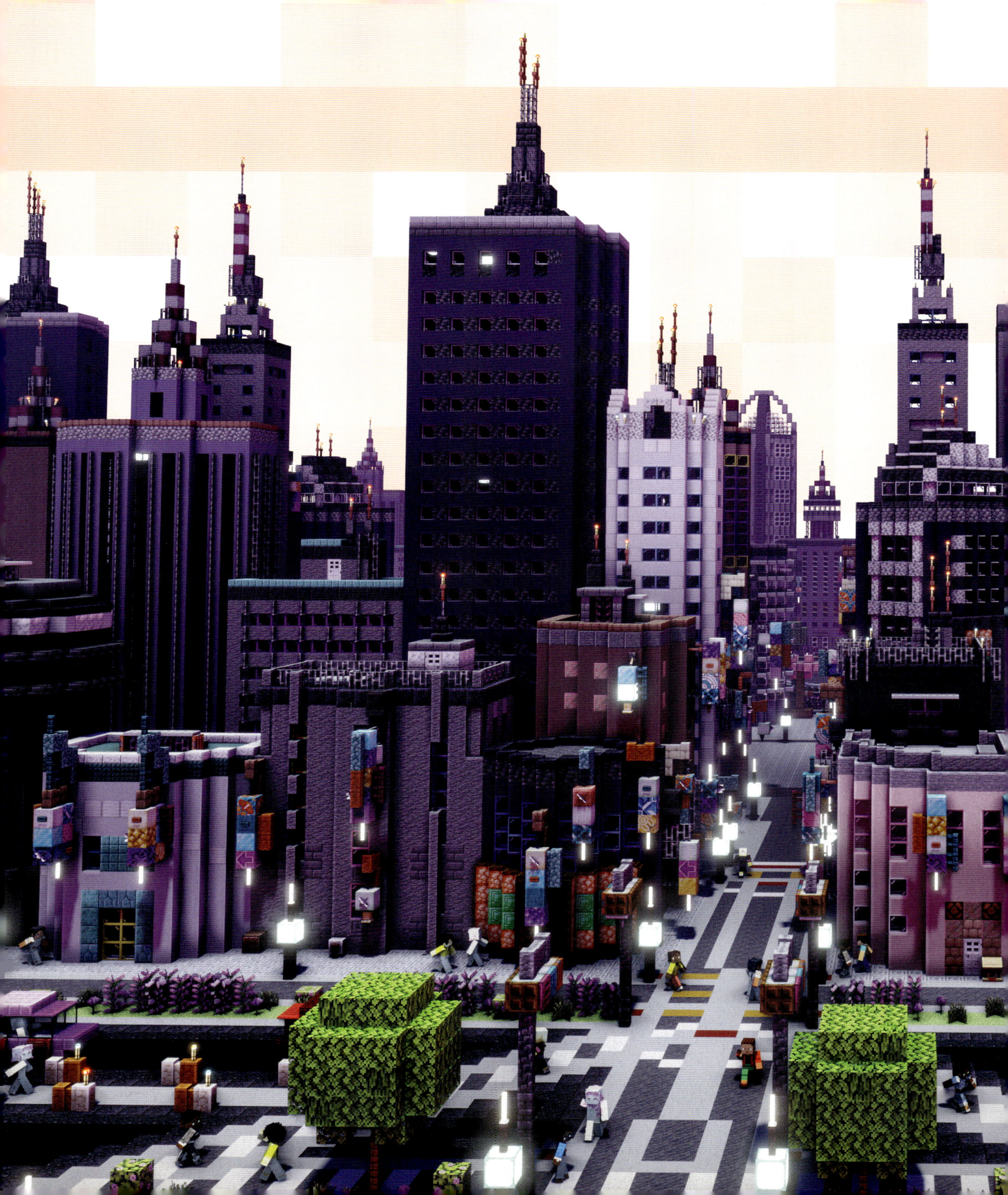

# ¡EXPLORA!

Embárcate en un viaje por todo el mundo, página a página. Visita bulliciosos bazares, hermosos pueblos flotantes y santuarios de pandas. Explora nuevas formas de desplazarte, desde barcos y trenes hasta un poderoso cohete. Descubre cómo usar los bloques para construir el mundo real. A la una... a las dos... ¡A explorar!

# CASA DANZANTE

Si buscas inspiración para una construcción extraordinaria, mira la Casa Danzante, en Praga (República Checa), cuya singular forma sugiere la de dos personas bailando. El «bailarín» de la derecha está compuesto por 99 paneles de hormigón de diferentes formas y tamaños, mientras que el «bailarín» de la izquierda está hecho de pilares de vidrio y acero. En tu próxima construcción, descarta las reglas establecidas y construye algo único, con curvas locas, materiales inusuales o ángulos sorprendentes. ¿Qué tipo de edificio vas a crear?

## RESUMEN

**Componentes esenciales:** formas y materiales variados, muchas ventanas

**Extras y añadidos:** jardín en la terraza, interiorismo sorprendente

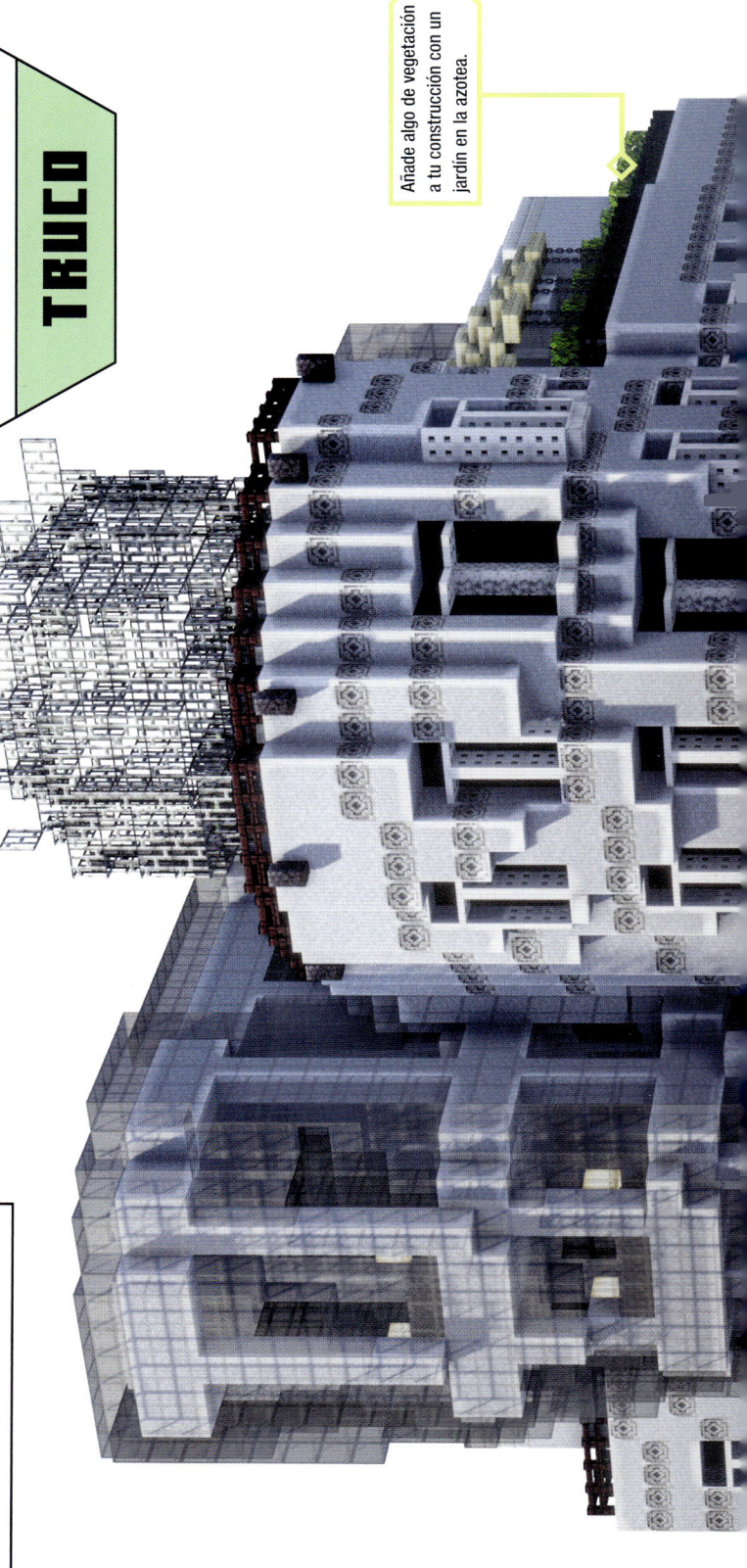

**No olvides:** la relación entre las diferentes partes del edificio

## MUNDO REAL

**1** La Casa Danzante pertenece a un estilo llamado «deconstructivismo», que rompe las reglas de construcción tradicionales de ángulos y simetrías.

**2** En la parte superior hay una gran estructura de hierro retorcido llamada «Medusa», por el parecido con el cabello de serpientes de la figura mitológica.

**3** Además de un hotel con cuarenta habitaciones, la Casa Danzante acoge una galería de arte, un restaurante y un bar en la azotea.

## TRUCO

Las barras de hierro son ideales para las esculturas. Poner una barra de hierro contra un bloque crea una pared de medio bloque de ancho. Colocar dos, una junto a la otra, crea una pared, y poner solo una crea una barra vertical.

Añade algo de vegetación a tu construcción con un jardín en la azotea.

# ¡EXPLORA! 105

# CLAVES DE CONSTRUCCIÓN

## INTERIORES SORPRENDENTES

Esta construcción hace un uso inteligente de algunos materiales inusuales. El marco de la cama está hecho de carteles, y el colchón son bloques de lana. Los corales no son tan coloridos fuera del agua, pero dan una mullida alfombra. Un huevo de dragón y una pantalla de ranaluz hacen una elegante lámpara de noche.

## MEJORES BLOQUES

Esta construcción tiene muchos bloques de arcilla por su color azul grisáceo. A lo largo de las paredes hay magnetitas, de textura anillada, para recrear el entramado a la vista.

**ARCILLA**

**MAGNETITA**

---

- Las ventanas irregulares dificultan contar los pisos.

- El primer piso está muy por encima del suelo. ¡Recréalo para que los jinetes pasen fácilmente por debajo!

- El bloque de la izquierda se estrecha a la mitad de su anchura en el centro. ¡Cómo si el bailarín estuviese girando!

- Usar muchos bloques de cristal llenará el edificio de luz.

# SHINJUKU

El bullicioso barrio de Shinjuku, en Tokio (Japón), es como una ciudad dentro de otra ciudad. Iluminado con luces de neón, Shinjuku está lleno de vida y es famoso por sus elegantes hoteles y restaurantes, así como por sus puestos callejeros de platos populares como sushi, soba y ramen. Las opciones de ocio son infinitas: tiendas, karaoke, discotecas… ¿Qué atracciones construirás en tu ciudad ideal?

¿Construyes en Modo supervivencia? Usa polvo de hormigón. Es más fácil de extraer que el hormigón, lo que te permite experimentar. Cuando estés satisfecho, usa un cubo de agua para transformarlo en hormigón.

**TRUCO**

## RESUMEN

**Componentes esenciales:** altos rascacielos, amplias avenidas, luces de colores

**Extras y añadidos:** diseños en terracota acristalada

**No olvides:** iluminar el interior de los edificios

Añade colores cautivadores con bloques de diamante y prismarina.

Emplea linternas de mar, varas del End, ranaluces y champiluces para dar a Shinjuku un brillo electrizante.

# MUNDO REAL

**1** ¡Shinjuku tiene la estación de ferrocarril más concurrida del mundo, con más de 200 salidas!

**2** Puedes ir en metro desde Shinjuku hasta otra estación de Tokio para tomar un tren bala *(Shinkansen)*. Estos trenes eléctricos de alta velocidad transportan a casi 1 millón de pasajeros al día.

**3** Shinjuku tiene la terminal de autobuses más grande de Japón. Puedes tomar un autobús regional hasta 39 de las 47 prefecturas (distritos) de Japón.

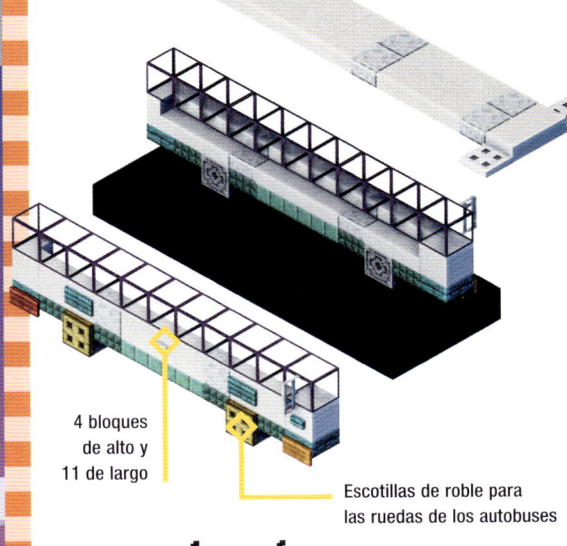

¡EXPLORA! 107

Los rascacielos aprovechan al máximo el espacio de la ciudad. ¡Coloca luces de redstone en la cima para advertir a los jinetes de élitros!

4 bloques de alto y 11 de largo

Escotillas de roble para las ruedas de los autobuses

## AUTOBÚS PÚBLICO

El tráfico es un problema en grandes ciudades como Tokio por la contaminación. Haz que tu ciudad sea más respetuosa con el medio ambiente y con los peatones incluyendo autobuses en su construcción. Este está hecho de cuarzo liso, pero puedes usar bambú para que parezca un autobús escolar.

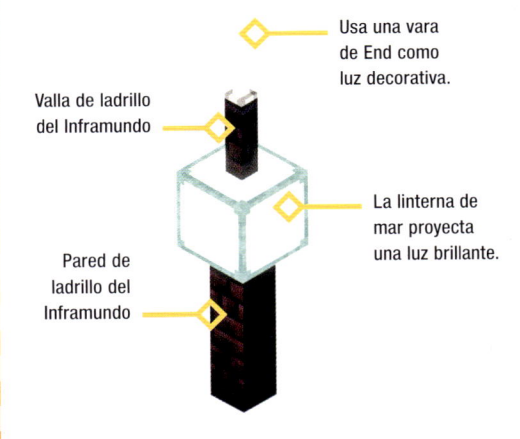

Crea carteles con terracota acristalada magenta con una flecha a cada lado.

Usa una vara de End como luz decorativa.

Valla de ladrillo del Inframundo

La linterna de mar proyecta una luz brillante.

Pared de ladrillo del Inframundo

## FAROLAS

Recuerda poner luces en tu construcción. Esta farola tiene una pared de ladrillo de dos bloques de altura para que los jugadores pasen por debajo.

Usa escotillas de mangle para las ruedas.

## MEJORES BLOQUES

Para construir una bulliciosa metrópolis, comienza por los cimientos: carreteras, aceras y edificios. Hormigón, terracota azul claro y bloques de piedra te serán de mucha utilidad.

**HORMIGÓN**     **TERRACOTA AZUL CLARO**     **PIEDRA**

# ALDEA FLOTANTE

Tonlé Sap, en Camboya, es el lago de agua dulce más grande del Sudeste Asiático. Alberga más de 170 coloridas aldeas flotantes, en las que habitan miles de personas y que están construidas teniendo en cuenta las subidas y bajadas del nivel del agua del lago. Puedes construir aldeas flotantes en cualquier lugar con agua. En Minecraft, el agua suele ser de diferentes tonos de azul, pero también las hay de color gris verdoso si eliges un bioma de pantano como este.

## RESUMEN

**Componentes esenciales:** coloridas casas sobre pilotes
**Extras y añadidos:** barcas, criaturas
**No olvides:** construir casas de colores diferentes

Construye tu casa sobre pilotes en aguas poco profundas. Los pilotes deben llegar hasta el lecho del lago.

Aunque las criaturas hostiles pueden subir escaleras, elevar tus casas te dará ventaja y las hará más fáciles de defender.

Crea tu fondo marino con polvo de hueso en los bloques sumergidos.

## MEJORES BLOQUES

En la construcción de estas casas se utilizó mucha terracota tintada y terracota acristalada para que destacaran contra el agua oscura. En Modo supervivencia puedes acristalar terracota fundiendo bloques de terracota tintada.

**TERRACOTA ACRISTALADA MARRÓN**

**TERRACOTA ACRISTALADA LIMA**

## MUNDO REAL

**1** En temporada de lluvias, el lago tiene unos 14 000 km² y más de 8 m de profundidad. En la estación seca ocupa 2800 km² y solo 1 o 2 m de profundidad.

**2** El lago desemboca en el río Mekong en la estación seca. En la temporada de lluvias se da un fenómeno inusual: fluye en dirección opuesta y forma un enorme lago.

**3** La pesca es muy importante para la vida de los habitantes de las aldeas flotantes de Tonlé Sap.

### ¡EXPLORA! 109

Coloca una vara del End en el techo de tu barca para iluminar el camino de noche.

Recuerda poner una escalera para que los jugadores puedan subir y bajar.

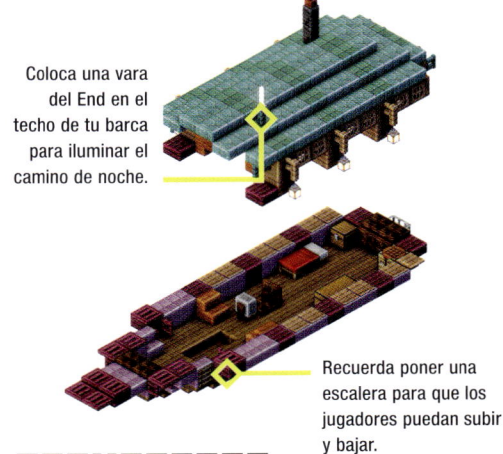

## TRANSPORTE

Necesitarás una barca para navegar por la aldea. La base de esta barca es de tablones de abeto, escaleras, escaleras de mano, escotillas y vallas. Agrega un techo utilizando bloques como piedra arenisca roja cortada y prismarina. Usa bloques de colores, como cobre oxidado y escaleras carmesí, para que tu barca sea tan colorida como las casas.

Los botones de colores le darán un detalle extra.

Usa colores brillantes para orientarte.

Añade muelles de varias alturas para atracar con cualquier marea.

## VIVIR SOBRE EL AGUA

Los pilotes son clave porque impiden que las casas se inunden cuando sube el nivel del agua. Esta casa se apoya sobre cuatro pilotes de troncos de abeto sin corteza de 8 bloques de altura. Tiene muelles altos y bajos, hechos de vallas de abeto, escotillas de roble oscuro y losas. Las escaleras de abeto y la escotilla deformada son suficientemente largas para la marea baja.

---

**TRUCO**

Puedes moverte en barca entre las aldeas flotantes. Si juegas en Modo supervivencia, asegúrate de estar en casa antes del anochecer, cuando aparecen criaturas hostiles. ¡Ten cuidado con los ahogados!

# ESTACIÓN DE METRO DE LONDRES

En las grandes ciudades, el tráfico puede hacer que los desplazamientos sean muy lentos, por lo que muchas de ellas cuentan con redes de metro. El primero, apodado «el tubo», se construyó en 1863 en Londres. Hoy cubre 402 km y lo utilizan más de mil millones de personas al año. La estación de metro de Minecraft es compleja pero vale la pena porque muchos de sus elementos los puedes utilizar en otros proyectos: un ascensor de burbujas funciona bien en cualquier edificio alto.

## RESUMEN

**Componentes esenciales:** una estación subterránea y un tren

**Extras y añadidos:** escaleras mecánicas, carteles, ascensor de burbujas (más en p. 113)

**No olvides:** observar estaciones reales a la hora de decidir los colores y detalles

## TRUCO

En Modo supervivencia, cavar túneles para un tren subterráneo es un proyecto que requiere mucho tiempo. Crea una mesa de encantamientos y encanta un pico con Eficiencia para hacerlo más rápido.

Rojo, blanco y azul son los famosos colores del metro de Londres.

## ASCENSOR DE BURBUJAS

Para crear un ascensor de burbujas necesitas agua, algas, tierra, magma, arena de almas y algunos bloques de construcción. Construye dos columnas verticales de bloques de 3×3 y llénalas de agua. Pon un bloque de tierra en la base de cada columna y rellénalas con algas. Usa polvo de huesos para que las algas crezcan. Reemplaza los bloques de tierra con arena de almas en la base de una columna y magma en la de la otra: esto deshará las algas. ¡Ya tienes tu ascensor de burbujas!

## PLANTAS

En cada planta crea entradas al ascensor de burbujas con puertas de valla. Estas evitarán que el agua se vierta.

## CONSEJO

Puedes construir una escalera normal para conectar el andén, pero los ascensores de burbujas son una forma muy rápida de ascender o descender en Minecraft. Los puedes utilizar en minas y bases subterráneas, y son esenciales en muchas granjas automáticas de criaturas.

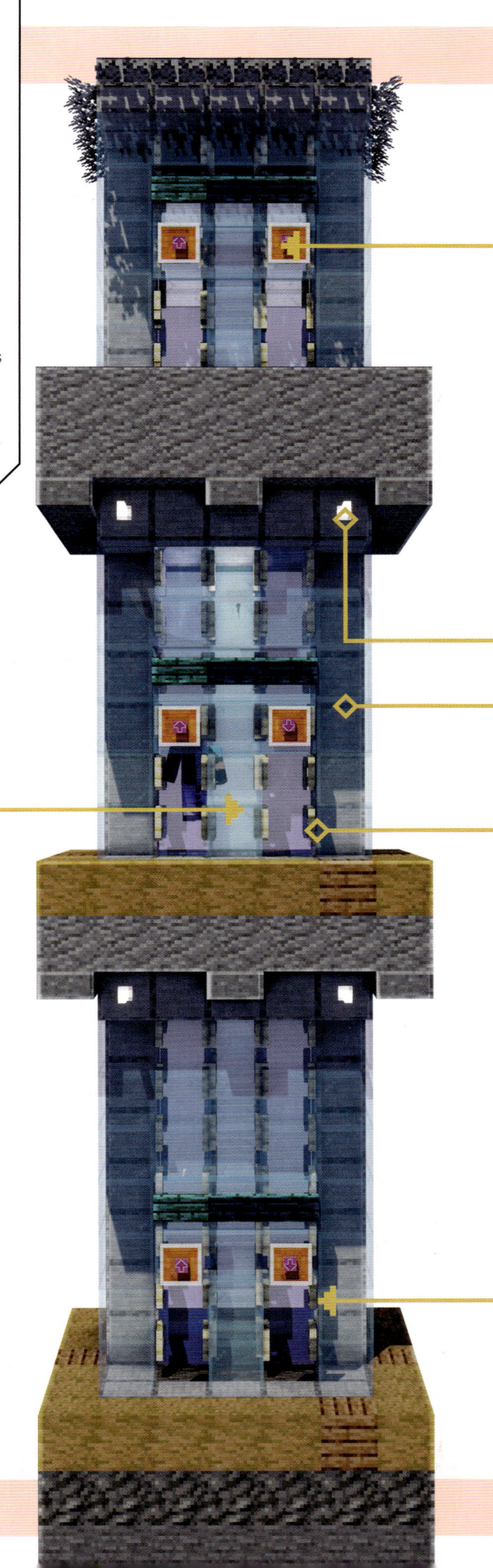

## ARRIBA Y ABAJO

Añade flechas de terracota acristalada magenta para indicar si el ascensor sube o baja. Puedes decorar la estructura.

Añade luz con varas de End.

Posee 25 bloques de alto y 5 de profundidad.

Métete en el agua para entrar en el ascensor.

## ASCENSOR DE CRISTAL

Los bloques de cristal son impresionantes y permiten al jugador ver si el ascensor está ocupado. El cristal tintado cian y azul claro y la piedra lisa le dan a este un aspecto elegante y moderno.

# ISLAS DE LOS UROS

El Titicaca es el segundo lago más grande de América del Sur y uno de los más antiguos del planeta, con más de 3 millones de años. Desde hace 3700 años, los uros construyen sus hogares en el lago, en islas flotantes de totora tejida a mano. ¿Alguna vez te has asentado en un bioma oceánico? Construye tus propias islas flotantes con fardos de heno y añade casas y otros edificios (tiendas, una escuela...) para crear una aldea.

## RESUMEN

**Componentes esenciales:** una isla flotante y casas hechas con fardos de heno renovables

**Extras y añadidos:** plantas, criaturas, barcas

**No olvides:** crear una granja de semillas de trigo para tener heno

---

Diviértete creando edificios de diferentes formas: casas, una escuela, tiendas, una iglesia...

Añade atalayas a tus islas.

### TRUCO

Para recrear las islas flotantes de los uros en Minecraft necesitarás montones de fardos de heno. El aspecto de los fardos varía según el lado que se vea. Utiliza los rojizos para las casas y los amarillos para la isla.

Las barcas de los uros están hechas de caña. Utiliza fardos de heno, escotillas carmesíes y variantes de roble para recrearlas en Minecraft.

# MUNDO REAL

**1** Las cañas son esenciales para los uros. Primero las recogen y luego las secan y las tejen.

**2** Los uros fabrican muchas cosas con las cañas, incluso las barcas. Estos expertos tejedores confeccionan telas que luego venden.

**3** Las islas están construidas con capas de cañas que hay que sustituir antes de que se pudran. El suelo es suave y esponjoso.

¡EXPLORA! 115

Usa fardos de heno para que parezca trigo secándose.

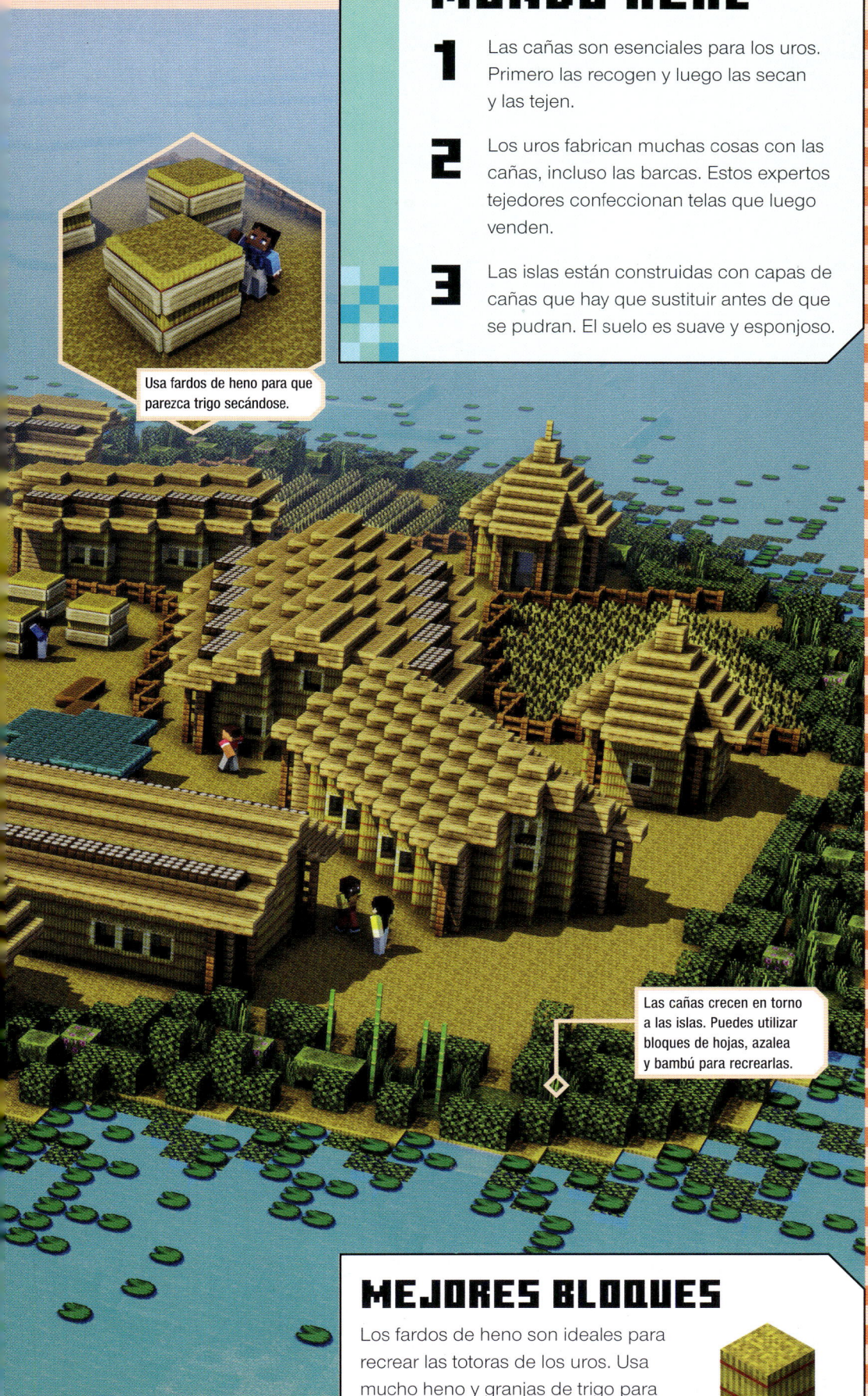

Aquí se cultiva todo el trigo que la comunidad necesita.

## CULTIVOS

Reunir los materiales de construcción puede ser una tarea ardua, pero los uros han hallado la solución perfecta: ¡los cultivan! Recrea una granja de semillas que proporcione fardos de heno ilimitados. Se trata, además, de un sistema renovable porque el trigo cosechado proporciona más semillas para plantar.

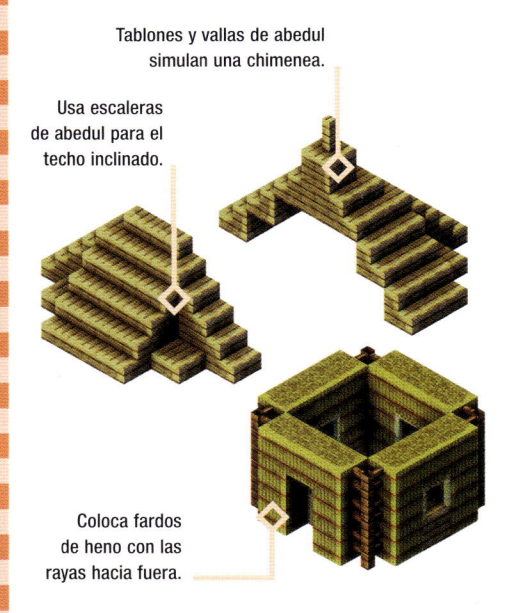

Tablones y vallas de abedul simulan una chimenea.

Usa escaleras de abedul para el techo inclinado.

Coloca fardos de heno con las rayas hacia fuera.

Las cañas crecen en torno a las islas. Puedes utilizar bloques de hojas, azalea y bambú para recrearlas.

## MEJORES BLOQUES

Los fardos de heno son ideales para recrear las totoras de los uros. Usa mucho heno y granjas de trigo para plasmar este modo de vida centrado en las cañas.

**FARDO DE HENO**

## TEJADOS DE PAJA

Los uros viven en casas de caña. En Minecraft las hemos recreado con fardos de heno con los lados rayados hacia fuera. El techo es de variantes de abedul del mismo tono amarillento.

# BASE DE PANDAS DE CHENGDU

Nuestro planeta está lleno de vida. Lamentablemente, parte de esa vida se encuentra en peligro. Por todo el mundo se han abierto centros para conservar y proteger especies en peligro de extinción, como la Base de Investigación y Cría del Panda Gigante de Chengdu (China), que ha obtenido grandes resultados en la cría de este animal. En Minecraft están representados muchos animales en peligro de extinción. ¿Cómo ayudarás a conservarlos?

## RESUMEN

**Componentes esenciales:** plataformas, vallas, enredaderas y escaleras de mano

**Extras y añadidos:** plataformas de varias alturas

**No olvides:** incluir suficiente bambú para alimentar a los pandas

Escalinatas de piedra de estilo chino

¡Puede suceder que un panda bebé deje caer una bola de limo al estornudar!

Añade escaleras de mano: en Minecraft, los pandas trepan por ellas cuando las empujan hacia ellos.

## MEJORES BLOQUES

Al construir un centro de investigación de animales hay que tener en cuenta todo lo que necesitarán los animales que vivirán en él. ¡En este usamos sobre todo losas de la jungla, escotillas, troncos sin corteza y mucho bambú!

**TRONCO SIN CORTEZA**

**LOSA DE LA JUNGLA**

# MUNDO REAL

**1** El panda gigante es el animal nacional de China. El país dedica numerosos recursos a incrementar la población de pandas.

**2** Chengdu es el hogar ancestral de los pandas. Restos fósiles demuestran que han existido aquí desde hace más de 4000 años.

**3** La Base de Investigación de Chengdu se fundó en 1980 con seis pandas rescatados. Gracias a ella se han llegado a los 237 pandas en 2023.

¡EXPLORA! 117

Los pandas tienen mala vista. Ilumina tu base con suaves linternas de alma para que no les duelan los ojos.

Alimentar a dos pandas con bambú, en Minecraft, les animará a reproducirse.

Para que los pandas críen ha de haber al menos un bambú de 8 bloques de altura a 5 bloques de dos pandas.

Usa escotillas de jungla para darle texturas a tus plataformas.

En Minecraft, los pandas tienen «genes secretos». Pueden ser normales, vagos, juguetones, débiles o agresivos.

## INVESTIGA

Escoge uno o varios animales y averigua cuál es el mejor entorno para ellos. Los pandas son muy raros en Minecraft: solo los puedes hallar en biomas de la jungla. Les encanta el bambú, que crece en la hierba, la tierra, el micelio, el podsol, la arena y el barro. Aunque el podsol es habitual en biomas de la jungla, los pandas no pueden generarse sobre él, de modo que evita usar mucho si quieres que se reproduzcan.

## JUEGOS Y DIVERSIÓN

Es importante asegurarse de que los animales estén felices. La Base de Investigación de Chengdu proporciona juegos y elementos naturales a los pandas, como plataformas, escaleras de mano y bambú. ¿Cómo entretendrás a tus pandas para mantenerlos activos y felices?

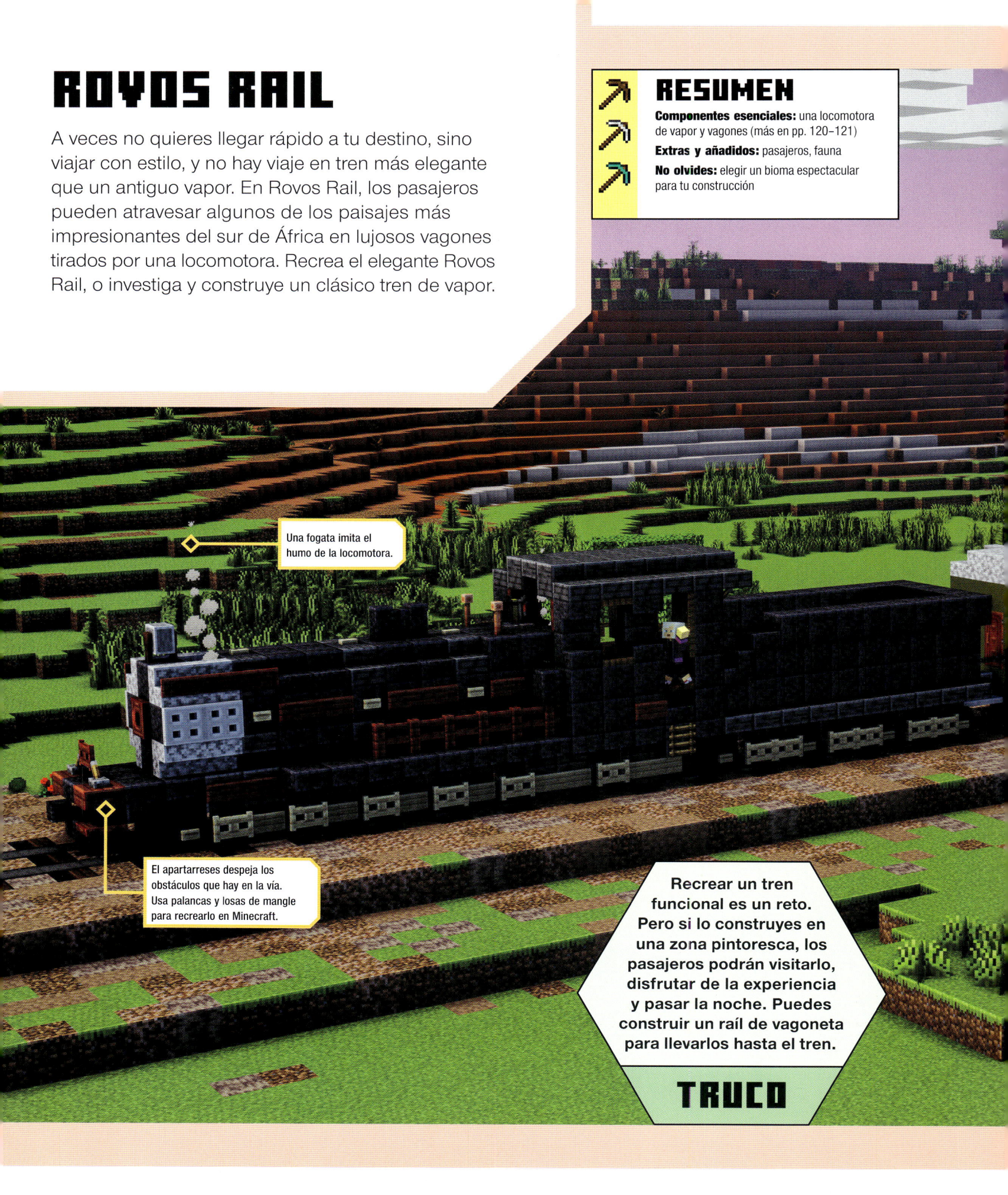

# ROVOS RAIL

A veces no quieres llegar rápido a tu destino, sino viajar con estilo, y no hay viaje en tren más elegante que un antiguo vapor. En Rovos Rail, los pasajeros pueden atravesar algunos de los paisajes más impresionantes del sur de África en lujosos vagones tirados por una locomotora. Recrea el elegante Rovos Rail, o investiga y construye un clásico tren de vapor.

## RESUMEN

**Componentes esenciales:** una locomotora de vapor y vagones (más en pp. 120-121)

**Extras y añadidos:** pasajeros, fauna

**No olvides:** elegir un bioma espectacular para tu construcción

◇ Una fogata imita el humo de la locomotora.

◇ El apartarreses despeja los obstáculos que hay en la vía. Usa palancas y losas de mangle para recrearlo en Minecraft.

## TRUCO

Recrear un tren funcional es un reto. Pero si lo construyes en una zona pintoresca, los pasajeros podrán visitarlo, disfrutar de la experiencia y pasar la noche. Puedes construir un raíl de vagoneta para llevarlos hasta el tren.

## MUNDO REAL

**1** Las locomotoras de Rovos Rail funcionaban con carbón. Ahora funcionan con diésel, que es más eficiente y menos dañino para el medio ambiente.

**2** Los pasajeros pueden comer en el vagón comedor de lujo y pasar la noche en el tren, en camarotes con cómodas camas.

**3** En el Rovos Rail no hay Wi-Fi ni televisión: los pasajeros viven una auténtica experiencia de viaje a la antigua usanza.

¡EXPLORA! 119

## CLAVES DE CONSTRUCCIÓN

Esta réplica del Rovos Rail se ha construido en un bioma de sabana que coincide con el maravilloso paisaje del sur de África. La llanura abierta ofrece vistas espectaculares y el tren es perfecto para ver la gloriosa puesta de sol.

Recrea el color de los vagones con terracota verde.

Añade andamios como ventanas para que los pasajeros puedan ver el paisaje.

### ENGANCHES

Los vagones de un tren se unen mediante enganches. Estos vagones están unidos con dos piedras de afilar y escotillas de hierro. Dos pasamanos de cadena refuerzan la unión.

### MIRADOR

En el Rovos Rail, el viaje en sí es tan importante como el destino, por lo que posee plataformas para contemplar el paisaje. Para crear esta plataforma se han utilizado escotillas deformadas y vallas, y permite a los jugadores contemplar la sabana.

## MEJORES BLOQUES

Esta locomotora tira de 36 vagones. Necesitarás mucha terracota verde y diorita para los vagones y muchas piedras de afilar y escotillas de hierro para los acoplamientos.

**TERRACOTA VERDE**

# ROVOS RAIL: ¡TODOS A BORDO!

El Rovos Rail es la cima del transporte ferroviario de lujo. Antaño, la clásica locomotora de vapor tenía 36 vagones y transportaba un máximo de 72 pasajeros con comodidad y estilo. Hoy en día encontrarás vagones comedor, lujosos coches cama y salones. ¿Qué actividades incluirás para tus pasajeros? ¡Recuerda que la tecnología está restringida!

## LOCOMOTORA

En una locomotora de vapor, el motor quema aceite para calentar agua. Esta se convierte en vapor, que hace girar las ruedas. Coloca una fogata en la sala de máquinas de tu locomotora para recrear el vapor que sale del motor.

## SALA DE MÁQUINAS

Esta réplica recrea la sala de máquinas del Rovos Rail con hornos de fusión, palancas, una fogata y un soporte para pociones.

Señales y vallas de mangle añaden detalles en rojo al diseño de la locomotora.

Para recrear el tren usamos bloques de pizarra abismal pulida.

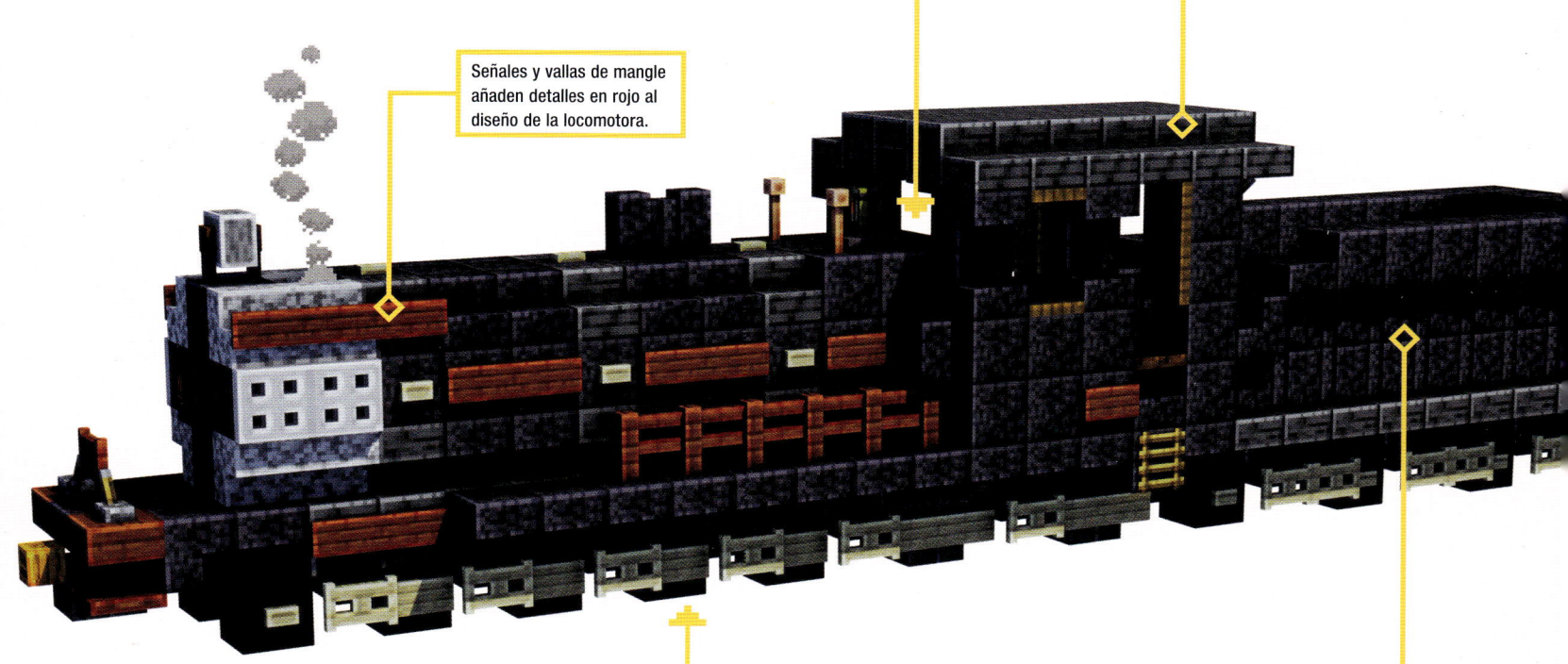

## RUEDAS

Esta réplica no se mueve, por lo que puedes ser todo lo creativo que quieras con las ruedas. Estas son de hormigón negro con un botón. Puertas de valla de abedul rellenan el espacio entre ellas.

Aunque en la actualidad ya no se emplea carbón, el vagón carbonero sigue formando parte del tren.

¡EXPLORA! 121

## VAGONES

Cada vagón del Rovos Rail está diseñado para ofrecer a los pasajeros un viaje lujoso y auténtico. Esta versión tiene 21 bloques de longitud, 6 de alto y 5 de ancho. ¿Qué otros detalles añadirás a tu vagón?

### CONSEJO

Para construir los vagones deberás buscar un espacio grande y abierto. Cada vagón tiene 21 bloques de largo. Para los 36 del Rovos Rail necesitarás 756 bloques de vías. Alterna escaleras de tierra con raíces y roble oscuro para delimitar el espacio, con yunques como raíles.

Emplea terracota verde para darle un aspecto atemporal al exterior de los vagones.

En este tren por África podrían viajar todo tipo de pasajeros, de monarcas y presidentes a comerciantes y turistas.

Añade aldeanos al vagón para que hagan de pasajeros en un largo viaje.

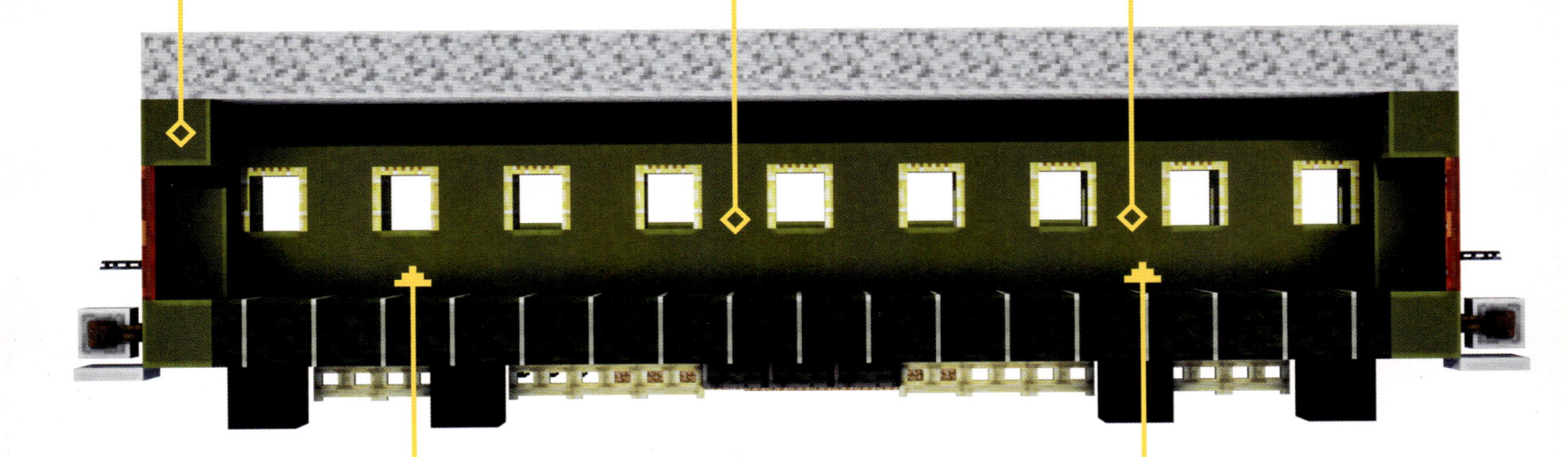

## VAGÓN COMEDOR

Bloques de escalera y escotillas pueden hacer de mesas y sillas. Añade reservados con tablones de roble oscuro, colgadores (con ganchos de cable trampa) y macetas.

## VAGÓN RESTAURANTE

Uno de los atractivos de este tren es la comida. Crea un restaurante de lujo con mesas (escotillas) y sillas. Prepara un pastel para el té de las cinco.

# PLATAFORMA DE LANZAMIENTO

El Sistema de Lanzamiento Espacial (SLS) de la NASA es el cohete más grande y potente jamás construido. Como parte del programa Artemis, está diseñado para lanzar la nave de exploración espacial Orion al espacio. El SLS tiene una altura de 98 m. Si te gustan los retos de construcción, ¿por qué no recrearlo? Tendrás que buscar un espacio abierto, como un bioma de llanura, para crear todo lo necesario para el lanzamiento. ¡Es hora de ponerte a trabajar en tu SLS!

## MUNDO REAL

1. El SLS está equipado con dos propulsores de combustible sólido (SRB), cada uno de los cuales quema 6,6 toneladas de combustible por segundo para despegar.

2. En 2022, el SLS lanzó una nave Orion sin tripulación que orbitó en torno a la Luna.

3. Su próxima misión llevará a cuatro astronautas en torno a la Luna. La NASA planea crear una base lunar y enviar a las primeras personas a Marte.

## RESUMEN

**Componentes esenciales:** un cohete, una plataforma de lanzamiento, un centro de control (más en pp. 124-125)

**Extras y añadidos:** orugas, redstone, jardines

**No olvides:** dejar mucho espacio libre en torno al cohete

## MEJORES BLOQUES

Las plataformas de lanzamiento requieren una superficie plana y estructuras hechas de materiales muy resistentes. Esta se ha construido con mucha piedra para la superficie, y las variantes de pizarra le dan un aspecto industrial.

ANDESITA    PIZARRA ABISMAL

## CLAVES DE CONSTRUCCIÓN

Aunque el cohete es la estrella de esta construcción, la plataforma de lanzamiento es clave para que pueda despegar.

### ASEGURAR EL COHETE

El cohete se coloca en la plataforma de lanzamiento para repostar antes del despegue. Agrega escotillas movidas por redstone a los brazos mecánicos para sujetar tu cohete a la plataforma. Para abrirlas y cerrarlas, conéctalas a palancas con polvo de redstone.

El cuerpo de la nave Orion está hecho con calcita.

# ¡EXPLORA! 123

## TORRE DE LANZAMIENTO

Los ingenieros llevan a cabo tareas de mantenimiento y reparación hasta que se encienden los motores para el despegue. Incluye una escalera para que estos puedan acceder al cohete. Construye la torre de lanzamiento con bloques de pizarra abismal.

La plataforma está provista de orugas para trasladarla de lugar. Créalas con dispensadores, pizarra abismal pulida y escaleras de ladrillo de pizarra abismal.

Utiliza troncos de acacia sin corteza y calcita para el cohete.

Chorros de gas surgen de la base cuando el cohete despega. Crea el efecto con piedra brillante y bloques de cristal.

## DE CERCA

Los despegues de cohetes producen mucho humo. Rodea la base de tu cohete con efectos de humo, con una mezcla de cristal y telarañas.

# PLATAFORMA DE LANZAMIENTO: COMPONENTES

El SLS necesita grandes motores y cohetes propulsores, así como la ayuda de expertos en el centro de control de misión (y más allá), para que el lanzamiento de la nave Orion se lleve a cabo con seguridad. Usa estos bloques o cámbialos a tu gusto.

## SALA DE CONTROL

Crea una bulliciosa sala de control: los escritorios están hechos con escaleras y una losa; las pantallas son un plato de presión y una escotilla, y las sillas se crean con escaleras y señales. Las palancas hacen las veces de controladores.

## CONTROL DE MISIÓN

El centro de control de misión supervisa todos los vuelos espaciales, del despegue al aterrizaje. Aquí trabajan controladores de vuelo, ingenieros y personal de apoyo. Este centro de control de dos pisos se halla sobre una intrincada red de polvo de redstone que transmite señales a mecanismos de la plataforma como sus brazos mecánicos.

Recrea las salidas de ventilación con cuatro raíles de vagoneta.

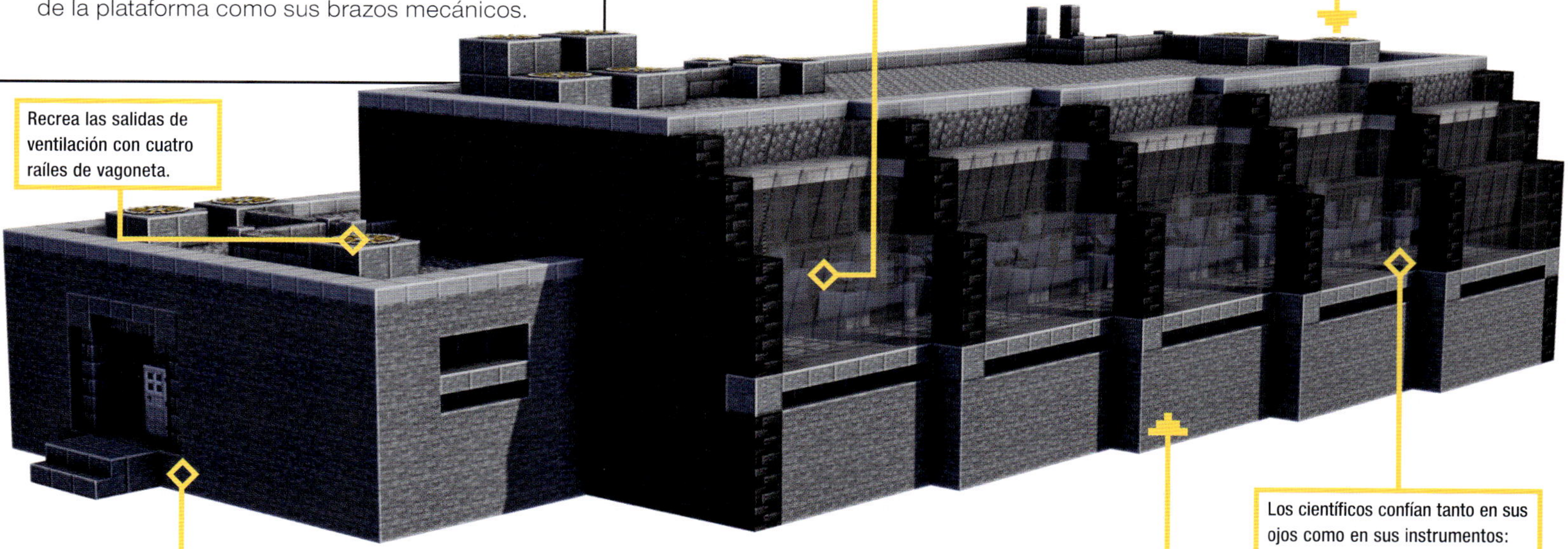

Bloques de cristal tintado de gris permiten a científicos e ingenieros no perder de vista el cohete.

Usa bloques resistentes como piedra, adoquín y andesita para este edificio.

## CONSEJO

El edificio principal está formado por 36 bloques de ancho, 19 bloques de profundidad y 11 bloques de alto. La entrada más pequeña tiene 48 bloques de ancho, 16 bloques de profundidad y 7 bloques de altura.

Los científicos confían tanto en sus ojos como en sus instrumentos: incluye ventanas para supervisarlo todo. Coloca dos hileras de bloques de cristal para mantener a salvo a los jugadores durante el despegue.

## REPETIDORES

A esta distancia del cohete SLS, el polvo de redstone necesita repetidores para mejorar la señal. Coloca uno cada 15 bloques.

**¡EXPLORA!** 125

## PARTES DEL SLS

Se necesitan increíbles capacidades de ingeniería y tecnología para construir algo capaz de viajar al espacio. Para impulsar la nave Orion al espacio, el SLS transporta enormes tanques de hidrógeno líquido y oxígeno líquido, que alimentan cuatro motores. Dos propulsores de combustible sólido ofrecen un empuje extra.

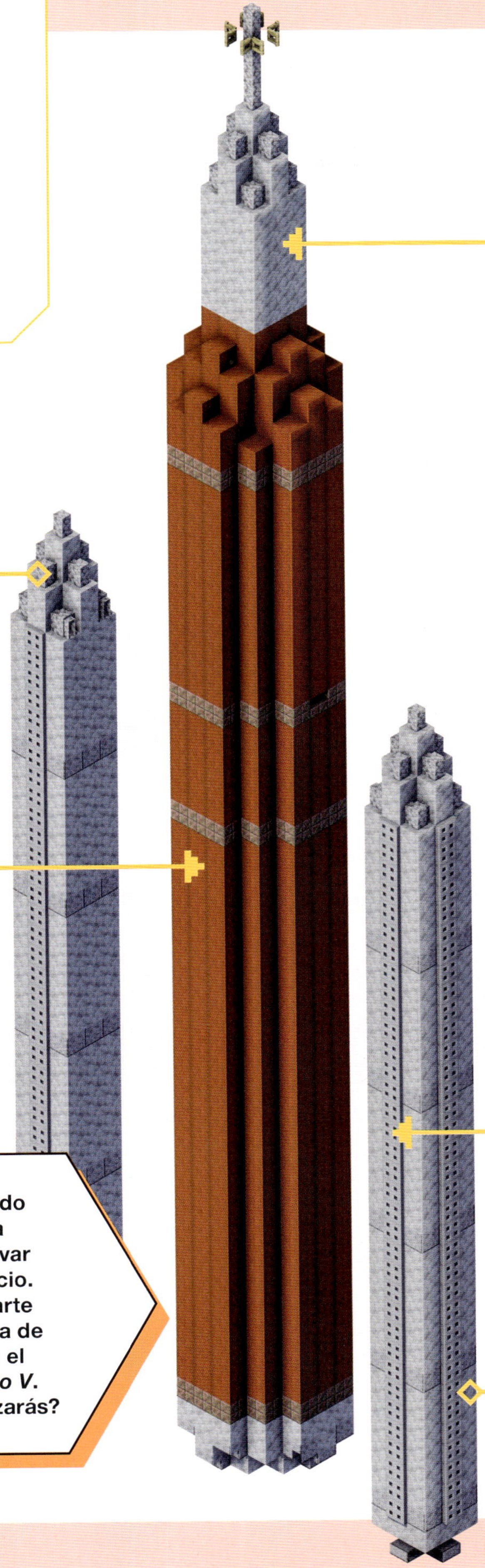

## ORION

La Orion es la nave de exploración espacial del SLS. Está compuesta por 15 bloques de alto y 3×3 de ancho con paredes de diorita, calcita y puertas de vallas de abedul.

Construye las puntas cónicas de los cohetes con bloques de calcita y paredes de diorita.

## COHETE SLS

El cohete SLS está diseñado para lanzar su carga útil (la nave Orion) al espacio. Recrea los colores del cohete con acacia y cobre cortado expuesto. Esta versión tiene 57 bloques de altura (sin la nave espacial) y mide 7×7 bloques de ancho.

## COHETES PROPULSORES

Dos enormes cohetes queman combustible sólido (como los fuegos artificiales) y ayudan a propulsar la nave al espacio. Con 42 bloques de altura, están hechos de calcita con escotillas de hierro.

### ¡CÁMBIALO!

**La NASA ha diseñado más de una docena de cohetes para llevar a humanos al espacio. Puedes documentarte y recrear cualquiera de ellos. Inténtalo con el *Titan III* o el *Saturno V*. ¿Qué bloques utilizarás?**

Refuerza tu construcción con escotillas de hierro entre los propulsores de calcita.

# MARTE, EL PLANETA ROJO

Los mundos de Minecraft son enormes, con mucho espacio para recrear al menos un planeta del sistema solar. Marte, el cuarto planeta en orden de distancia con respecto al Sol, es una buena opción, con su característico color rojo terroso, que obtiene del hierro oxidado de su arena y rocas. Puedes elegir entre varios bloques para recrearlo, como terracota o arenisca roja.

## RESUMEN

**Componentes esenciales:** una gran esfera de bloques rojos y marrones

**Extras y añadidos:** casquetes polares, cráteres, dunas

**No olvides:** crear un fondo negro profundo

## MUNDO REAL

**1** Marte es el segundo planeta más pequeño de nuestro sistema solar, después de Mercurio. Tiene la mitad del tamaño de la Tierra y es mucho más frío.

**2** Puedes saltar tres veces más alto en Marte que en la Tierra porque la gravedad del planeta (la fuerza que nos empuja hacia abajo) es más débil.

**3** Los humanos podrían vivir en Marte. La NASA espera enviar astronautas en la década de 2030.

Viaja a la dimensión End y busca un vacío totalmente oscuro en el que construir el planeta.

**Completa tu escena de Marte con un fondo espacial. Utiliza hormigón negro para replicar la oscura noche y añade linternas para representar estrellas lejanas.**

### TRUCO

## MEJORES BLOQUES

Mezcla bloques naranjas y negros para recrear la irregular superficie de Marte. En este modelo se han empleado terracota roja, naranjada y marrón. Los bloques de lana le dan textura.

| TERRACOTA ROJA | TERRACOTA NARANJA | TERRACOTA MARRÓN |

## ¡EXPLORA! 127

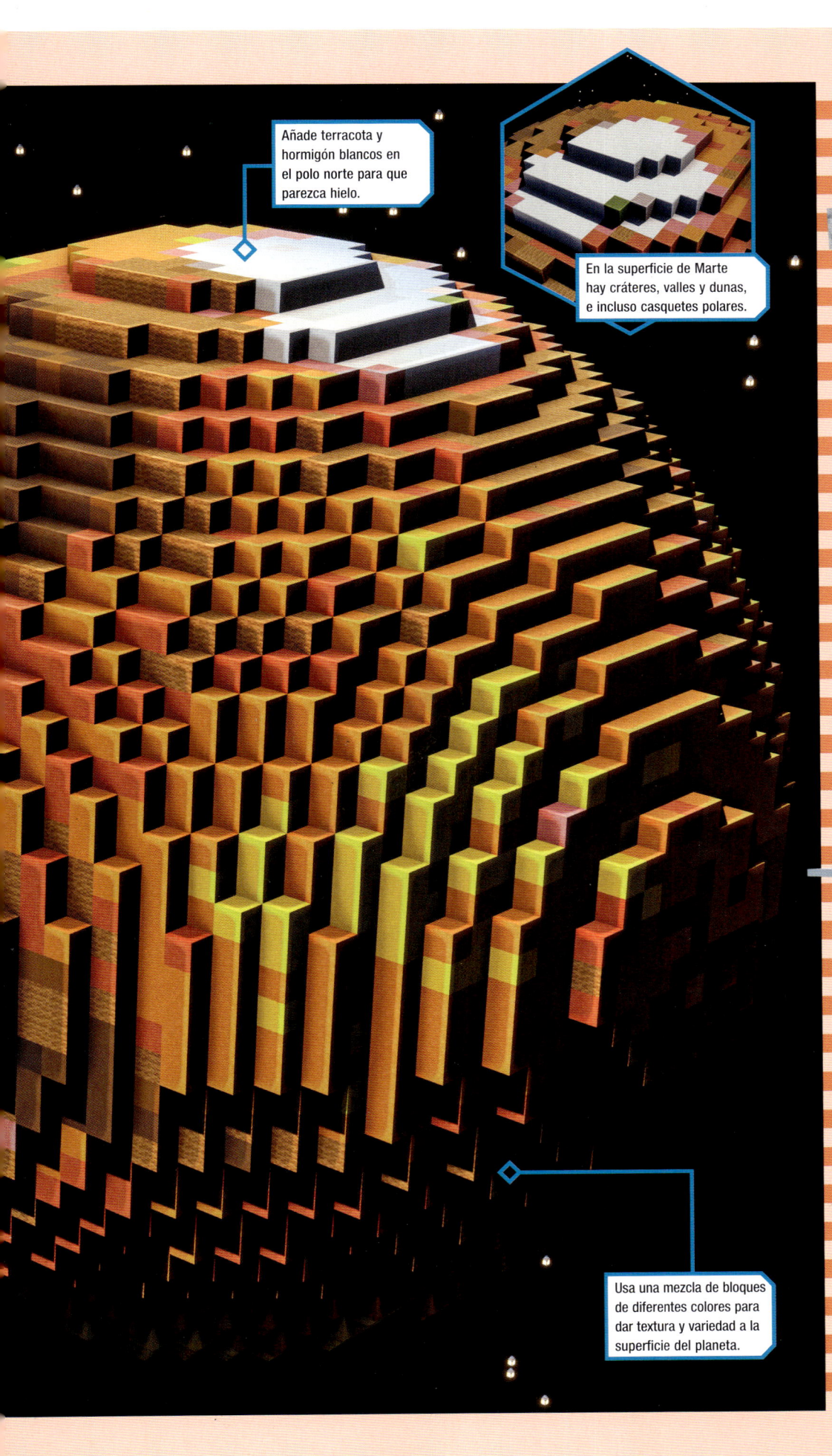

Añade terracota y hormigón blancos en el polo norte para que parezca hielo.

En la superficie de Marte hay cráteres, valles y dunas, e incluso casquetes polares.

Usa una mezcla de bloques de diferentes colores para dar textura y variedad a la superficie del planeta.

Da una cara amistosa a tu rover marciano con una calavera de esqueleto.

Pepinos de mar y botones le darán a tu rover un aspecto sofisticado.

### ROVER AUTOMÁTICO
¡El Marte real está habitado por robots! Son módulos de aterrizaje y rovers con ruedas, que se mueven para estudiar el planeta. Este rover de aspecto amistoso se ha creado con ruedas de cráneo de criatura y un brazo de pared de diorita, y tiene observadores y piedras de afilar en su maquinaria.

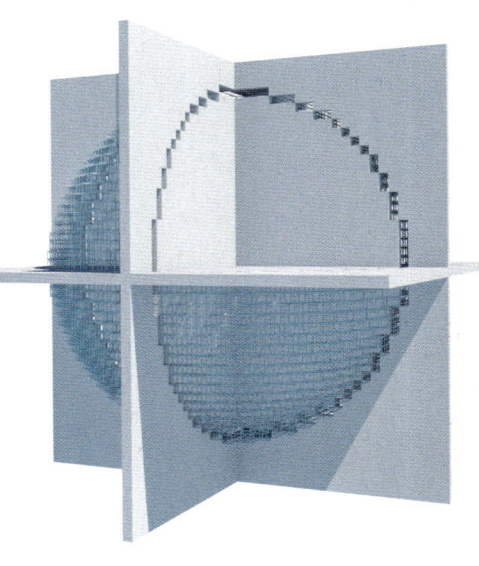

### CONSTRUYE UNA ESFERA
Construir una gran esfera puede resultar un poco complicado. Lo mejor es empezar con la estructura. Crea el contorno de una caja grande y divídelo en cuatro cuadrantes. Coloca un bloque en la esquina de un cuadrante y prosigue colocando más bloques en zigzag hasta obtener una forma redonda que llegue a la esquina opuesta. Repítelo hasta completar un cuarto de la esfera, y luego repítelo tres veces hasta tener la esfera.

# ESTACIÓN ESPACIAL INTERNACIONAL

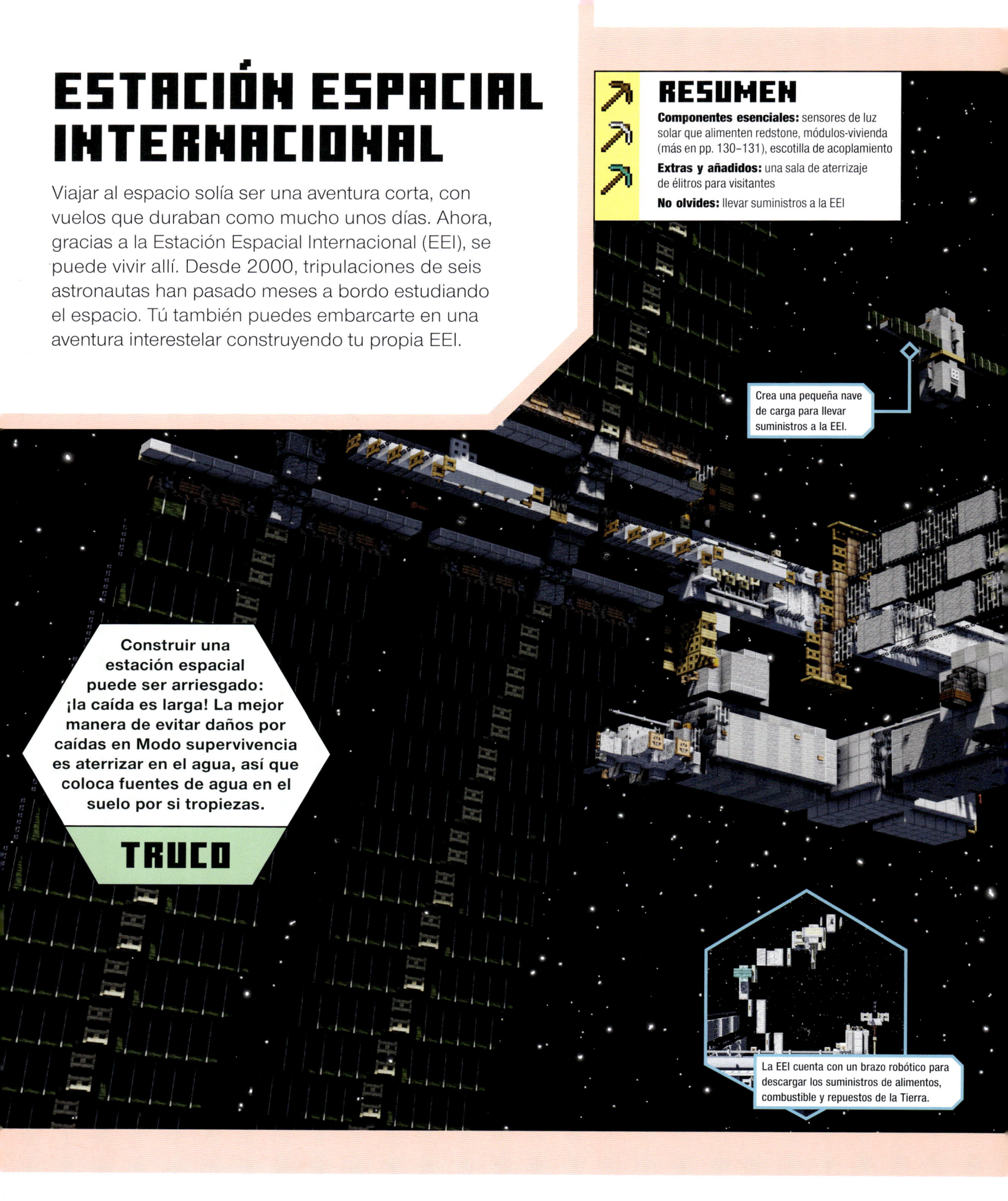

Viajar al espacio solía ser una aventura corta, con vuelos que duraban como mucho unos días. Ahora, gracias a la Estación Espacial Internacional (EEI), se puede vivir allí. Desde 2000, tripulaciones de seis astronautas han pasado meses a bordo estudiando el espacio. Tú también puedes embarcarte en una aventura interestelar construyendo tu propia EEI.

## RESUMEN

**Componentes esenciales:** sensores de luz solar que alimenten redstone, módulos-vivienda (más en pp. 130-131), escotilla de acoplamiento

**Extras y añadidos:** una sala de aterrizaje de élitros para visitantes

**No olvides:** llevar suministros a la EEI

Crea una pequeña nave de carga para llevar suministros a la EEI.

## TRUCO

Construir una estación espacial puede ser arriesgado: ¡la caída es larga! La mejor manera de evitar daños por caídas en Modo supervivencia es aterrizar en el agua, así que coloca fuentes de agua en el suelo por si tropiezas.

La EEI cuenta con un brazo robótico para descargar los suministros de alimentos, combustible y repuestos de la Tierra.

## MUNDO REAL

**1** La EEI comenzó a construirse en 1998 y se acabó en 2011. Más de 260 astronautas de al menos 20 países la han visitado desde entonces.

**2** La EEI es el objeto artificial más grande en órbita terrestre. Es tan grande como un campo de fútbol y se la puede ver en el cielo nocturno.

**3** La EEI vuela muy rápido, a unos 8 km por segundo. Da una vuelta a la Tierra cada 90 minutos, esto es, 16 veces al día.

¡EXPLORA!

## CLAVES DE CONSTRUCCIÓN

La EEI necesita mucha energía para funcionar. Por suerte, tiene una fuente renovable: la luz solar. También es esencial contar con una pequeña nave de suministros.

Sensores de luz solar

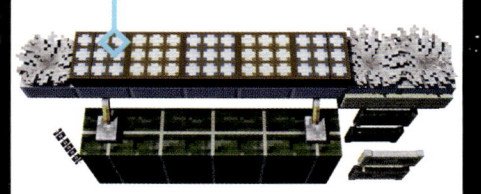

### ENERGÍA SOLAR

Hileras de paneles solares capturan la luz solar y la convierten en electricidad para cubrir las necesidades básicas de la EEI. Emplea bloques de algas marinas secas para los paneles solares y agrega sensores de luz diurna en el centro y los extremos.

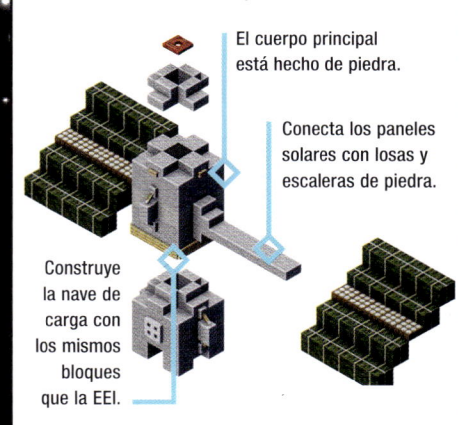

Añade módulos para vivienda, almacenamiento y laboratorios.

Los bloques de algas secas dan realismo a los paneles solares.

Las naves atracan en estos puertos de aterrizaje.

El cuerpo principal está hecho de piedra.

Conecta los paneles solares con losas y escaleras de piedra.

Construye la nave de carga con los mismos bloques que la EEI.

### NAVE DE CARGA

En el mundo real, naves espaciales automáticas llevan suministros hasta la EEI. Recrea la nave de carga y llénala con cajas de shulker. En cada caja caben 27 pilas de artículos, ¡de manera que podrías transportar hasta 13 824 galletas!

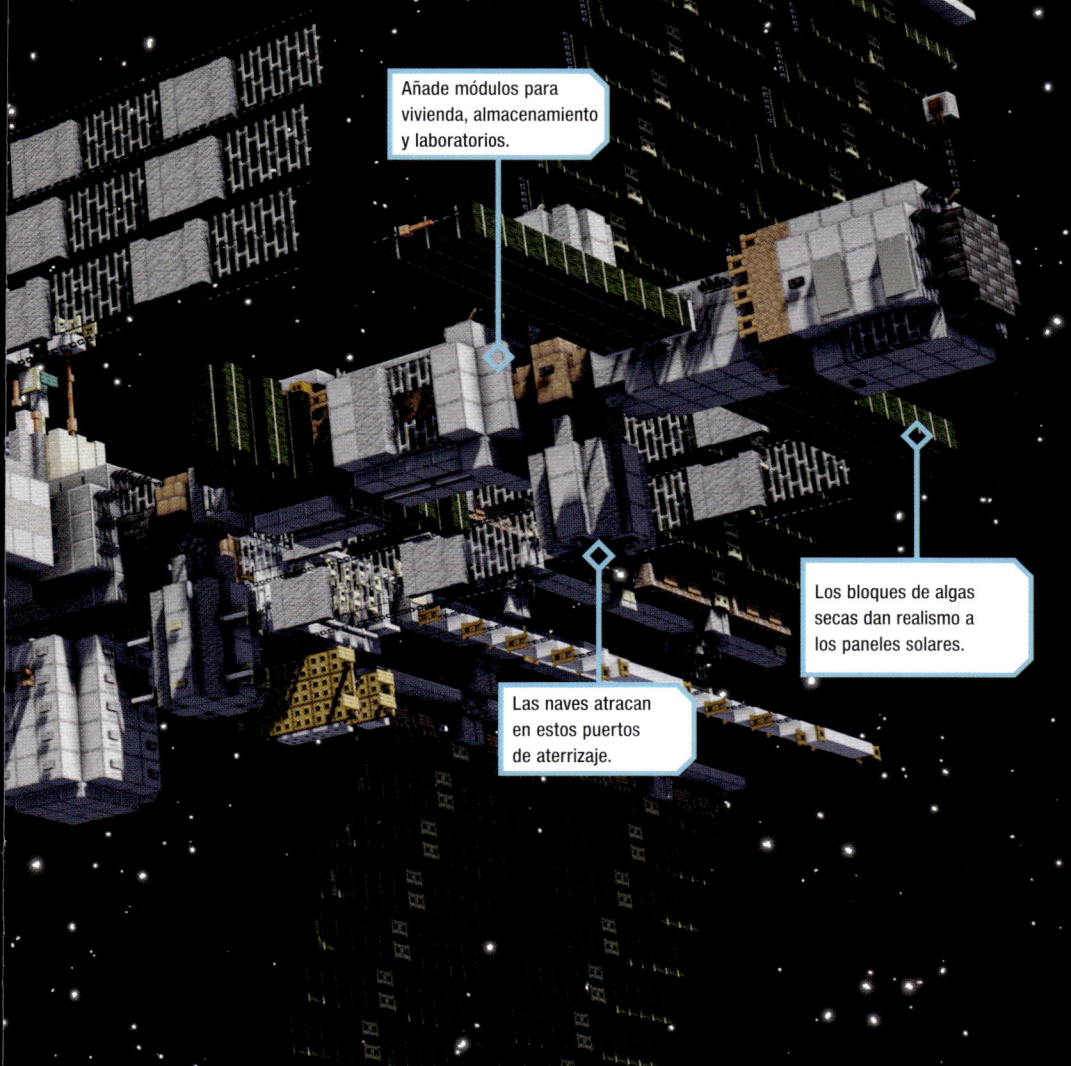

## MEJORES BLOQUES

Los materiales para la EEI se llevaban desde la Tierra en cohete, por lo que debían ser ligeros. Aquí hemos utilizado bloques que representan materiales ligeros, como algas secas y barras de hierro.

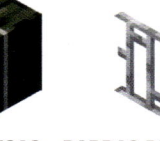

**ALGAS SECAS**  **BARRAS DE HIERRO**

## ...R DENTRO

...tá hecho de cámaras herméticas llamadas ...os astronautas comen, duermen y estudian. ... gimnasio para que se mantengan en forma. El ...cluye una pequeña granja. Añade módulos extra con ...do el equipamiento que puedas necesitar. ¿Qué tal una mesa de encantamientos y soportes para pociones, para descubrir secretos de Minecraft? ¡Pon en marcha tu imaginación!

### PLATAFORMA

Crea una habitación llena de controles que replique los sistemas de soporte vital. Las brújulas en las paredes simularán los monitores de presión atmosférica y radiación.

### ATERRIZAJE

Solo por diversión, intenta llegar a la estación en Modo supervivencia. Los jugadores pueden emplear élitros y fuegos artificiales. Pueden entrar en la estación a través de esta estrecha escotilla de mangle y arrastrarse por el túnel.

¡EXPLORA! 131

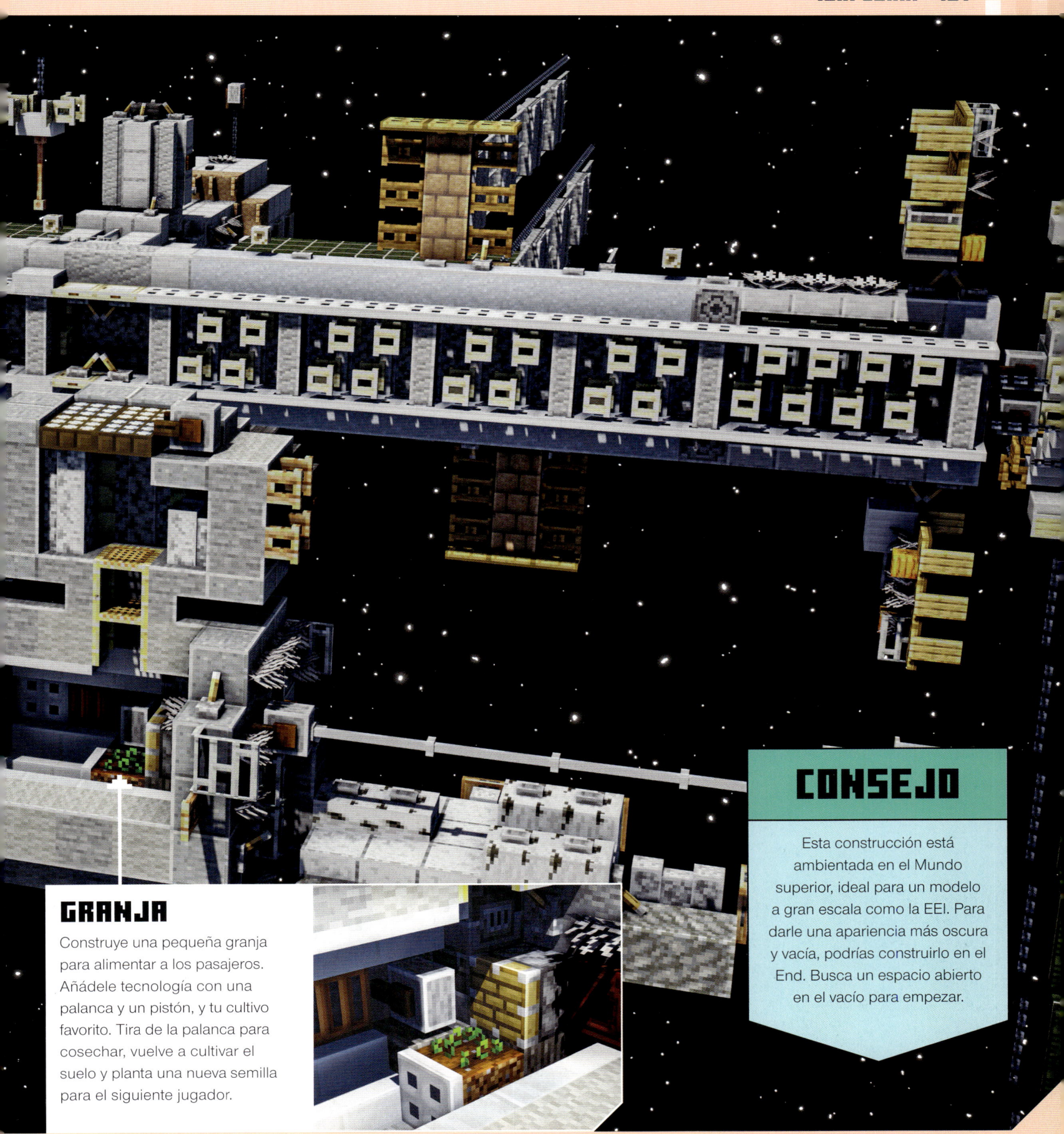

## GRANJA

Construye una pequeña granja para alimentar a los pasajeros. Añádele tecnología con una palanca y un pistón, y tu cultivo favorito. Tira de la palanca para cosechar, vuelve a cultivar el suelo y planta una nueva semilla para el siguiente jugador.

## CONSEJO

Esta construcción está ambientada en el Mundo superior, ideal para un modelo a gran escala como la EEI. Para darle una apariencia más oscura y vacía, podrías construirlo en el End. Busca un espacio abierto en el vacío para empezar.

# BUQUE DE INVESTIGACIÓN POLAR

Un 80% de los océanos permanece inexplorado. Aunque podamos imaginar lo que hay (fosas oceánicas, volcanes submarinos y animales increíbles), necesitamos saber más. Buques de investigación como el RRS *Sir David Attenborough* se construyen para explorar los océanos y están equipados con la última tecnología. Se les conoce como «rompehielos» porque son capaces de navegar por océanos helados. Busca un bioma de océano helado y empieza a crear tu propio buque de exploración.

## RESUMEN

**Componentes esenciales:** un buque de investigación, icebergs

**Extras y añadidos:** vehículo sumergible, mapa

**No olvides:** embarcar una gran variedad de raciones para que los niveles de hambre no se disparen

---

Añade un bloque de cuarzo liso para recrear la radio por satélite que permite a la tripulación estar en contacto con tierra firme.

Construye el barco cerca de icebergs naturales, en océanos helados y profundos.

La «H» del helipuerto se puede ver desde lejos. Se han utilizado alfombras verdes y blancas para crearla.

Emplea escotillas de mangle para la forma de la proa.

## MEJORES BLOQUES

Los colores rojizos del RRS *Sir David Attenborough* hacen que destaque en el gélido océano azul. Esta construcción utiliza bloques de hormigón rojo, losas de mangle, escotillas y escaleras.

**HORMIGÓN ROJO**

**LOSA DE MANGLE**

## MUNDO REAL

**1** El RRS («Real Buque de Investigación») *Sir David Attenborough* es el barco de exploración oceánica más avanzado. Puede pasar 60 días en el mar con una tripulación de 90 científicos y marineros.

**2** Se hizo una encuesta pública para escoger el nombre del buque. Boaty McBoatface fue la elección popular, pero los constructores decidieron honrar al naturalista David Attenborough.

**3** El nombre Boaty McBoatface se le dio al sumergible principal del buque.

Esta grúa de la popa está hecha con un gancho de piedra de afilar.

Las barandillas de seguridad son barras de hierro.

### TRUCO
Pese a las gélidas condiciones, se pueden hallar muchas criaturas en biomas fríos. No todas son peligrosas, pero los osos polares pueden volverse hostiles, sobre todo si te acercas a sus crías.

## ¡EXPLORA! 133

La hélice se ha creado con variantes de rocanegra pulida, escotillas, paredes de diorita y una piedra de afilar.

El sumergible Boaty es amarillo en el mundo real: utiliza escaleras de roble y terracota amarilla para recrearlo.

Añade sencillas aletas con losas de cuarzo y escotillas de hierro.

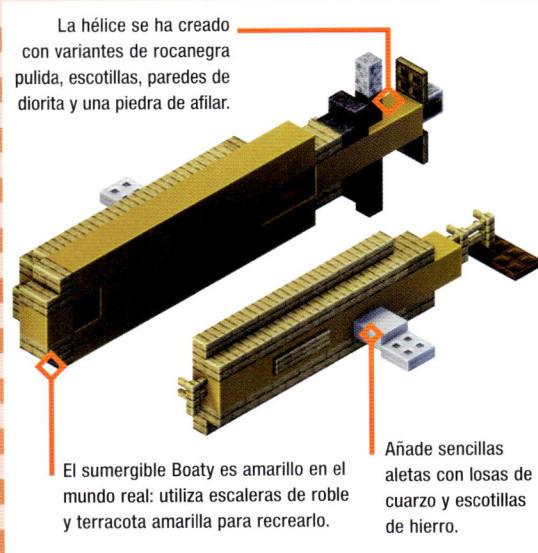

### BOATY MCBOATFACE
Boaty McBoatface es el AUV (vehículo submarino autónomo) del buque. Los AUV exploran las zonas más profundas del océano sin tripulación. Boaty puede alcanzar profundidades de hasta 6000 m y recorrer hasta 1000 km. ¡Incluso puede navegar bajo el hielo! Este modelo mide 15 bloques de largo y 7 de ancho, con una aleta a cada lado y una hélice en la popa.

### CARTOGRAFÍA
Puedes explorar y registrar el mundo de tu océano utilizando un gran mapa. Crea una superficie de bloques de 3×2 y coloca marcos en ellos. Cuando hayas completado un mapa, colócalo en el marco. Piensa en qué más puedes añadir. Si agregas elementos de piedra roja, tu laboratorio parecerá de alta tecnología.

# PUENTE DE BROOKLYN

El puente de Brooklyn es un símbolo de la ciudad de Nueva York. Acabado en 1883, fue el puente colgante más grande del mundo durante 20 años y el primero de acero. ¡Unos 600 trabajadores tardaron 14 años en construirlo! ¿Por qué no construyes un puente para conectar dos islas? Luego puedes darte un paseo en barca por debajo de él, admirar las vistas… y tus increíbles dotes de construcción.

## RESUMEN

**Componentes esenciales:** dos torres, el puente, gruesos cables
**Extras y añadidos:** luces nocturnas, banderas
**No olvides:** añadir arcos a la parte superior de la carretera

Las grandes torres del puente están creadas sobre todo de granito y algunas losas de jungla.

Los gruesos cables se han recreado con bloques de pizarra abismal adoquinada, escaleras y losas.

En los puentes colgantes, los cables soportan el peso del puente.

## TRUCO

Construir en el aire es peligroso en Modo supervivencia. Estás a salvo sobre el agua, pero toma precauciones adicionales cuando estés sobre tierra. Encanta tus botas con Caída de Pluma para reducir los daños por caída.

# MUNDO REAL

**1** El puente de Brooklyn cruza el río East y conecta los distritos de Brooklyn y Manhattan.

**2** Algunas personas temían que no fuera seguro. ¡Los constructores invitaron al *showman* P. T. Barnum a cruzarlo con 21 elefantes para mostrar que era estable!

**3** Pese a ser catalogado como puente colgante, el Puente de Brooklyn es técnicamente un puente «atirantado». Las torres de ladrillo están unidas por fortísimos cables directamente a la cubierta del puente.

## ¡EXPLORA!

Dos altas torres sujetan el puente.

Haz las banderas con lana tintada y postes de valla de abeto.

Sujeta los cables del puente con cuerdas de tender hechas de cadenas y paredes.

## ARCOS

Nueva York es conocida como la ciudad que nunca duerme. Pero si no duermes en Minecraft, los fantasmas aparecen. Para mantener a salvo a los visitantes en Modo supervivencia se han añadido arcos de losa de piedra lisa que evitan que los fantasmas se abalancen sobre los jugadores. Los lados del puente están acabados con bloques de piedra y pizarra abismal para evitar que los jugadores se caigan.

## LUCES NOCTURNAS

Este modelo ofrece una solución elegante para iluminarlo por la noche: sensores de luz diurna y lámparas de redstone. Colócalos en los arcos del puente y configura el sensor de luz diurna en «invertido» para que se ilumine por la noche en lugar de durante el día.

## MEJORES BLOQUES

Muchos bloques son adecuados para construir puentes: el granito, la pizarra abismal empedrada... Para esta construcción es crucial crear cadenas: hazlo a partir de dos pepitas y un lingote de hierro.

**GRANITO**   **PIZARRA ABISMAL EMPEDRADA**

# GRAN BAZAR

El Gran Bazar de Estambul fue en su día el centro comercial del Imperio otomano. Fue fundado por el sultán Mehmed II en 1461. Hoy día tiene todo lo que necesita un centro comercial: escaparates, almacenes, bancos e incluso alojamientos y escuelas. Todos los mundos necesitan un lugar así para comerciar con otros jugadores o con los aldeanos. ¿Qué venderás en tu tienda?

## RESUMEN

**Componentes esenciales:** escaparates con todo tipo de mercancías

**Extras y añadidos:** aldeanos con diferentes oficios

**No olvides:** construir gólems de hierro que custodien el valioso inventario

Crea un puesto de pociones lleno de soportes para vender todo tipo de brebajes.

Coloca linternas bajo las cadenas para iluminar y resaltar tu mercancía.

Este puesto vende brotes procedentes del Mundo superior.

Los aldeanos cambian objetos por esmeraldas.

## MUNDO REAL

**1** Incendios y terremotos han destruido el Gran Bazar a lo largo de los siglos, pero ha sido reconstruido más grandioso cada vez.

**2** Es uno de los edificios más grandes del mundo, con una red de 61 calles que cubren un área del tamaño de unos 43 campos de fútbol, y alberga más de 4500 tiendas.

**3** Cada día, más de 400 000 compradores visitan el Gran Bazar.

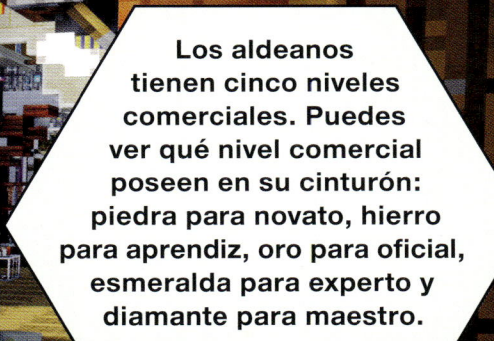

¡EXPLORA! 137

Las cadenas ocupan poco espacio y ofrecen una superficie para colgar objetos como estandartes.

### TRUCO
Los aldeanos tienen cinco niveles comerciales. Puedes ver qué nivel comercial poseen en su cinturón: piedra para novato, hierro para aprendiz, oro para oficial, esmeralda para experto y diamante para maestro.

Utiliza colmenas para crear un suelo con textura.

## DELICIAS VISUALES
El bazar tiene calles estrechas. Diseña el escaparate de tu tienda de manera que aproveches el espacio al máximo. Coloca hileras de barras de hierro para colgar estandartes, o crea estantes con trampillas y losas. Añade barras de hierro para una mayor seguridad. Los jugadores podrán ver la mercancía detrás de ellas.

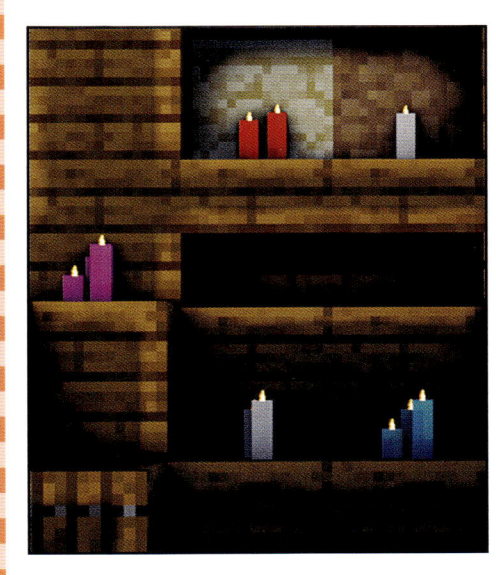

## ILUMINACIÓN
Las velas son una forma divertida de dar una iluminación suave al bazar. Puedes crear hasta dieciséis colores de velas usando panal, hilo y tinte. Usa pedernal y acero para encenderlas. Al igual que los pepinos de mar, las velas se pueden poner en grupos de uno a cuatro. Cuantas más velas pongas, más brillante será la luz.

## MEJORES BLOQUES
Utiliza muchos bloques marrones, como adobe y ladrillos de barro, con terracota acristalada para toques de color. Las cadenas son útiles para colgar objetos coloridos del techo.

**LADRILLOS DE ADOBE**

**TERRACOTA ACRISTALADA**

# CASTILLO DE CHENONCEAU

Este mágico castillo del siglo XVI, en la campiña francesa, parece flotar sobre el agua. El Château de Chenonceau está construido sobre arcos que se extienden a lo largo del río Cher, en el centro de Francia. Trasládate a una época en la que se celebraban fiestas desenfrenadas y lujosos bailes en el castillo. Si eres un jugador con gusto por las cosas buenas de la vida, entonces este fascinante castillo es para ti.

## RESUMEN

**Componentes esenciales:** arcos sobre el agua, muchas ventanas

**Extras y añadidos:** elegantes salas en el interior

**No olvides:** añadir embarcaderos para los visitantes

## CONSEJO

No todas las obras maestras son impresionantes desde el principio: muchas tienen inicios humildes. Este edificio fue una vez un molino de agua antes de convertirse en el famoso castillo que es hoy. ¿Tienes algún edificio antiguo que puedas reconvertir en algo impresionante?

Ladrillos de cuarzo dan a este castillo una apariencia deslumbrante a la luz del día.

## MEJORES BLOQUES

Las variantes de cuarzo son perfectas para un palacio como este. Usa ladrillos, pilares y bloques de cuarzo. Si juegas en Modo supervivencia, deberás viajar al Inframundo en busca de cuarzo.

**CUARZO**

# MUNDO REAL

**1** El castillo de Chenonceau tiene una larga historia. Construido como molino de agua, fue durante un tiempo la corte real no oficial y también un hospital militar.

**2** Diana de Poitiers celebró aquí la corte como reina de Francia no coronada entre 1547 y 1559. Fue la amante y consejera de Enrique II.

**3** Se le conoce como «Castillo de las Damas» porque cinco mujeres, entre ellas Diana de Poitiers, tuvieron un papel importante en su construcción y conservación.

Construye un estrecho puente usando escotillas como barreras.

Las calaveras son perfectas para rematar las chimeneas.

Crea grandes ventanas con escotillas de hierro, paredes de diorita y varas de End.

Algunas ventanas parecen cubiertas por oro... ¡pero en realidad son andamios!

## ENTRADA GRANDIOSA

Al castillo se accede por un puente y una magnífica entrada. En Minecraft, las puertas tienen solo 2 bloques de altura. Aquí se emplean escotillas de roble oscuro y puertas de roble oscuro, de aspecto muy similar, para crear una entrada grandiosa de más del doble de tamaño.

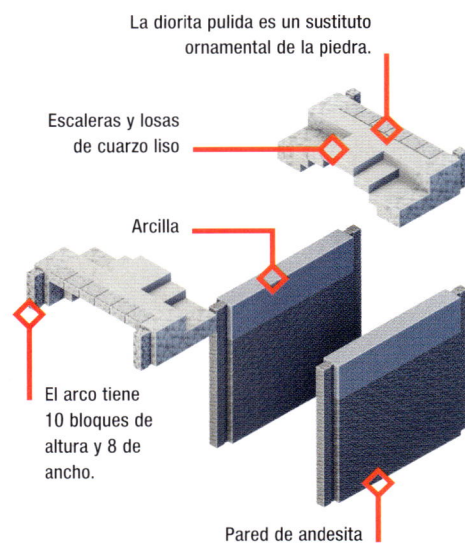

La diorita pulida es un sustituto ornamental de la piedra.

Escaleras y losas de cuarzo liso

Arcilla

El arco tiene 10 bloques de altura y 8 de ancho.

Pared de andesita

## CONSTRUIR UN ARCO

Estos impresionantes arcos permiten que el río fluya sin obstáculos. El diseño de los arcos es muy sencillo y se pueden utilizar para muchos fines. También puedes usar arcos en el interior, para las habitaciones y los pasillos.

# GLOBO AEROSTÁTICO

¿Sabías que antes de que se inventaran los aviones, la mejor manera de volar era en globo? El primer vuelo en globo aerostático del mundo despegó con un gallo, una oveja y un pato hace casi 250 años, y ese mismo año volaron los primeros humanos. Aunque hace tiempo que los aviones han superado a los globos como medio de transporte, estos aún se usan con fines recreativos y deportivos. Construye un globo en Minecraft: aunque no vuele a ninguna parte, es una obra de ingeniería fantástica y hará que tu horizonte se vea espectacular.

## RESUMEN

**Componentes esenciales:** un gran globo, barquilla para los pasajeros

**Extras y añadidos:** coloridos bloques de lana

**No olvides:** construir una fogata que haga de quemador del globo

## MUNDO REAL

**1** Los globos aerostáticos vuelan al volverse más ligeros que el aire. A medida que el aire dentro del globo se calienta, se vuelve menos denso y flota hacia arriba, elevando el globo hacia el cielo.

**2** El primer vuelo en globo aerostático con personas tuvo lugar el 21 de noviembre de 1783 en París. Estaba hecho de papel y seda.

**3** El globo alcanzó los 152 m de altura y recorrió una distancia de unos 9 km.

Esta parte del globo se llama envoltura.

## DE CERCA

¿Sabías que puedes volar en Modo supervivencia? Viaja al End, vence al Dragón de Ender y busca un barco End, donde encontrarás un élitro, una capa mágica que te permitirá planear. Guarda una a bordo de tu globo aerostático para usarla como chaleco salvavidas.

## MEJORES BLOQUES

Para estos enormes globos de colores necesitas todos los bloques de lana disponibles. Es el material perfecto porque se puede teñir del color que quieras.

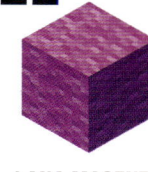

**LANA MAGENTA**     **LANA NARANJA**

# ¡EXPLORA! 141

Haz que tu globo destaque en el aire utilizando bloques de muchos colores.

Los globos aerostáticos tienen una válvula en la cima para desinflarlos. Una escotilla de roble oscuro te servirá para recrearla.

El drapeado añade una decoración extra al globo de Minecraft.

Los pasajeros, llamados aeronautas, viajan en una «cesta» llamada barquilla.

Usa una fogata para calentar el aire del globo. No te preocupes: en Minecraft son seguras.

## EL GLOBO

La mayoría de los globos aerostáticos tienen forma de cúpula (consulta los consejos de la p. 127 para construir una esfera), pero puedes ser creativo y dar a tu globo la forma que prefieras. ¡Podría tener la forma de una cabeza de creeper o una oveja! Una vez construida la estructura, decora el exterior con coloridos bloques de lana para crear un diseño único.

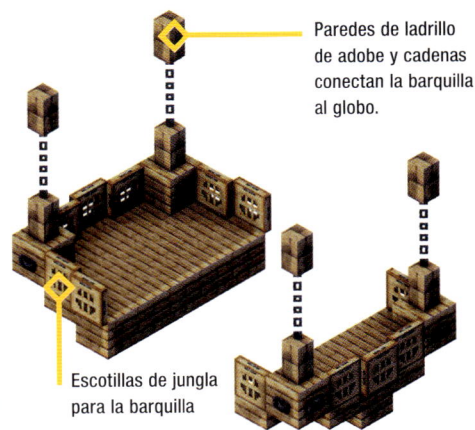

Paredes de ladrillo de adobe y cadenas conectan la barquilla al globo.

Escotillas de jungla para la barquilla

## LA BARQUILLA

Los pasajeros viajan en cestas colgantes llamadas barquillas. Esta construcción usa tablones y losas de la jungla para la barquilla, y paredes de adobe y cadenas para unirla al globo. Añade detalles adicionales con botones.

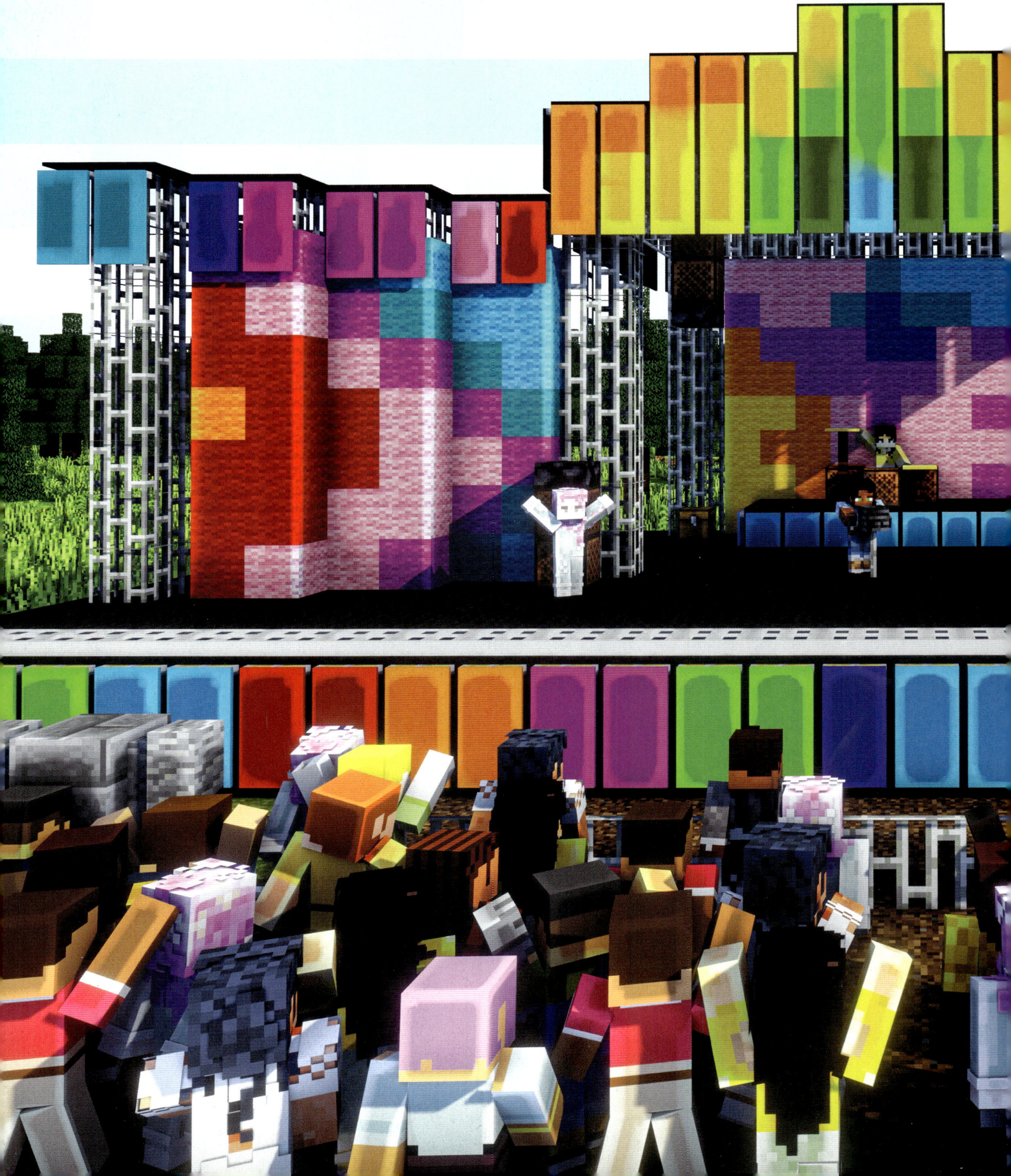

# CREA TU MUNDO

Mira a tu alrededor allá donde vayas. Fíjate en los detalles. ¿Cómo los recrearías en Minecraft? ¿O cómo los mejorarías? ¿Qué te gustaría tener en tu localidad? ¡Todo es posible! Tu mundo de Minecraft está al alcance de la mano y está esperando que lo llenes con tus ideas.

# MICROCIUDAD

Hay una forma muy fácil de construir una gran ciudad en Minecraft en un tiempo récord: hacerla en miniatura. Es también una excelente manera de explorar tu creatividad. Con imaginación y una planificación inteligente, puedes crear las carreteras, tiendas y casas de un pequeño pueblo o una ciudad bulliciosa. Piensa en diferentes formas de usar los bloques para dar vida a tu ciudad con elementos interesantes y detalles realistas. ¡Es el momento de pensar a lo grande y construir en pequeño!

## RESUMEN

**Componentes esenciales:** edificios de varias alturas, calles, espacios verdes
**Extras y añadidos:** turbinas eólicas
**No olvides:** construir casas para sus habitantes en miniatura

Una chimenea de hormigón verde lima se mezcla con la vegetación circundante.

Personaliza la vegetación de tu ciudad con musgo y hojas.

Construye un parque infantil con barras de hierro y andamios.

## DE CERCA

Construir en miniatura es tan sencillo como satisfactorio. Puedes hacer estructuras de un único bloque y luego añadirle ventanas. Solo has de agregar unos bloques más para crear edificios altos. Emplear losas diferentes hará que tu sencilla ciudad sea brillante y colorida.

## MUNDO REAL

Las maquetas de ciudades siempre están a escala. Pueden estar a 1:76 (la maqueta es 76 veces más pequeña que la ciudad real). La ciudad en miniatura más grande del mundo es Miniatur Wunderland, en Hamburgo (Alemania), con más de 4000 edificios. La más antigua del mundo es Bekonscot Model Village & Railway (Reino Unido). Se inauguró en 1929 y ha recibido más de 15 millones de visitantes.

**CREA TU MUNDO 145**

Las losas hacen las veces de coloridos tejados.

Usa terracota para crear llamativas aceras, y andesita para senderos más estrechos.

Añade botones a modo de ventanas.

## ENERGÍA RENOVABLE

Proyecta tu ciudad hacia el futuro con una fuente de energía limpia y renovable. En el mundo real, las turbinas eólicas convierten un recurso natural como el viento en electricidad para alimentar una ciudad. Agrega turbinas a tu construcción usando paredes de diorita, varas de End, escotillas de hierro y cráneos de esqueleto.

## PLANIFICACIÓN URBANA

Antes de empezar a construir tu ciudad, dedica un rato a planificarla. Decide su forma y estilo y piensa dónde irá cada cosa. Planifica las carreteras y los enlaces de transporte. También puedes dividirla en secciones. En esta construcción, por ejemplo, hay una zona residencial y una zona de cultivo. ¿Qué más incluirías?

## MEJORES BLOQUES

Aunque sea una ciudad en miniatura, puedes utilizar muchos bloques diferentes. En esta construcción se han empleado muchos bloques blancos (nieve, calcita, hueso, lana, cuarzo...) para darle un aire de pueblo mediterráneo.

**CUARZO LISO**   **BLOQUES DE HUESO**

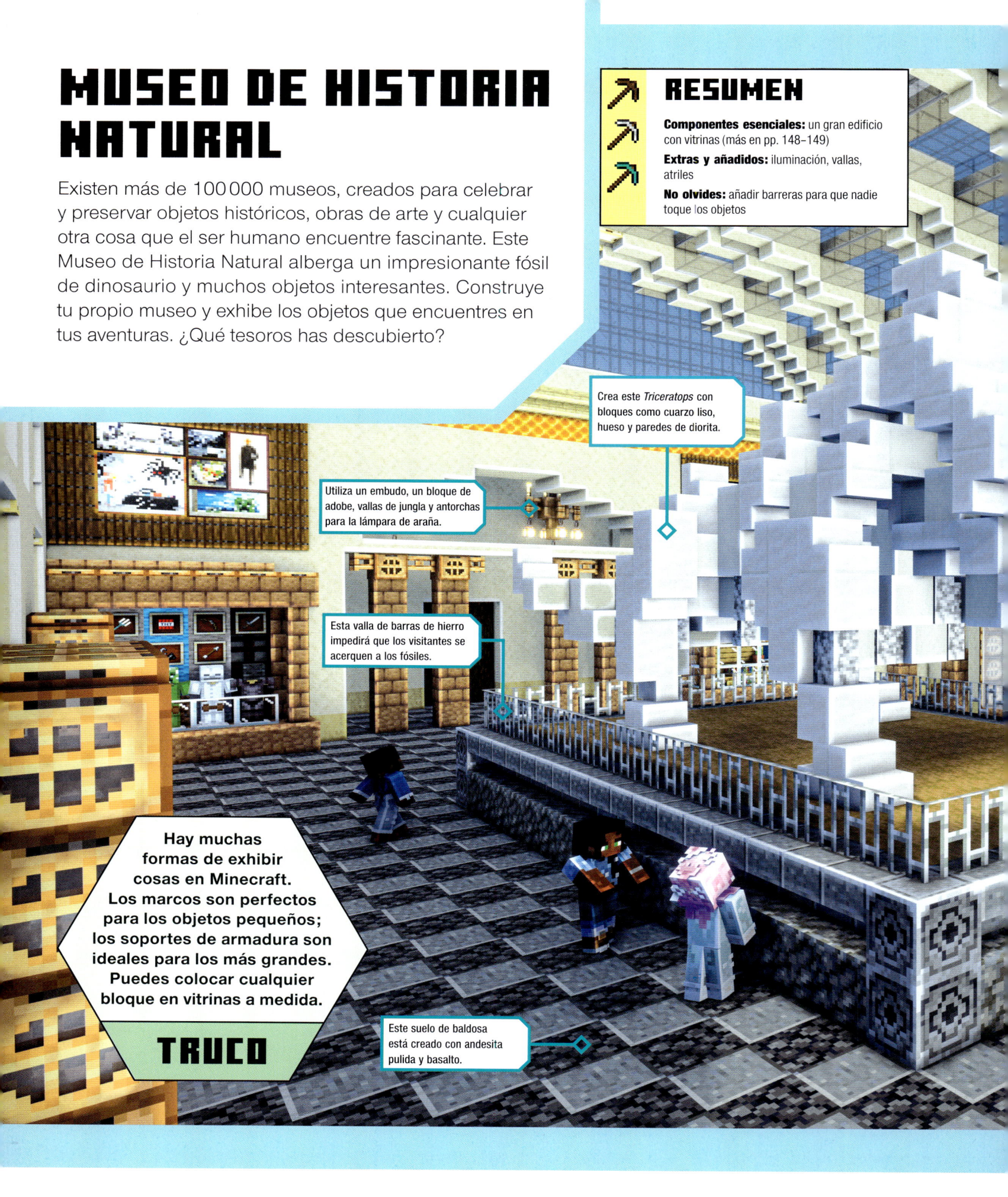

# MUSEO DE HISTORIA NATURAL

Existen más de 100 000 museos, creados para celebrar y preservar objetos históricos, obras de arte y cualquier otra cosa que el ser humano encuentre fascinante. Este Museo de Historia Natural alberga un impresionante fósil de dinosaurio y muchos objetos interesantes. Construye tu propio museo y exhibe los objetos que encuentres en tus aventuras. ¿Qué tesoros has descubierto?

## RESUMEN

**Componentes esenciales:** un gran edificio con vitrinas (más en pp. 148–149)

**Extras y añadidos:** iluminación, vallas, atriles

**No olvides:** añadir barreras para que nadie toque los objetos

---

Crea este *Triceratops* con bloques como cuarzo liso, hueso y paredes de diorita.

Utiliza un embudo, un bloque de adobe, vallas de jungla y antorchas para la lámpara de araña.

Esta valla de barras de hierro impedirá que los visitantes se acerquen a los fósiles.

### TRUCO

Hay muchas formas de exhibir cosas en Minecraft. Los marcos son perfectos para los objetos pequeños; los soportes de armadura son ideales para los más grandes. Puedes colocar cualquier bloque en vitrinas a medida.

Este suelo de baldosa está creado con andesita pulida y basalto.

## MUNDO REAL

Hay museos de todas las formas y tamaños. En Nueva York, la exposición Treasures in the Trash expone las cosas que la gente tira. En Reino Unido hay museos dedicados a cortadoras de césped y lápices. Pekín tiene el Museo del Agua de Grifo, y en Nueva Delhi ¡hay un museo dedicado a los inodoros!

## CLAVES DE CONSTRUCCIÓN

Los museos son lugares inspiradores. Piensa en el tipo de edificio en el que expondrías tus tesoros. Puede ser un museo elegante o uno que parezca antiguo y lleno de historia. Decide cómo se moverán por él los visitantes, qué debe ir en cada lugar y cómo deben exponerse los objetos.

Esta vitrina tiene 3 bloques de profundidad. Los bloques de cristal muestran las hojas de plantas, y linternas de mar iluminan desde atrás.

### VITRINAS
Utiliza todo tipo de bloques para crear tus objetos. Este jarrón tradicional con asas se construyó con ladrillos de adobe y escotillas de jungla.

Añade un atril con información sobre el objeto expuesto.

### DETALLES
Este museo posee un gran techo abovedado de cristal que deja entrar mucha luz durante el día. Comienza construyendo arcos de soporte y luego llena el espacio entre ellos con bloques de cristal.

## MEJORES BLOQUES

Puedes hacer un museo con cualquiera de tus bloques favoritos: en este hemos utilizado piedra arenisca. Sin embargo, lo más llamativo son sus vitrinas, para las que se han utilizado escotillas y paneles de cristal.

**ESCOTILLA**  **PANEL DE CRISTAL**

# MUSEO DE HISTORIA NATURAL: OBJETOS

Después de construir el museo, piensa en cuáles podrían ser sus tesoros y la mejor manera de mostrarlos y protegerlos. Los grandes objetos de la Antigüedad pueden exponerse de forma independiente; los artículos delicados del mundo natural estarán mejor en resistentes vitrinas. Sea como sea tu museo, asegúrate de exponer una pieza central atractiva para todos los visitantes.

## CONSEJO

Piensa en el tamaño de tu museo y asegúrate de que hay espacio suficiente para colocar tus tesoros y para que los visitantes puedan admirarlos. Este museo tiene paredes de 13 bloques de altura: hay espacio de sobra para colocar todos los objetos y para la elegante lámpara de araña que los ilumina.

Crea una vitrina de 5 bloques de altura, 5 de ancho (con escotillas) y 3 de profundidad.

## ARTEFACTOS

Recrea objetos increíbles de todo el mundo o invéntalos. Esta estatua de andesita de 6,5 bloques de altura tiene una forma sencilla pero atractiva. Utiliza otros bloques o botones para los detalles como los ojos y las extremidades.

Añade botones y detalles con escalera de cobre cortado encerado.

## VITRINA

Con esta vitrina, los visitantes podrán admirar esta colección de minerales, gemas y metales, pero no tocarla. El cristal tintado gris claro y las escotillas de jungla mantienen la amatista, el cobre, el hierro y el oro en bruto seguros pero visibles. Ahorra espacio construyendo la vitrina en la pared del museo.

Evita que los brotes se conviertan en árboles poniendo cuerda sobre ellos.

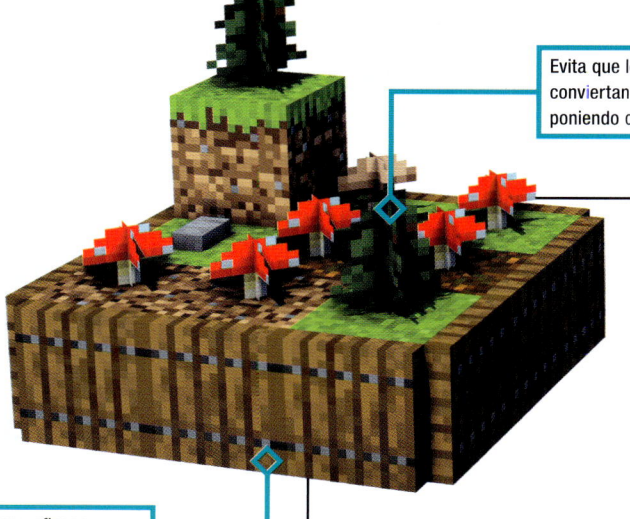

## UN JARDÍN EN MINIATURA

Los objetos no tienen por qué ser grandes. Este jardín en miniatura está dedicado a plantas y setas. Puedes recrear cualquier aldea o ciudad en miniatura (pp. 144-145).

Las escotillas son eficaces barreras para proteger los objetos.

CREA TU MUNDO  149

## PIEZA CENTRAL

La mayoría de los museos tienen al menos una gran pieza especial que atrae a las multitudes. La de este museo es una magnífica recreación de un fósil de *Triceratops*, hecho de bloques de hueso y cuarzo.

### ¡CÁMBIALO!

Tu pieza central puede ser cualquier cosa: otro dinosaurio, una estatua, una pintura, una escultura... Imagina un museo dedicado al propio mundo Minecraft. ¿Cuál sería tu gran pieza central?

Usa paredes de diorita para los detalles como colmillos y dientes.

Los bloques de hueso forman el esqueleto del *Triceratops*.

Añade escaleras de cuarzo para las patas y otros detalles. Pueden usarse para crear bordes afilados o para crear curvas y ángulos.

## INVESTIGA

Comparte con tus visitantes todo lo que sabes sobre los dinosaurios en este centro de información. Escríbelo todo en un libro y colócalo en el soporte.

Crea un libro con un cuero y tres papeles en una mesa de trabajo.

Añade escotillas de jungla a los lados del atril para el centro de información.

Los atriles se generan en bibliotecas o se construyen con tablones de madera y una estantería.

# CARRETERAS

Cuando nuestros antepasados inventaron la rueda, hace más de 6000 años, la sociedad cambió para siempre. Viajar distancias más largas permitió a las personas comerciar y conocer culturas diferentes. Hoy día el transporte nos permite estar conectados, nos da acceso a servicios vitales y nos proporciona productos de todo el mundo. En Minecraft, ya viajes a pie, a caballo o en una vagoneta, las carreteras te conectarán con el Mundo superior.

## RESUMEN

**Componentes esenciales:** autopistas elevadas, intersecciones
**Extras y añadidos:** luces, carteles
**No olvides:** conectar la autopista con tus bases

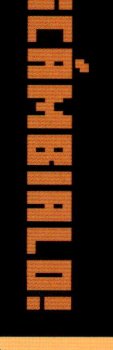

### ¡CÁMBIALO!

Adapta las carreteras a tu estilo de viaje. Si viajas a caballo, agrega postas y correas en cada parada. A un excursionista siempre le irá bien una cama para descansar por la noche, y puedes instalar raíles para vagonetas a lo largo de las carreteras.

Añade farolas a las carreteras para evitar que se generen criaturas por la noche.

Las columnas elevan la carretera para que esta no perjudique a la flora y fauna locales.

## MEJORES BLOQUES

En el mundo real, las carreteras están hechas de pavimento y asfalto lisos y resistentes. Recrea estos materiales con bloques de aspecto similar, como terracota cian y andesita.

**TERRACOTA CIAN**  **ANDESITA**

## MUNDO REAL

La carretera más larga del mundo es la carretera Panamericana. Tiene más de 30 600 km de largo y recorre desde el norte de Alaska hasta el extremo sur de Argentina, pasando por México o Costa Rica. Si condujeras unos 500 km al día, tardarías más de 61 días en recorrerla.

**CREA TU MUNDO   151**

### LAS ALTURAS

Construir en Minecraft te llevará a través de ríos sinuosos y barrancos profundos, lo que te puede causar problemas. Por suerte, puedes sortear cualquier obstáculo elevando la carretera por encima del suelo. Si construyes pilares a 10 bloques del suelo, tu carretera evitará la mayoría de los obstáculos.

### SEÑALIZACIÓN

Añade carteles para indicar a los viajeros cómo llegar a las bases cercanas y para informarles sobre los próximos servicios, como baños y gasolineras. También puedes advertir de peligros, como bases cercanas de saqueadores. La terracota acristalada magenta es perfecta para crear flechas. También puedes enmarcar objetos. ¡Un marco con una cabeza de criatura puede ser una buena advertencia!

*Construye un muro de 1 bloque de altura para que las criaturas no penetren en la carretera.*

*Agrega señales de tráfico y dirige a los usuarios a lugares de interés.*

*En esta intersección elevada se cruzan dos carreteras. Una continúa por arriba y la otra por debajo.*

# PARQUE ACUÁTICO DE OBSTÁCULOS

El primer parque acuático del mundo se inauguró en Orlando (Florida, EE. UU.) en la década de 1970. Los parques acuáticos son lugares increíbles en los que divertirse con los amigos y un proyecto fantástico para construir en Minecraft. Deja volar tu imaginación y crea una carrera de obstáculos para tu parque. Puedes construir las atracciones con agua, miel y limo.

## RESUMEN

**Componentes esenciales:** caminos de piedras, plataformas, escalones

**Extras y añadidos:** bloques de hormigón para dar mucho colorido

**No olvides:** ¡colocar escaleras de mano para salir del agua!

¡Empieza aquí!

Añade limo para saltar más alto: ¡lo suficiente para superar el obstáculo!

Haz un salto de longitud para evitar las losas.

¡Cuidado! ¡Te puedes quemar los pies con el magma!

Estás a un resbalón de caerte del camino de piedras.

El Guantazo es un circuito programado para tirar a los jugadores al agua.

## MEJORES BLOQUES

En una carrera de obstáculos, los mejores bloques tienen rasgos especiales. La miel es pegajosa, el hielo es resbaladizo y el limo rebota. ¿Qué otros bloques utilizarías?

**MIEL**  **HIELO AZUL**

## MUNDO REAL

Los parques acuáticos consumen mucha agua. ¡Cientos de miles de litros! Puede parecer un derroche, pero los parques acuáticos modernos reutilizan hasta el 97 % del agua. El 3 % restante se evapora.

# CREA TU MUNDO 153

Sujétate a la pegajosa pared mientras avanzas.

El Pegatobogán emplea el bloque más pegajoso de Minecraft: ¡la miel!

Tómate tu tiempo para cruzar el camino de postes: ¡estas estrechas plataformas son traicioneras!

Patina y salta hasta la plataforma con red. Cuidado: el hielo azul es resbaladizo.

Corre por la pasarela.

¡Acaba aquí!

### DE CERCA

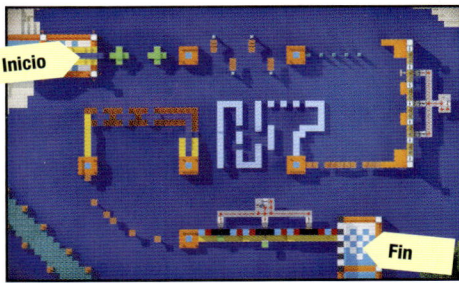

Este circuito emplea bloques especiales como hielo y miel. También puedes usar redstone para crear algunos detalles difíciles, como los pistones en el Guantazo: un circuito de redstone para que los pistones pegajosos entren y salgan, engañando a los jugadores.

Inicio · Fin

## MAPA

Esta carrera de obstáculos está compuesta por nueve pruebas: ¡todo un desafío para un Minecrafter! Rebotarás, saltarás, correrás, te deslizarás y (muy posiblemente) nadarás antes de acabar el recorrido. Pon un mapa en la línea de salida para que los jugadores conozcan el desafío al que están a punto de enfrentarse.

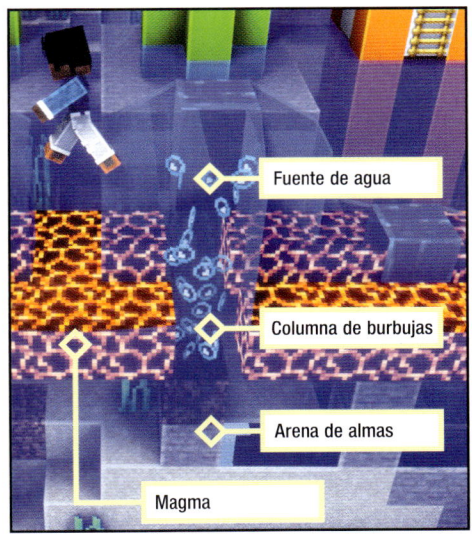

Fuente de agua
Columna de burbujas
Arena de almas
Magma

## MAGMA MÍA

En una carrera de obstáculos acuática del mundo real, los resbalones y las caídas son los únicos riesgos que puedes correr. Pero esto es Minecraft, así que, ¿por qué no llevarlo al siguiente nivel? Para crear la prueba Magma Mía, pon un bloque de arena de almas, con una «fuente» encima, entre cada plataforma. La arena de almas elevará al jugador a través de una columna de burbujas. El jugador tendrá que deslizarse y saltar para no quemarse con el magma.

# TORRE DE VIGILANCIA

Cuidado: ¡se avecina una tormenta! Un bioma forestal es un lugar peligroso cuando hay truenos. Una chispa basta para que se produzca un incendio. Esta torre de vigilancia forestal, con su alto mirador, es ideal para proteger los bosques y para vigilar las patrullas de saqueadores en busca de pueblos que atacar.

## RESUMEN

**Componentes esenciales:** una torre de vigilancia forestal, árboles

**Extras y añadidos:** equipo contra incendios, campana de alarma

**No olvides:** incluir un suministro infinito de agua

## DE CERCA

En la vida real, una fogata se apaga si echas tierra sobre ella. En Minecraft no es necesario apagar las fogatas, pero puedes agregar una pala a tu construcción, además de yesca y pedernal para cuando quieras volver a encenderlas. Relájate en una silla hecha de escaleras y escotillas de madera y disfruta de la vista.

- Utiliza variantes de rocanegra para crear el techo.
- Añade un pararrayos a la cima de la torre para protegerla de los relámpagos.
- Crea una plataforma con escotillas.
- En esta estrecha construcción cabe una escalera de caracol con bloques de escaleras.

## MUNDO REAL

Los incendios forestales son un peligro real. ¡La temperatura del suelo puede superar los 1000 °C! Hay miles de torres de vigilancia atendidas día y noche en todo el mundo como medida de prevención. Aunque entrañan un gran peligro, los incendios forestales a veces también pueden ser beneficiosos: la vegetación quemada devuelve nutrientes al suelo, haciéndolo más fértil.

**CREA TU MUNDO** 155

Construye árboles altos, pero asegúrate de que la torre los supere en altura.

El ruido llega lejos en espacios abiertos. Añade una campana a tu torre y hazla sonar si ves humo o saqueadores con malas intenciones.

Los incendios se propagan rápidamente en Minecraft. Corren peligro las áreas con bloques inflamables, como los bosques.

El agua es clave para apagar un incendio, así que coloca tres fuentes juntas para que nunca te falte.

### CORTAFUEGOS

Los incendios forestales se pueden propagar a gran velocidad. En el mundo real, los bomberos utilizan un truco para detener el fuego: los cortafuegos. Talan árboles para crear un claro, de manera que el fuego no pueda seguir avanzando. Para crear un cortafuegos en Modo supervivencia, asegúrate de tener a mano hachas encantadas con Eficiencia V o TNT para talar árboles y abrir una brecha.

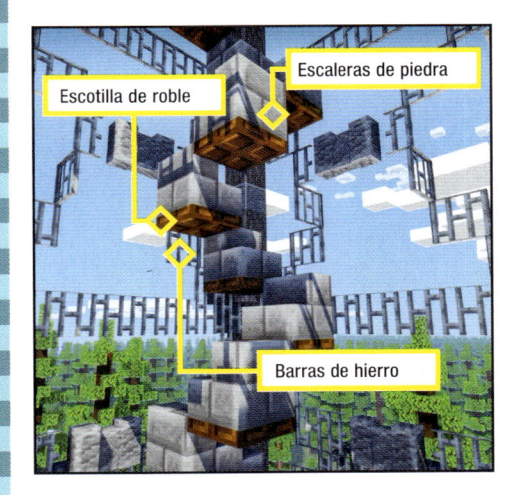

Escotilla de roble
Escaleras de piedra
Barras de hierro

### ESCALERAS DE CARACOL

Cuando el riesgo de incendio hace que las escaleras de mano sean peligrosas y la estrecha estructura dificulta colocar escalinatas, hay que echar mano de la creatividad. Aquí se utilizan bloques de escalera colocados de manera que crean una escalera en el menor espacio posible. Pero ten cuidado: no hay pasamanos. Usa andamios cuando construyas estructuras sin suelo. Te permite estar de pie mientras construyes.

### MEJORES BLOQUES

En la construcción de una torre de vigilancia forestal es importante incluir materiales no inflamables: utiliza barras de hierro, andesita pulida y ladrillos de piedra para la estructura.

**LADRILLOS DE PIEDRA**    **BARRAS DE HIERRO**    **ANDESITA PULIDA**

# ESCENARIO AL AIRE LIBRE

Las películas y las series de televisión son geniales, pero no hay nada como un espectáculo en vivo, especialmente al aire libre, con músicos, cómicos, bailarines o actores actuando sobre un escenario. Incluso las ciudades y los pueblos más pequeños cuentan con un lugar para las actuaciones. Construye increíbles escenarios e incluso crea tu propia música. ¡A rockanrolear!

## RESUMEN

**Componentes esenciales:** un escenario elevado, batería funcional, micrófono

**Extras y añadidos:** equipos de sonido, discos

**No olvides:** añadir mucho color

## MUNDO REAL

Más de 5300 jugadores vieron el concierto Fire Festival en Minecraft en enero de 2019, con representaciones virtuales de más de cincuenta artistas. Otras 80 000 personas más se unieron desde la web Fire Festival y el servidor Discord.

Personaliza tu escenario con estandartes y bloques de lana de vivos colores.

Hay 16 discos diferentes en Minecraft; guárdalos en un cofre.

## TRUCO

En Minecraft puedes usar bloques musicales para crear una amplia gama de sonidos. Para un instrumento más complejo, añade un plato de presión o botón que envíe una señal redstone y active los bloques musicales.

CREA TU MUNDO  157

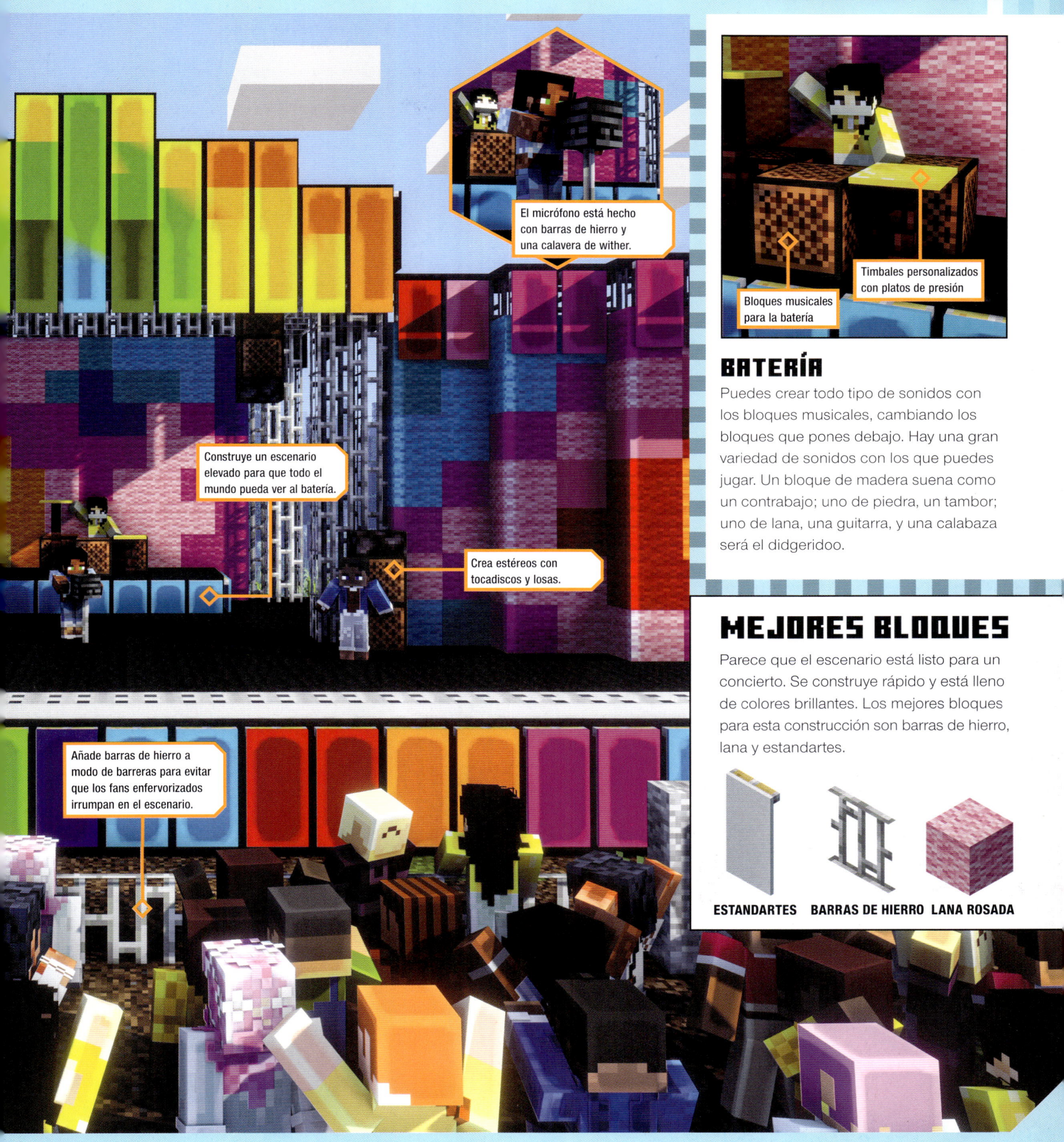

El micrófono está hecho con barras de hierro y una calavera de wither.

Timbales personalizados con platos de presión

Bloques musicales para la batería

## BATERÍA

Puedes crear todo tipo de sonidos con los bloques musicales, cambiando los bloques que pones debajo. Hay una gran variedad de sonidos con los que puedes jugar. Un bloque de madera suena como un contrabajo; uno de piedra, un tambor; uno de lana, una guitarra, y una calabaza será el didgeridoo.

Construye un escenario elevado para que todo el mundo pueda ver al batería.

Crea estéreos con tocadiscos y losas.

## MEJORES BLOQUES

Parece que el escenario está listo para un concierto. Se construye rápido y está lleno de colores brillantes. Los mejores bloques para esta construcción son barras de hierro, lana y estandartes.

Añade barras de hierro a modo de barreras para evitar que los fans enfervorizados irrumpan en el escenario.

**ESTANDARTES**   **BARRAS DE HIERRO**   **LANA ROSADA**

# CENTRO COMERCIAL

Los centros comerciales son lugares divertidos, tanto si vas a comprar como si no. Están llenos de gente y de imaginativos escaparates, así como de elementos arquitectónicos modernos. Construye un centro comercial que puedas ir expandiendo. Sé creativo: diseña un gran exterior y escaparates llamativos para los visitantes.

## RESUMEN

**Componentes esenciales:** un gran edificio con muchas plantas y un patio central

**Extras y añadidos:** tiendas de las trece profesiones de los aldeanos (más en pp. 160-161)

**No olvides:** ¡iluminar bien el edificio para alejar a las criaturas!

## CONSEJO

Cada tienda tiene sus productos a la venta y un aldeano que atiende a los compradores. Agrega muchas tiendas de aldeanos diferentes, que vendan diferentes productos según su oficio. Expón los productos en soportes de armaduras y marcos.

Crea un techo abovedado con cristal tintado azul claro.

Un alto dosel hecho de paredes y baldosas de pizarra abismal señala la entrada.

Paredes de cristal para que entre mucha luz natural.

## MEJORES BLOQUES

Las paredes son de arenisca lisa y hormigón blanco; y los suelos, de madera de jungla sin corteza. Añade una pared de bloques de cristal para que los jugadores puedan ver las atractivas tiendas del interior.

**MADERA DE JUNGLA SIN CORTEZA**

**ARENISCA LISA**

## MUNDO REAL

En Montreal (Canadá) nieva mucho, así que el principal centro comercial se ha construido bajo tierra. Se conoce como la Ciudad Subterránea y abarca unos 33 km. Cuenta con más de 2000 tiendas, 200 restaurantes, diez estaciones de metro y varias salas de cine.

Llena grandes espacios con elementos naturales, como este jardín vertical.

Construye una escalinata que lleve a los compradores al aparcamiento.

CREA TU MUNDO   159

## CLAVES DE CONSTRUCCIÓN

Los centros comerciales suelen ser lugares muy concurridos, así que incluye espacios abiertos en tu construcción para que los compradores puedan pasear libremente. Para que no parezcan vacíos, añádeles detalles, como plantas y arte, que den vida al centro comercial.

### PATIO CENTRAL
Las tiendas y las instalaciones están dispuestas en torno a un atrio central. El techo de cristal aporta mucha luz, y las paredes están decoradas con colores vivos. Escaleras y pasillos llevan a los compradores por todas las instalaciones.

### ÁREAS DE DESCANSO
Incluye zonas tranquilas para que los compradores puedan descansar. Crea bancos con bloques de escalera y añade mesas de losa de cuarzo.

# CENTRO COMERCIAL: INTERIOR

Un centro comercial es mucho más que un conjunto de tiendas. Suelen albergar muchos cafés y restaurantes, así como salas de cine e incluso áreas infantiles. ¿Qué incluirás en tu centro comercial? ¡Puedes añadir un gimnasio, un zoológico de mascotas o incluso un salón recreativo!

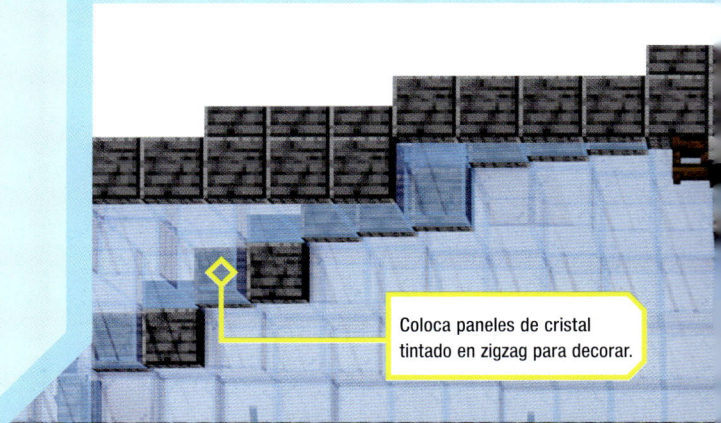

Coloca paneles de cristal tintado en zigzag para decorar.

## INTERCAMBIO

A menudo, los jugadores tienen muchas cosas para intercambiar, así que invítales a poner sus propias tiendas. Este jugador vende equipo de supervivencia como cofres, camas y mesas de trabajo, así como raros cúmulos de amatistas.

## TIENDAS

Conduce a los aldeanos a las tiendas y dales estaciones de trabajo adecuadas. Los aldeanos intercambiarán artículos en función de sus oficios. Este aldeano es un armero y utiliza una estación de trabajo de piedra de afilar.

Une las diferentes plantas con escalinatas de andesita pulida y paredes de andesita.

## CREA TU MUNDO   161

### RESTAURANTE

Sillas de escalera de mangle y mesas de pistón crean un área de restauración acogedora. Decórala con velas y corales muertos. También podrías construir mesas alargadas.

### CONSEJO

En el centro comercial hay espacio suficiente para que todos los aldeanos vendan sus productos. Construye escaparates para cada uno de los trece oficios. Luego genera o trae a un aldeano con el oficio adecuado y dale la estación de trabajo que necesita. Venderá sus bienes por esmeraldas. Un carnicero usa un ahumador; un cartógrafo, una mesa de cartografía; un pastor, un telar; un armero, una piedra de afilar...

Añade obras de arte moderno a la experiencia de compra. Estas piezas artísticas están hechas con bloques de colores, botones y palancas.

Crea pequeñas tiendas especializadas. Esta que vemos aquí vende cráneos de criaturas y macetas.

### DE CERCA

Asegúrate de que tu centro comercial está bien iluminado por la seguridad de tus compradores. Ilumina los rincones con luces llamativas, como linternas, ranaluces y varas de End. Darán calidez al centro comercial y lo harán más acogedor.

Emplea colores complementarios. El suelo es sobre todo de granito y madera sin corteza, pero también se ha utilizado alfombra gris clara en algunas zonas.

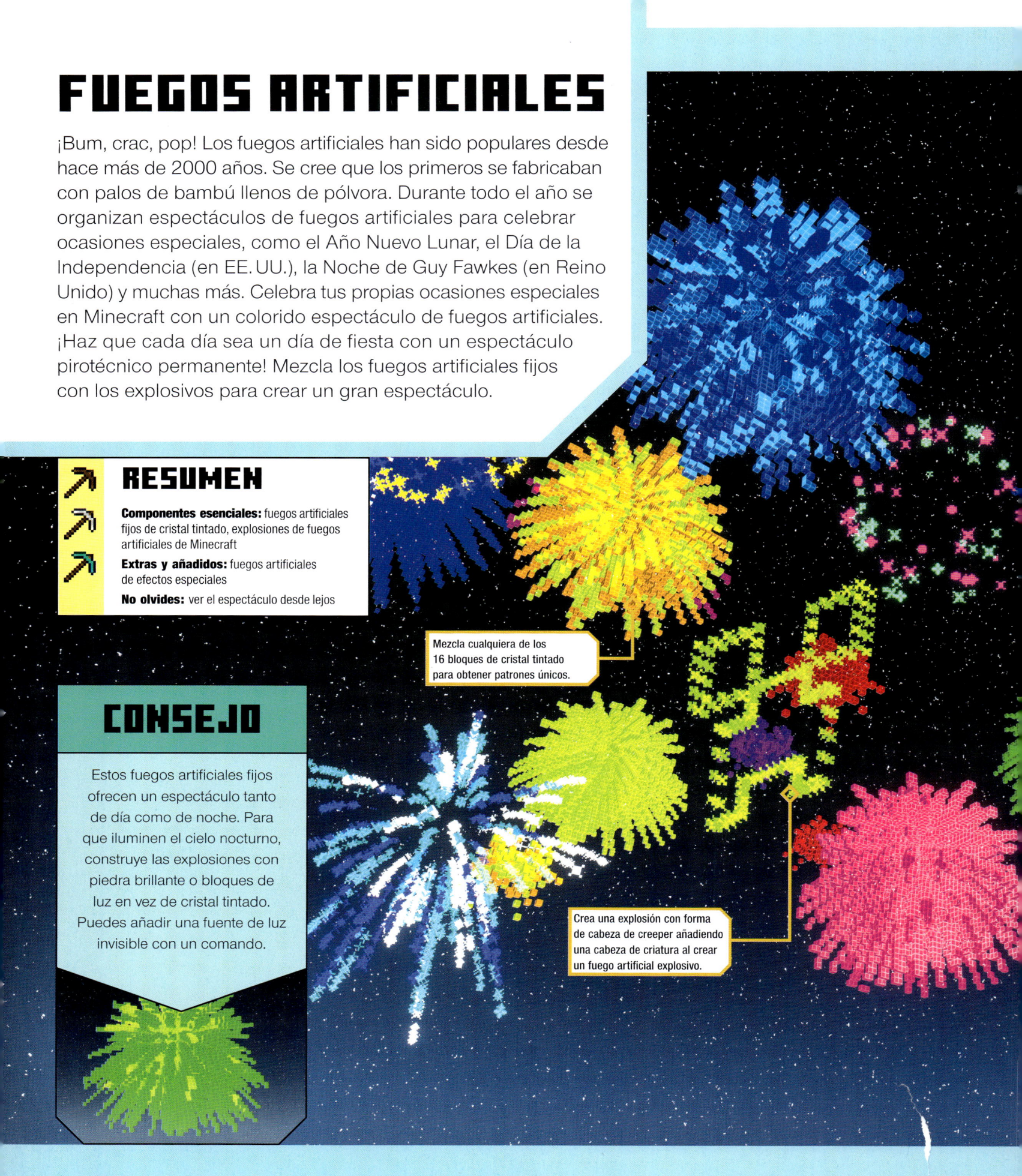

# FUEGOS ARTIFICIALES

¡Bum, crac, pop! Los fuegos artificiales han sido populares desde hace más de 2000 años. Se cree que los primeros se fabricaban con palos de bambú llenos de pólvora. Durante todo el año se organizan espectáculos de fuegos artificiales para celebrar ocasiones especiales, como el Año Nuevo Lunar, el Día de la Independencia (en EE. UU.), la Noche de Guy Fawkes (en Reino Unido) y muchas más. Celebra tus propias ocasiones especiales en Minecraft con un colorido espectáculo de fuegos artificiales. ¡Haz que cada día sea un día de fiesta con un espectáculo pirotécnico permanente! Mezcla los fuegos artificiales fijos con los explosivos para crear un gran espectáculo.

## RESUMEN

**Componentes esenciales:** fuegos artificiales fijos de cristal tintado, explosiones de fuegos artificiales de Minecraft

**Extras y añadidos:** fuegos artificiales de efectos especiales

**No olvides:** ver el espectáculo desde lejos

## CONSEJO

Estos fuegos artificiales fijos ofrecen un espectáculo tanto de día como de noche. Para que iluminen el cielo nocturno, construye las explosiones con piedra brillante o bloques de luz en vez de cristal tintado. Puedes añadir una fuente de luz invisible con un comando.

Mezcla cualquiera de los 16 bloques de cristal tintado para obtener patrones únicos.

Crea una explosión con forma de cabeza de creeper añadiendo una cabeza de criatura al crear un fuego artificial explosivo.

## MUNDO REAL

Como en Minecraft, los cohetes reales tienen ingredientes que determinan su color. Los amarillos usan compuestos de sodio, y los azules, de cobre. Se necesitaron muchos cohetes para el espectáculo más grande del mundo, que tuvo lugar en Filipinas en 2016. ¡En él se lanzaron más de 810 000 fuegos artificiales en un espectáculo de más de una hora de duración!

**CREA TU MUNDO** 163

Haz tus fuegos artificiales fijos grandes y pequeños.

Añade una pepita de oro para obtener un efecto estrella.

## UNA MUESTRA EXPLOSIVA

Hay nada menos que 29 cuatrillones de combinaciones de explosiones en Minecraft. Para empezar a crear un cohete necesitas una estrella de fuegos artificiales. Utiliza pólvora y tu tinte preferido para crear una, y luego mézclala con papel y pólvora para crear un cohete. También puedes añadir efectos especiales: una descarga de fuego, una cabeza de criatura, una pluma, una pepita de oro, un diamante, polvo de piedra brillante... Si añades más estrellas de fuegos artificiales a tu cohete, la explosión resultante será mayor.

## DISPENSADOR DE COHETES

Crea un dispensador de cohetes con un dispensador, un repetidor de redstone, polvo de redstone, una antorcha de redstone y una palanca. Cuando estés listo, llénalo de fuegos artificiales... ¡y dale a la palanca para empezar el espectáculo!

## MEJORES BLOQUES

Los fuegos artificiales fijos son traslúcidos y de colores. Están hechos con bloques de cristal tintado. Construye cada uno del color que prefieras o, si buscas un reto, intenta mezclar colores.

**CRISTAL TINTADO PÚRPURA**

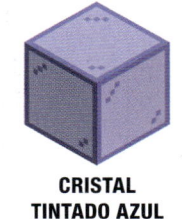

**CRISTAL TINTADO AZUL**

# PISCINA

Toda comunidad necesita una piscina local, y las instalaciones de esta son de primera categoría. Incluso hay una cafetería para que los padres se entretengan esos cinco minutos más. Diseña tu propia piscina para hacer largos, saltar desde el trampolín o chapotear.

## RESUMEN

**Componentes esenciales:** una piscina con carriles y una cafetería

**Extras y añadidos:** flotadores, trampolín, tumbonas, árboles, plantas

**No olvides:** incluir la silla del socorrista

---

Incluye árboles para crear una atmósfera tropical y relajada.

Añade una silla elevada para que el socorrista pueda ver toda la piscina.

Coloca escotillas de hierro alrededor de la piscina a modo de drenajes.

Una escotilla de mangle hace las veces de flotador.

### TRUCO

Dale rienda suelta a tu creatividad a la hora de crear los flotadores. En uno de ellos se han utilizado una cabeza de creeper y una losa deformada. Las escotillas de mangle también son perfectas como flotadores.

## MUNDO REAL

En el mundo hay muchas piscinas inusuales que te pueden servir de inspiración: la Sky Pool, en Reino Unido, tiene un fondo de cristal y parece flotar entre dos edificios. En EE. UU. hay piscinas con forma de guitarra o de corazón. En el hotel Marina Bay Sands, en Singapur, hay una piscina panorámica con vistas a 57 pisos de altura.

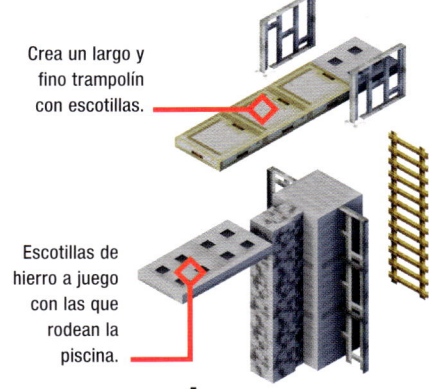

**CREA TU MUNDO** 165

Crea un largo y fino trampolín con escotillas.

Escotillas de hierro a juego con las que rodean la piscina.

## TRAMPOLÍN

En Minecraft, aterrizar en el agua evita daños por caídas. A diferencia del mundo real, puedes saltar desde cualquier altura y aterrizar con seguridad si es en el agua. Construye un trampolín para probarlo. Este tiene cuatro bloques de altura, pero puede ser tan alto como quieras: no te harás daño si aterrizas en el agua.

Descansa de tanta actividad en tumbonas hechas con camas y escotillas de abedul.

Agrega carriles para los nadadores con dianas y cadenas.

## CAFETERÍA

Nadar cansa, pero siempre puedes reponer fuerzas en la cafetería. Para los asientos se han utilizado losas de cobre cortadas y enceradas, y trampillas de mangle; y para las mesas, una pared de azulejos de pizarra abismal y una escotilla de abedul.

## MEJORES BLOQUES

Construye una piscina brillante y limpia con diorita pulida. Con ladrillos de prismarina y prismarina oscura conseguirás ese clásico azul de piscina.

**DIORITA PULIDA** | **LADRILLOS DE PRISMARINA** | **PRISMARINA OSCURA**

# ROCÓDROMO

Escalar paredes es muy divertido, te hará ganar fuerza y resistencia, y te enseñará a resolver problemas y a planificar con antelación. Además, en Minecraft tendrás que escalar a menudo, ya sea subiendo montañas o saliendo de cuevas, así que practica un poco en tu rocódromo. Una combinación de bloques pondrá a prueba tus habilidades, porque cada bloque tiene su propia superficie. Una vez que hayas calculado el salto, el ascenso a la cima es rápido.

## RESUMEN

**Componentes esenciales:** un rocódromo con obstáculos

**Extras y añadidos:** una ruta rápida hecha de plantaforma

**No olvides:** hacer seguro el suelo del rocódromo en caso de que alguien se caiga

## DE CERCA

En Modo supervivencia, escalar una pared implica el riesgo de sufrir daños por caída, así que haz que tu suelo sea seguro con bloques de limo. Además, también puedes cubrirlos con brillantes alfombras. Otra opción son los fardos de heno, que reducen los daños por caída en un 80 %.

Coloca andamios en un lateral del rocódromo para descender con facilidad.

Si pisas una plantaforma, esta se inclinará y te dejará caer. Volverá a su posición original al cabo de unos segundos.

Crea presas con bloques raros como granos de cacao, escotillas y brotes de amatista.

Decora el suelo de limo con alfombras de colores.

# MUNDO REAL

El rocódromo cubierto más alto del mundo está en el centro comercial New World City de Shanghái (China). Con 51,28 m de alto, tiene casi la misma altura que un edificio de catorce pisos.

**CREA TU MUNDO 167**

Añade bloques de madera para alcanzar el inicio de cada ruta de escalada.

Coloca carteles de vivos colores en las paredes.

## ENREDADERAS Y ESCALERAS

Puedes escalar y saltar desde escaleras y enredaderas, y crear una ruta de escalada con estos dos bloques es sencillo. Eso no implica que la ruta sea fácil de escalar. Construye obstáculos con las enredaderas y escaleras y practica para llegar a la cima de estas complicadas rutas.

Añade obstáculos como botones o ganchos de cable trampa.

Necesitarás tener unos dedos ágiles para abrir y cerrar una escalera de escotillas a tiempo para escalar.

La plataforma cederá al cabo de un segundo.

## CARRERA DE VELOCIDAD

Crea un circuito de plataforma para probar la velocidad de tus jugadores. Coloca césped en el suelo para la plataforma, porque esta no crece sobre el hormigón. Luego utiliza polvo de huesos para hacer crecer la planta. Las rutas de plataforma obligan a los jugadores a darse prisa. ¡La plataforma cede al cabo de unos segundos, así que deberán darse prisa!

## MEJORES BLOQUES

Aquí, los mejores bloques dependerán de la dificultad que quieras que tenga el rocódromo: de bloques de escalada tradicionales, como enredaderas y escaleras, a trampillas, calaveras, cadenas y vallas para que el desafío sea mayor.

**ENREDADERAS**  **ESCALERA DE MANO**

# ACUARIO

Un acuario puede ser un hogar a pequeña escala para bonitos pececillos o un gran tanque para proteger y estudiar criaturas marinas poco comunes. Sea cual sea el tamaño o propósito de tu acuario, deberá ser suficientemente resistente para que no se agriete por la presión del agua. Utiliza tu imaginación: piensa en hábitats interesantes y coloridos para las especies de tu acuario y cómo mantenerlas felices y sanas.

## RESUMEN

**Componentes esenciales:** un acuario de cristal, coral de colores, algas

**Extras y añadidos:** rocas, rasgos subacuáticos como estructuras de madera

**No olvides:** incluir un libro con información sobre tus peces

Hay cinco variantes de bloques de coral: tubo, cerebro, fuego, burbuja y cuerno.

Decora el acuario con racimos de amatistas de color púrpura vivo.

Este corte transversal muestra los bloques de cristal que recrean los gruesos y resistentes cristales de los acuarios.

Las raíces de mangle pueden colocarse bajo el agua y se llenarán de agua, inundándose.

Crea interesantes estructuras de madera con vallas para que tus criaturas jueguen con ellas.

## MUNDO REAL

El Chimelong Ocean Kingdom, en China, es el acuario más grande del mundo. Sus tanques contienen casi 49 millones de litros de agua, ¡casi tanto como 20 piscinas olímpicas! Recibe unos 8 millones de visitantes al año.

**CREA TU MUNDO**

### CORAL COLORIDO

Los arrecifes de coral reales están formados por diminutas criaturas marinas y sus esqueletos. En Minecraft hay bloques de coral de cinco colores, perfectos para dar una decoración colorida a tu acuario. Necesita estar cerca del agua o junto a un bloque inundado para sobrevivir, y a menudo se halla junto a pepinos de mar. Si lo sacas del agua se transformará en coral muerto en unos cinco segundos.

Añade un libro con información sobre la fauna y flora del acuario.

### CREAR BURBUJAS

Crear una columna de burbujas es sencillo. Necesitas tierra, arena de almas, algas marinas y polvo de huesos. Coloca un bloque de tierra en el suelo y añade un trozo de alga marina. Haz crecer algas en la superficie con polvo de huesos; retira las algas y reemplaza el bloque de tierra por uno de arena de almas. Usa un bloque de magma en vez del de tierra para crear una columna inversa.

### MEJORES BLOQUES

El mejor bloque para un tanque es el cristal, pues permite ver lo que hay dentro. Añade fondo marino, algas, raíces de mangle y plantaformas para hacer del acuario un lugar divertido y colorido.

CRISTAL  · FONDO MARINO

# FERIA

¡Ven, acércate! Compra un billete para la noria más grande del Mundo superior... si te atreves. La feria, repleta de atracciones que te harán gritar de emoción (y a veces de terror), es sinónimo de diversión para toda la familia. Prueba tu suerte con el tiro al blanco, conduce las barcas de choque y respira hondo antes de subirte a la montaña rusa de vagonetas. Colecciona fichas para ganar la preciada zanahoria dorada.

## RESUMEN

**Componentes esenciales:** atracciones clásicas como la noria, las tazas de té, toboganes, montañas rusas (más en pp. 172-173)

**Extras y añadidos:** un sistema de premios mediante polvo de redstone

**No olvides:** añadir una verja. ¡Que nadie se cuele!

- Noria de colores
- Tobogán
- Tazas giratorias
- Toldo a rayas
- Premia a los jugadores con fichas de polvo de redstone para que las cambien por un regalo en la tienda.
- Come algo en la zona de restaurantes. Usa platos de presión para los platos y macetas para los vasos.

## MUNDO REAL

La noria más alta del mundo es Ain Dubai, en los Emiratos Árabes Unidos. Tiene 250 m de altura, como un edificio de 58 plantas. Tarda 38 minutos en completar una vuelta y puede recibir la friolera de 1920 visitantes a la vez.

**CREA TU MUNDO  171**

## CLAVES DE CONSTRUCCIÓN

Invita a tus amigos a tu feria y crea juegos para ellos. ¡Esta feria tiene más de una docena de juegos que funcionan y que puedes recrear, como barcas de choque, montañas rusas y puestos de tiro al blanco!

## CONSEJO

Crea patrones de colores para que tu feria destaque. Comienza alternando bloques en forma de cuadros y rayas, como en la zona de restaurantes y la noria. Para diseños más avanzados e intrincados, coloca marcos con elementos en su interior, como los detalles amarillos en la estructura del barco pirata.

Barco pirata

Crea atracciones como la montaña rusa o la casa del terror con vagonetas y raíles.

Montaña rusa

Tiovivo

Barcas de choque

## BARCAS DE CHOQUE

Esta variante de la clásica atracción emplea barcas en lugar de autos. Crea un recinto y barcas de colores diferentes con distintas maderas. Luego llena el suelo con bloques de hielo. ¡Pon todas las barcas en el recinto y prepárate para chocar!

Decora tu zona recreativa para hacerla atractiva.

## TIRO AL BLANCO

Crea un juego de lanzamiento inspirado en una atracción de baloncesto. Intentad por turnos dar en el blanco con una flecha. Esto hará que se abra la escotilla y revele un embudo al que lanzar un objeto. ¡Punto!

## MEJORES BLOQUES

Para construir esta feria puedes usar los bloques que desees: ¡el color es el rey! En esta construcción se han utilizado todos los colores de lana de Minecraft.

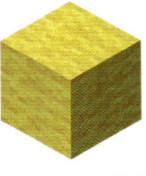

**LANA AMARILLA**    **LANA ROJA**

# FERIA: ATRACCIONES FUNCIONALES

Construir una feria en Minecraft ofrece infinitas oportunidades para la creatividad. Puedes usar muchos bloques para crear atracciones funcionales, como esta montaña rusa y la galería de tiro. Los recreativos también son un modo fantástico de mejorar tus habilidades con redstone. Intenta construir estos juegos, y luego inventa los tuyos propios.

## RAÍL PROPULSADO

Los raíles propulsados empujan las vagonetas automáticamente. Colócalos cerca de las subidas en la montaña rusa para propulsar las vagonetas. Agrega antorchas o palancas de redstone para mantenerlos activos.

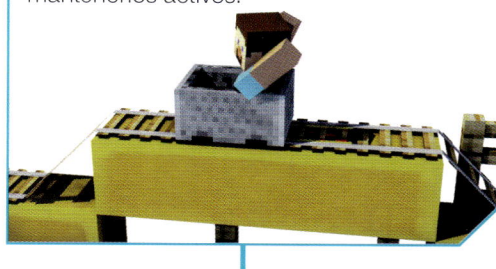

## MONTAÑA RUSA

No hay feria completa sin una buena montaña rusa. Esta utiliza raíles normales y propulsados para impulsar a los jugadores por las vías. ¿Qué podría ser más divertido que un paseo rápido y alocado por un circuito en una vagoneta?

### ¡CÁMBIALO!

**Si no quieres utilizar redstone, cambia la montaña rusa por un tren de vapor utilizando una vagoneta con un horno. Ponla en los raíles y ten una pila de combustible lista para encender el horno y propulsar las vagonetas por el circuito.**

Usa hormigón, mangle, losas y paneles de cristal para construir las taquillas.

No olvides añadir líneas de espera junto a tus atracciones.

## GALERÍA DE TIRO

Esta es otra atracción que funciona bien en Minecraft. Los jugadores apuntan con arcos a las dianas para ganar premios. Si dan en la diana, la lámpara de redstone se enciende y ganan un premio. Ponte a prueba: ¡dispara a todos los objetivos tan rápido como puedas!

La lámpara de redstone se enciende si das en la diana.

¡Intenta acertar en el centro de la diana!

Expón los premios que se pueden ganar.

### ¡DIANA!

En la galería de tiro se han usado dianas y lámparas de redstone. Cuando se acierta en ella, la diana envía una señal de redstone a las lámparas para encenderlas.

### FLECHAS

Este soltador está lleno de flechas. Solo has de apretar el botón para liberar una. ¡No emplees un dispensador, o las flechas te dispararán a ti!

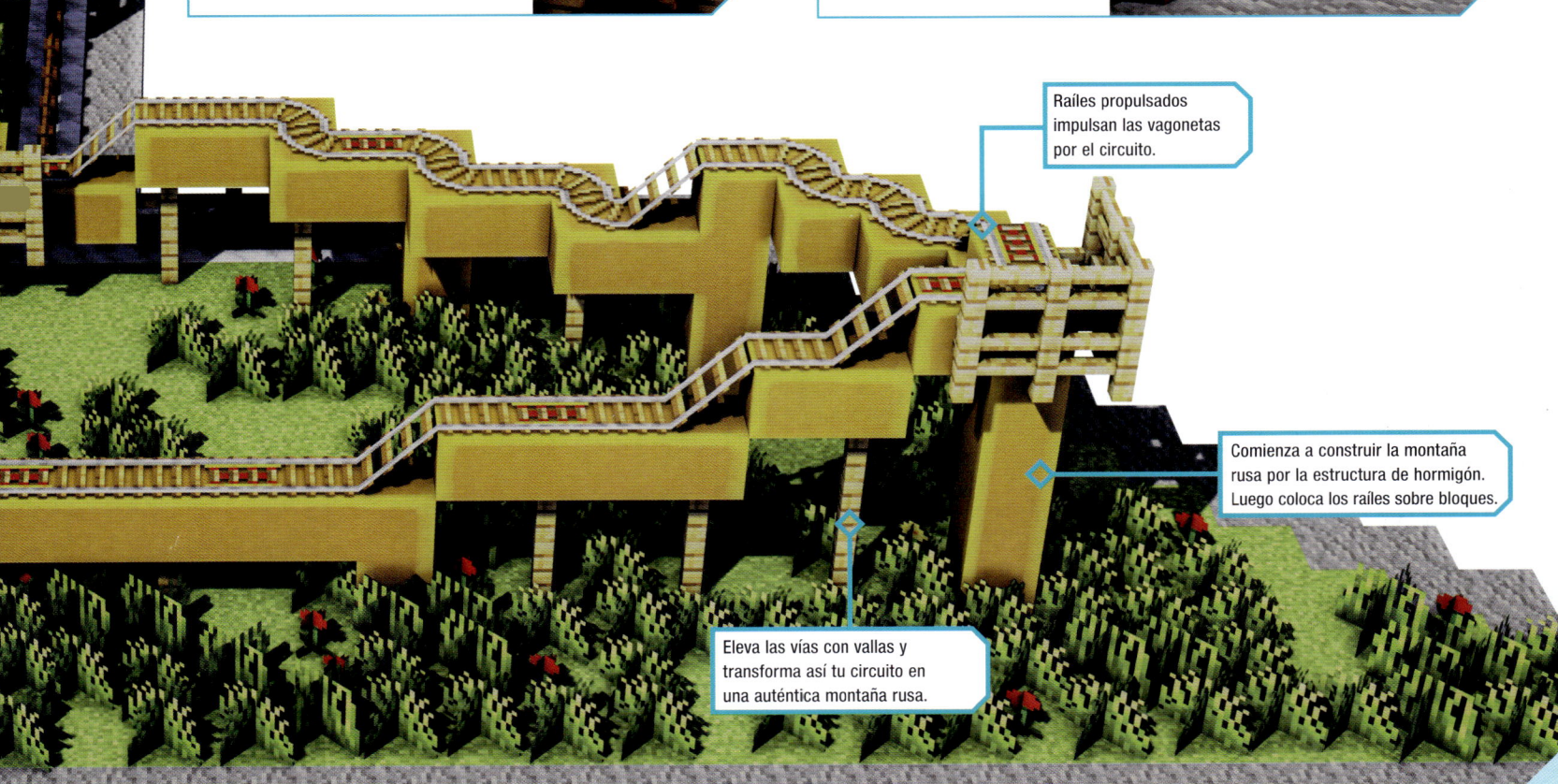

Raíles propulsados impulsan las vagonetas por el circuito.

Comienza a construir la montaña rusa por la estructura de hormigón. Luego coloca los raíles sobre bloques.

Eleva las vías con vallas y transforma así tu circuito en una auténtica montaña rusa.

# PARQUE COMUNITARIO

Los jardines y parques comunitarios son perfectos para relajarse junto a la naturaleza, jugar y conocer a otras personas. En este bonito parque urbano hay sitio para todas las edades: hay una divertida zona de juegos para niños, senderos e incluso espacios de jardinería para toda la comunidad. ¿Qué incluirías en tu parque de Minecraft?

## RESUMEN

**Componentes esenciales:** un jardín, senderos de piedra, parque infantil

**Extras y añadidos:** flores salvajes, arbustos

**No olvides:** dejar mucho espacio para que los jugadores no molesten a los seres vivos del parque

En este huerto crecen calabazas. ¿Qué quieres plantar en el tuyo?

Construye colmenas para las abejas: son útiles polinizadoras que vuelan de flor en flor y hacen crecer más plantas.

## DE CERCA

Añadir mucho color a tu jardín es fácil con las flores silvestres: crecerán en cualquier lugar en el que haya césped. Usa polvo de huesos en bloques de hierba. También puedes crear flores silvestres, como amapolas, y teñirlas. Y añadir bloques de colores a tu jardín, como estos rojos en el tobogán.

# MUNDO REAL

Los espacios verdes son muy importantes para los pueblos y las ciudades: combaten algunos de los efectos de la contaminación, mejoran la calidad del aire y fomentan la biodiversidad. Estudios demuestran que los parques son beneficiosos para la salud física y mental y fortalecen los lazos comunitarios.

*Añade madera de roble, escotillas, vallas y hojas extra a un árbol existente y hazlo más grande.*

*Crea juegos infantiles con un tobogán y una barra.*

*Pasarelas de piedra conectan todos los rincones del jardín.*

## MEJORES BLOQUES

Encontrar un bioma de bosque floral te ayudará a reunir los bloques que necesitas. Hay hierba, piedra y hojas por todas partes. Si encuentras esqueletos, derrótalos para hacer polvo de huesos.

**HIERBA** **PIEDRA** **HOJAS**

## CREA TU MUNDO 175

*Crea patrones en el respaldo con trampillas de madera de jungla.*

*Para este banco se usan escaleras de abedul en los extremos y las patas.*

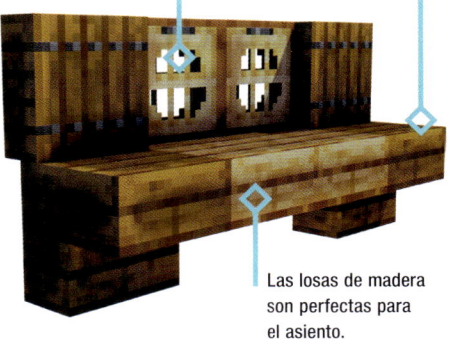

*Las losas de madera son perfectas para el asiento.*

## SIÉNTATE Y DESCANSA

Todo parque necesita bancos, ya sea para sentarse, leer, hacer un picnic o tan solo soñar despierto y ver pasar el mundo. El diseño de estos bancos es muy sencillo: se han construido con escaleras, losas y escotillas. La madera los mimetiza con el frondoso parque.

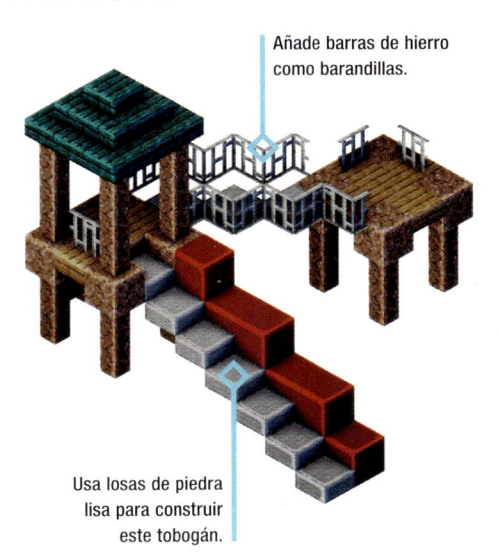

*Añade barras de hierro como barandillas.*

*Usa losas de piedra lisa para construir este tobogán.*

## DIVERSIÓN INFANTIL

Puedes incluir cosas geniales en el área infantil. En esta construcción se ha optado por un tobogán, una plataforma para escalar y un poste, pero podrías añadir un balancín, un rocódromo, barras o un tiovivo. El suelo puede ser parte de la diversión, con un diseño de rayuela o damero, o arena, como este. Piensa en los parques más divertidos en los que hayas estado y recréalos.

# CASA ECOLÓGICA

Diseña una casa en Minecraft y piensa en cómo hacerlo de forma ecológica. Ser verde, o vivir de modo sostenible, implica pensar en cómo vivimos y qué cosas utilizamos, a fin de proteger nuestro planeta y sus recursos naturales. Reutilizar y reciclar cosas, en lugar de tirarlas, es un buen punto de partida. Construye tu casa de Minecraft empleando materiales sostenibles y renovables. Escoge bloques que no se vayan a acabar, o que puedas crear o multiplicar fácilmente.

## RESUMEN

**Componentes esenciales:** una casa y un jardín sostenibles

**Extras y añadidos:** turbina de viento, frigorífico subterráneo

**No olvides:** ¡renovar, reutilizar, reaprovechar y reciclar tus bloques!

Puedes trabajar la piedra fundiendo adoquines en un horno. Alimenta el fuego del horno con bloques secos de alga marina: arden más que el carbón y son renovables.

Añade una cadena de lluvia: recoge agua que va goteando y la conduce hacia las plantas.

Cultivar tu propia comida es muy sostenible. Utiliza compostadores para reciclar los excesos de comida y usarlos como compost.

### TRUCO

La madera es el bloque sostenible perfecto para tu casa ecológica. Puedes elegir entre muchos tipos de madera e hifas. Antes de empezar a construir, planta un bosque con todos los tipos de madera que te interesen para tener siempre disponible.

## MUNDO REAL

Un 20% de la energía mundial procede de fuentes de energía renovables, como la energía solar, la eólica o la hidroeléctrica. Islandia produce toda su energía a partir de fuentes renovables: utiliza energía hidroeléctrica y geotérmica (el calor natural de la tierra, que se usa para generar electricidad).

**CREA TU MUNDO** 177

Utiliza bloques de musgo o de hierba con polvo de hueso para cultivar plantas y crear así un jardín en el tejado.

Las lámparas de redstone se conectan a detectores de luz solar para ofrecer energía renovable.

## MEJORES BLOQUES

Céntrate en materiales renovables que puedas crear en el juego, como adoquines y hierba. Encanta una herramienta con Toque sedoso para poder reutilizar y reciclar bloques no renovables como el cristal.

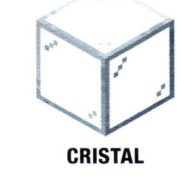

**ADOQUÍN**   **HIERBA**   **CRISTAL**

## FRÍO SUBTERRÁNEO

¿Sabes que los frigoríficos consumen mucha energía? En lugar de ellos, crea uno natural en Minecraft. En el mundo real, las temperaturas son inferiores bajo tierra, de modo que puedes hacer un frigorífico ecológico colocándolo bajo tierra. Este frigorífico es un bloque de hierro con cofres para almacenar alimentos bajo tierra.

## ENERGÍA EÓLICA

Durante siglos hemos usado el poder natural del viento mediante turbinas. Reimagina esta fuente de energía sostenible en Minecraft con tus propias turbinas de viento. Emplea vallas de abedul, planchas de abedul con un botón de rocanegra pulida y cuatro escotillas de abedul como alas. Colócalos alrededor de tu casa... e incluso en el tejado.

# CIUDAD FUTURISTA

¿Cómo serán las ciudades del futuro? Con el aumento de población, las ciudades deben proporcionar hogar, energía y empleo a miles de millones de personas. En todo el mundo hay muchas personas pensando en cómo mejorar las ciudades para el medio ambiente y sus habitantes. Pon a prueba tus ideas de planificación urbana: ¿qué aspecto tendrán los edificios y de qué estarán hechos? ¿Dónde irán los espacios verdes? ¿Por qué transporte ecológico apostarías? ¡Hay mucho en qué pensar!

## RESUMEN

**Componentes esenciales:** muchos edificios altos de diferentes formas y estilos, muchos parques y espacios verdes

**Extras y añadidos:** una granja vertical, vías de tranvía (más en p. 180), paneles solares

**No olvides:** recopilar ideas sobre ecología urbana

Añade una turbina eólica: en el mundo real, la energía del viento se usa para generar electricidad. Son de gran ayuda para cualquier ciudad.

Haz que tu ciudad sea literalmente verde con jardines verticales.

**Esta ciudad del futuro es un gran proyecto de construcción que no podrás acabar en una sola sesión. Comienza planificando y construyendo la ciudad a pequeña escala; siempre podrás mejorarla y ampliarla más adelante.**

### TRUCO

Construye pasos elevados llenos de vegetación.

## MEJORES BLOQUES

¿Cuál es el mejor bloque del futuro? Te toca decidirlo a ti. Esta construcción presenta muchos bloques verdes que puedes vincular con la temática ecológica, como hojas, losas de cobre oxidado e incluso melones.

**LOSAS DE COBRE OXIDADO**

**MELÓN**

## MUNDO REAL

A medida que la población mundial se acerca a los 8000 millones de habitantes, aumenta la presión sobre los recursos naturales de la Tierra. Vivir de forma sostenible significa seguir viviendo mucho tiempo sin perjudicar el planeta. El uso de energías renovables, que no se agoten ni contaminen, como la solar y la eólica, es una forma de hacerlo.

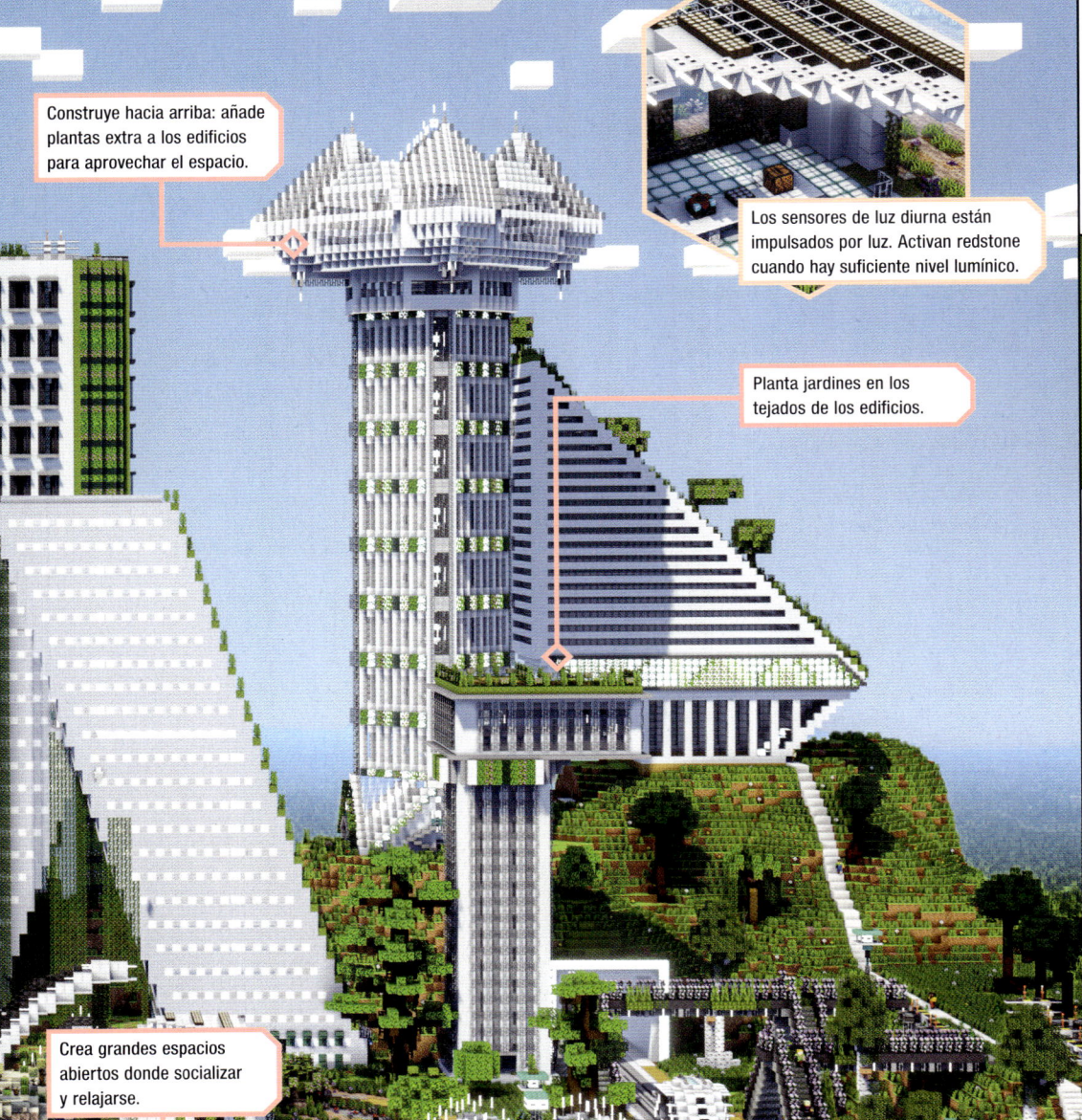

CREA TU MUNDO 179

## CLAVES DE CONSTRUCCIÓN

Fíjate en donde vives o en lugares que has visitado y piensa en lo que funciona bien y lo que cambiarías. Desde las formas de los edificios hasta el trazado de las carreteras, decide qué será importante para una ciudad del futuro.

Construye hacia arriba: añade plantas extra a los edificios para aprovechar el espacio.

Los sensores de luz diurna están impulsados por luz. Activan redstone cuando hay suficiente nivel lumínico.

Planta jardines en los tejados de los edificios.

Crea grandes espacios abiertos donde socializar y relajarse.

### CUADRÍCULA

Utilizar una cuadrícula te ayudará a planificar tu ciudad. Las calles rectas son más fáciles de transitar, y el diseño en cuadrícula te ayudará a ahorrar bloques al construir pero sin renunciar a tu estilo propio. Usa muchos colores y patrones.

### NATURALEZA

Planifica muchos parques y reservas naturales para que los árboles, las plantas y los animales prosperen también en tu ciudad. Los espacios verdes mantienen el aire limpio y son clave para la salud física y mental.

# CIUDAD FUTURISTA: DISEÑOS MODERNOS

A medida que se desarrolla nuestra tecnología, cambia la forma en que construimos y diseñamos las ciudades. Hoy día, muchas exhiben una arquitectura y sistemas de transporte únicos. Esta construcción cuenta con un tranvía eléctrico y rascacielos redondos. ¿Cómo será tu ciudad futurista? Recuerda que no tiene que parecerse en nada a las ciudades actuales.

## CONSEJO

Da rienda suelta a tu imaginación. Nadie sabe cómo serán las ciudades en el futuro: puedes diseñarla como quieras. Puede que algunas partes todavía no funcionen en Minecraft. Cada año se agregan nuevos bloques que pueden inspirarte y que puedes añadir a tus construcciones.

## TRANVÍA ELÉCTRICO

Los tranvías se inventaron hace unos 150 años y aún hoy siguen siendo un medio eficaz de evitar atascos de tráfico en las grandes ciudades. Funcionan con electricidad, que puede generarse a partir de fuentes renovables como el sol y el viento. Este sencillo tranvía con forma de caja no es aún funcional, pero muestra cómo podría funcionar tu ciudad futurista.

Los tranvías reales están conectados a líneas eléctricas recreadas en esta construcción con cadenas y palancas.

En el mundo real, los vagones están hechos con materiales ligeros. Usan menos energía para funcionar, así que son mejores para el medio ambiente.

Utiliza tantos bloques de cristal como puedas para ofrecer buenas vistas.

Añade bancos para que los pasajeros viajen con comodidad.

Los bloques de cobre son los faros delanteros y los de cobre oxidado son los traseros.

Crea raíles con relieve para las ruedas del tranvía. Aquí se utilizan paredes y escaleras de andesita, ladrillos de piedra cincelada y diorita pulida.

CREA TU MUNDO  181

## DISEÑO ECOLÓGICO

Los edificios redondos son más eficientes energéticamente que los cuadrados: emplean menos recursos para construir, aprovechan mejor la calefacción y captan más luz natural. Deshazte de las esquinas y construye rascacielos con formas redondeadas.

## ENERGÍA SOLAR

Los techos de los edificios altos son ideales para instalar paneles solares. Estos están hechos de piedra negra pulida y placas de presión ligeras sobre una estructura de escaleras de cuarzo.

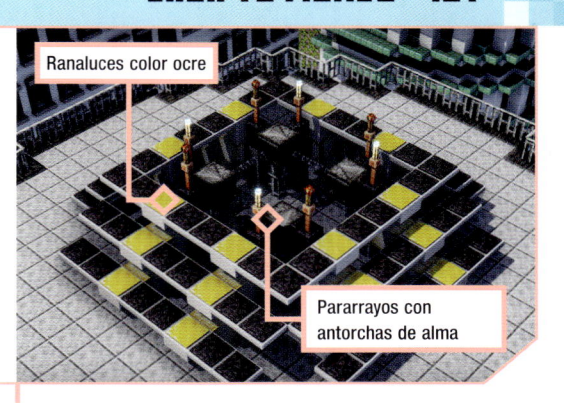

Ranaluces color ocre

Pararrayos con antorchas de alma

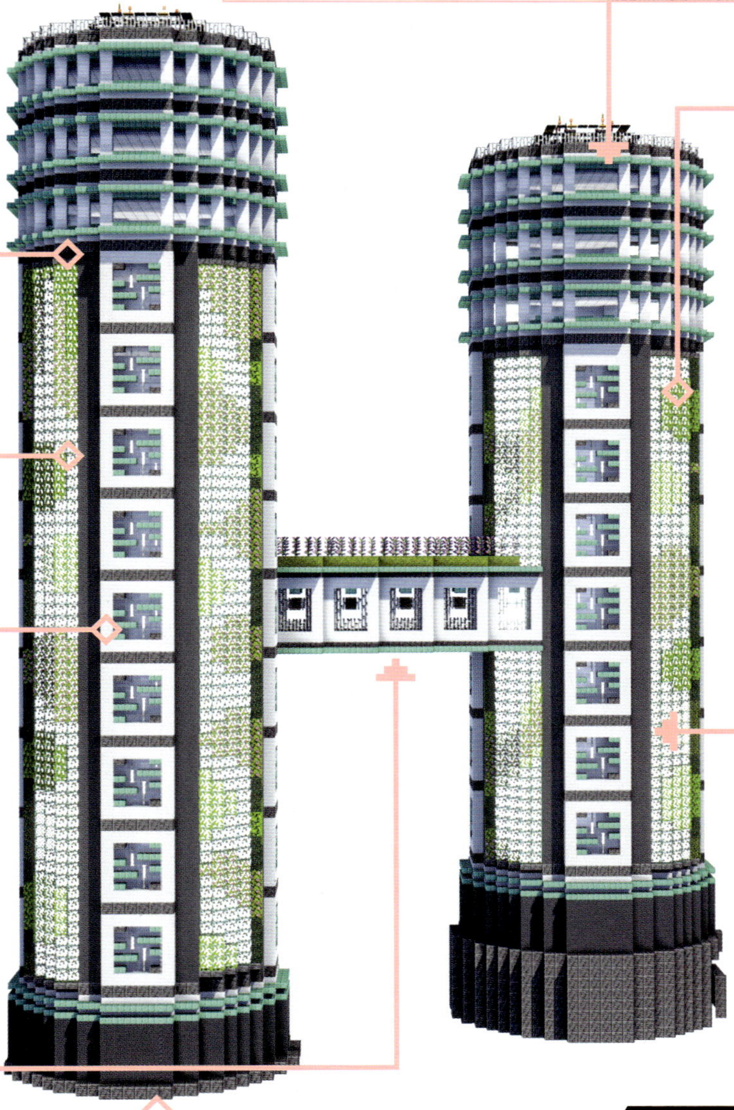

Jardines verticales con variantes de hojas de plantas en ambos lados.

Elige tus bloques favoritos y úsalos en la construcción. En este rascacielos se ha optado por cobre oxidado y hormigón.

## FORMA REDONDEADA

Para crear esta estructura, construye primero una base redonda de 24 bloques de diámetro y luego las paredes. Agrega bloques a las paredes hasta que el edificio tenga la altura que quieras.

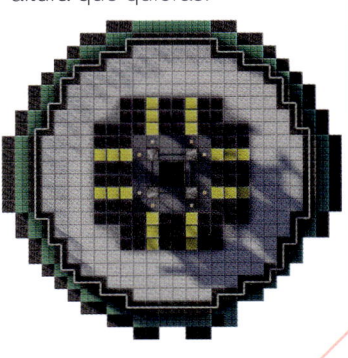

Cada planta del edificio tiene 7 bloques de altura.

Crea las ventanas con losas. Estas, de cobre cortado oxidado, permiten pasar la luz solar sin bloquear la vista.

## PUENTES

Los edificios de gran altura a veces se unen por puentes para que sea fácil desplazarse entre ellos. Este puente ofrece una vista espectacular de la ciudad. No olvides instalar barras de hierro de seguridad.

Este rascacielos tiene 96 bloques de altura desde el suelo hasta las antorchas de redstone.

## ¡CÁMBIALO!

Los rascacielos en Minecraft maximizan el uso del espacio vertical, pero puedes cambiar esta construcción para que se ajuste a tus necesidades. ¿Debe ser más alto o más ancho? ¿Puedes instalar un ascensor de burbujas (p. 113) para llegar al último piso?

# GRANJA MODERNA

Aprender a cultivar, hace unos 12 000 años, cambió la forma de vida de los humanos. Cultivar nuestros propios alimentos nos permitió asentarnos en un lugar y construir pueblos. A medida que la población mundial aumentaba, también lo hacía la demanda de alimentos. Los agricultores modernos han hallado formas inteligentes de cultivar más alimentos en espacios más pequeños, como las granjas verticales. ¿Serías capaz de mejorarla?

## RESUMEN

**Componentes esenciales:** un granero, suelos de cultivo repetibles

**Extras y añadidos:** macetas de flores, compostador

**No olvides:** disponer de mucha agua y luz

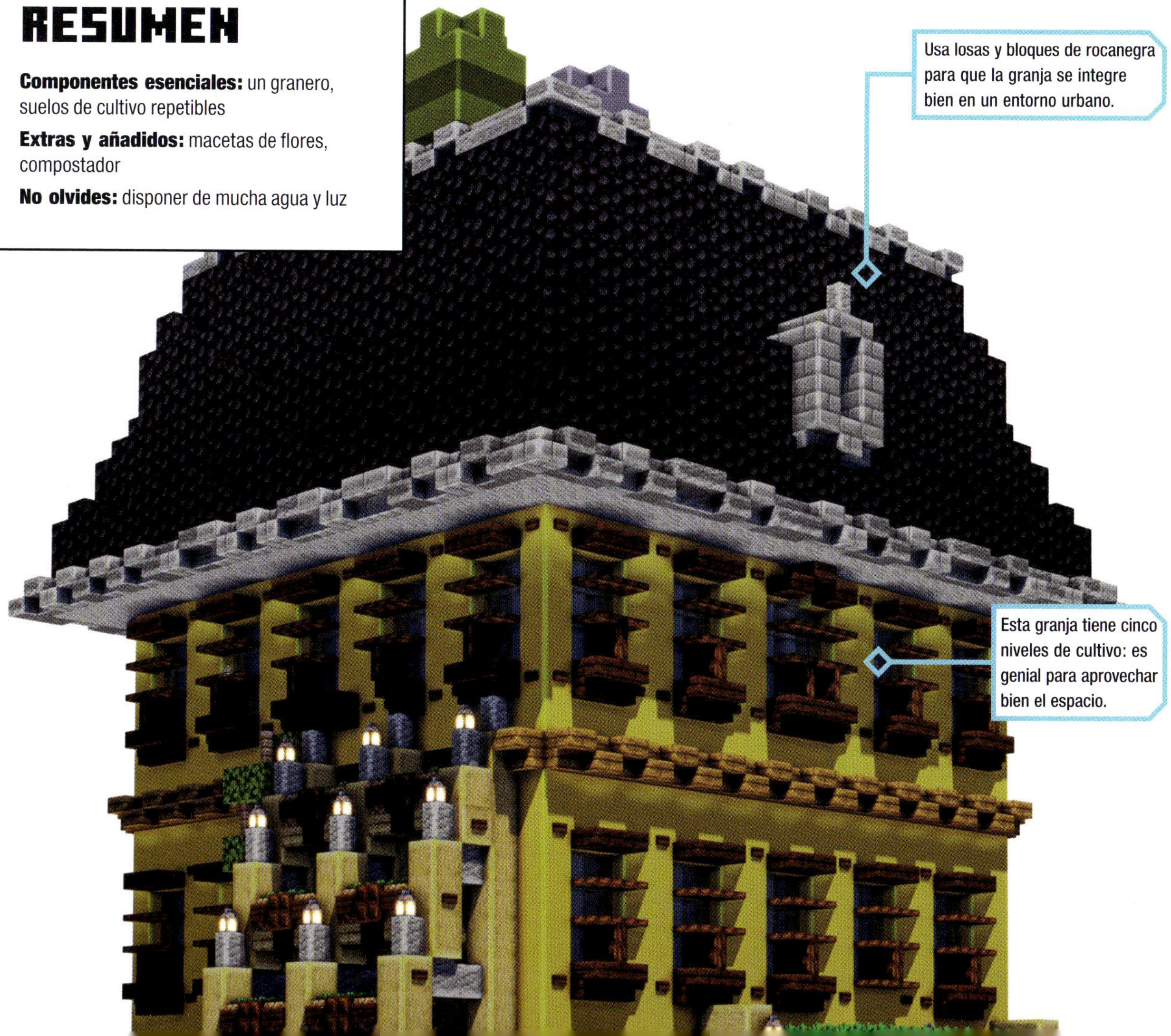

## MUNDO REAL

La agricultura ecológica es el método más verde de producir alimentos, pero produce menos que la agricultura industrial. Aumentar las tierras de cultivo con granjas verticales permite producir alimentos sin destruir hábitats. Los residuos vegetales también pueden convertirse en biocombustibles: estos son más ecológicos que los combustibles fósiles, como el carbón y el petróleo, porque absorben carbono de la atmósfera.

## CLAVES DE CONSTRUCCIÓN

Conviene construir hacia arriba cuando la tierra de cultivo es limitada. En una granja vertical puedes distribuir los diferentes cultivos entre los niveles. También necesitas un sistema de riego.

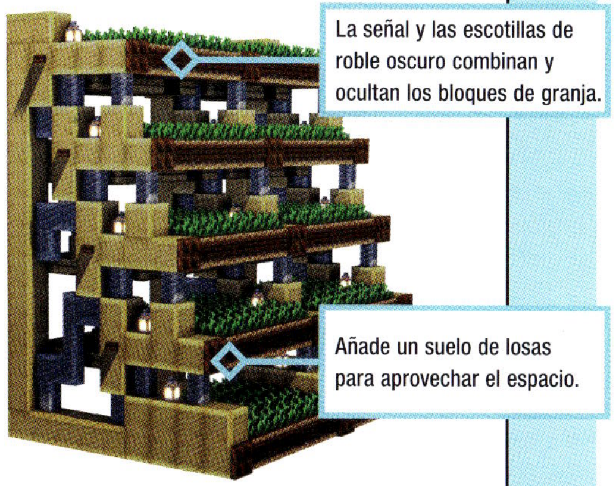

La señal y las escotillas de roble oscuro combinan y ocultan los bloques de granja.

Añade un suelo de losas para aprovechar el espacio.

### GRANJA VERTICAL

La tierra de cultivo se puede cosechar a mano, mientras que los suelos son lo suficientemente bajos como para acomodar varios niveles en un espacio pequeño. Cada piso tiene tres bloques de altura y posee lo esencial: cultivos, agua y fuentes de luz.

Usa losas y bloques de rocanegra para que la granja se integre bien en un entorno urbano.

Esta granja tiene cinco niveles de cultivo: es genial para aprovechar bien el espacio.

# CREA TU MUNDO  183

## RIEGO

Los cultivos necesitan agua para crecer, así que toda granja necesita un buen sistema de riego. El diseño más eficaz es una fuente de agua con tierras de cultivo que se extienden cuatro bloques a su alrededor.

## TRUCO

En la vida real, los cultivos necesitan luz solar para poder crecer, pero en Minecraft cualquier luz funciona. Incluye linternas en tu construcción para que los cultivos crezcan día y noche.

Para este granero se utiliza adobe, terracota y hormigón.

Construye macetas de plantas con escotillas, tierra y tus flores favoritas.

Añade troncos de roble sin corteza y paredes de andesita para darle un aspecto único.

No malgastes los alimentos. Coloca compostadores en los que crear polvo de hueso con tu exceso de producción.

**AGUA**

**TIERRA**

## MEJORES BLOQUES

En Minecraft, una granja requiere dos bloques esenciales (tierra y agua) y una herramienta vital: la azada. Puedes cultivar una amplia gama de alimentos, desde verduras como zanahorias hasta cereales como el trigo o frutas como melones.

# ESTACIÓN DE DEPORTES DE INVIERNO

Las montañas nevadas son ideales para practicar deportes de invierno como el esquí, el snowboard y el trineo. Cuanto más empinada sea la pendiente, más rápido podrás deslizarte por ella. Busca una montaña alta y nevada y agrega bloques para hacerla tan alta como puedas. Convierte una barca en un trineo y deslízate por las laderas nevadas. ¿Qué más puedes construir para hacer de tu complejo invernal un lugar genial?

## RESUMEN

**Componentes esenciales:** laderas escarpadas

**Extras y añadidos:** chalés de madera, remonte

**No olvides:** añadir linternas en las calles para fundir la nieve de las aceras

## DE CERCA

Construye una pista de carreras nevada. Las barcas de Minecraft pueden desplazarse sobre cualquier superficie, pero se mueven con más rapidez sobre el hielo. Utiliza una mezcla de nieve, hielo y diorita para crear diferentes obstáculos y alterar la velocidad del recorrido. A sus marcas: preparados, listos, ¡ya!

---

Añade senderos, con marcadores y obstáculos, para los deportes de nieve.

La nieve se acumula en el suelo hasta en ocho capas.

Pon una pala en cada casa para despejar la nieve después de cada nevada.

Coloca linternas a los lados de las aceras para fundir la nieve y el hielo. ¡Funciona igual que en el mundo real!

## MUNDO REAL

La clave a la hora de montar en trineo está en la velocidad que necesitas para llegar abajo. Existen varias modalidades de trineo, como el luge, el bobsled y el skeleton. El récord mundial de descenso más rápido lo estableció Guy Martin en Andorra, con 134,37 km/h en 2014.

**CREA TU MUNDO 185**

Si construyes a suficiente altura en un bioma nevado, la nieve cae naturalmente.

### REMONTE

Un telesilla remonta una montaña con un cable y conduce a los esquiadores hasta la cima. En la versión de Minecraft, los esquiadores esperan su turno en un edificio. La cabina cuenta con una valla de redstone que limita el número de jugadores y recrea la espera del turno. La puerta se abre y se cierra cada 30 segundos.

### LLEGAR A LA CIMA

Lámparas de redstone a lo largo del remonte replican la señal que indica que el telesilla está listo. Coloca tres repetidores de redstone en los postes verticales para fijar la velocidad del parpadeo de la luz.

### CHALÉ

Construye sencillos chalés para que tus visitantes se relajen tras un día de ejercicio en las montañas. Podrías colocar dentro una olla de estofado sobre una fogata, así como alfombras y cómodas sillas.

### MEJORES BLOQUES

Si construyes en el bioma adecuado la nieve se generará naturalmente, pero para crear la estación necesitarás construir chalés de madera. Utiliza tablones de abeto, escotillas y puertas, así como barriles para los detalles extra.

**TABLONES DE ABETO**    **BARRILES**

# ESTADIO DE FÚTBOL

¿Te gustaría que tu mundo de Minecraft tuviera un campeonato de fútbol? Recrea una final de copa en un espectacular estadio. Hazlo tan grande o pequeño como desees; solo asegúrate de que tenga capacidad para los fans de ambos equipos. Incluye también puestos de comida para los espectadores. Construye el estadio de tu equipo favorito y recrea su victoria en el partido con una entrega de trofeos. ¡Ponte los colores de tu equipo y anímalo en Minecraft!

## RESUMEN

**Componentes esenciales:** un estadio de fútbol con gradas

**Extras y añadidos:** emblemas de los equipos en píxeles

**No olvides:** decorar el exterior del estadio

Las gradas reflejan los colores del equipo.

Utiliza telarañas y paredes de pizarra abismal pulidas para crear las porterías.

## DE CERCA

Estos emblemas son divertidos diseños de Minecraft. Proceden de estandartes únicos que se encuentran en el juego. Elige tus diseños favoritos y crea tu «pixel art» en el campo utilizando hifas deformadas sin corteza, hifas carmesí sin corteza, lana blanca y hormigón.

## TRUCO

Que sea un estadio de fútbol no significa que no se pueda usar para practicar otros deportes. Reúne a tus amigos y haced una carrera de relevos o de obstáculos. Incluso podéis inventar vuestros propios deportes.

## MUNDO REAL

El fútbol es el deporte más popular del mundo, con miles de millones de aficionados. Los orígenes del fútbol se remontan a antiguos juegos de pelota que se practicaban en todo el mundo. El primer club de fútbol, el Sheffield FC, se fundó en 1857 en Reino Unido. El deporte se extendió a todos los continentes en poco más de un siglo.

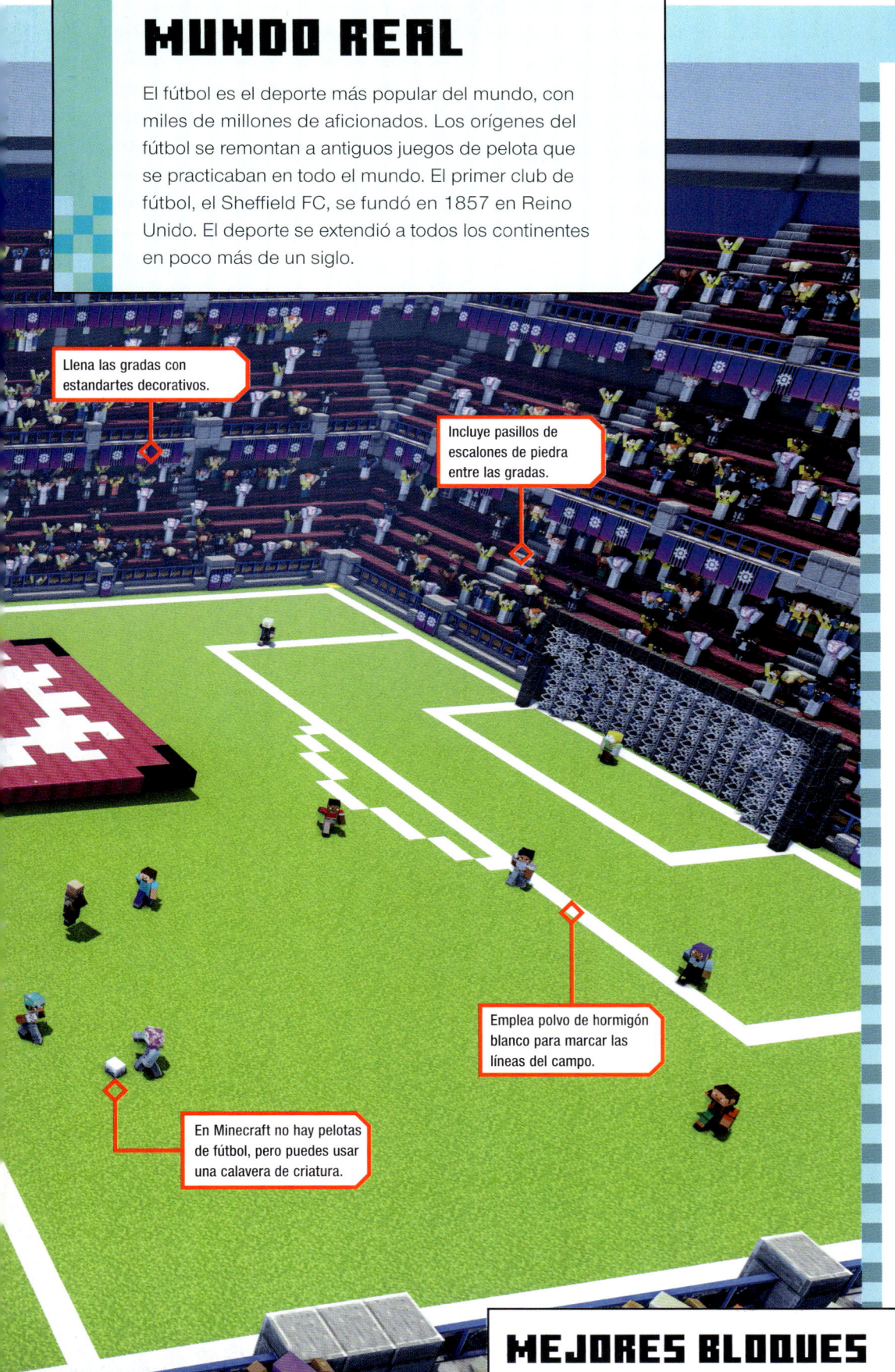

### CREA TU MUNDO 187

Llena las gradas con estandartes decorativos.

Incluye pasillos de escalones de piedra entre las gradas.

Emplea polvo de hormigón blanco para marcar las líneas del campo.

En Minecraft no hay pelotas de fútbol, pero puedes usar una calavera de criatura.

### DECORACIÓN

El enorme símbolo en pixel art que corona la entrada despeja cualquier duda sobre el edificio. Créalo con bloques de carbón, hormigón y lana. Piensa en qué más podrías añadir al exterior del estadio. Investiga sobre estadios famosos y trata de recrear alguno de sus rasgos coloridos o distintivos.

### PUESTOS

Asistir a un partido es toda una experiencia. Completa tu estadio con algunos puestos en los que los fans puedan comprar bebidas, comida e incluso pancartas del equipo. Pon marcos en las paredes del estand para anunciar los productos y añade escaleras de roble para las mesas. Las pancartas también decoran los puestos.

### MEJORES BLOQUES

En este enorme estadio se han utilizado muchos bloques diferentes: césped para el terreno de juego, piedra para las paredes, escaleras deformadas carmesíes para los asientos y telarañas para las porterías.

**ESCALERAS CARMESÍES**

**ESCALERAS DEFORMADAS**

**TELARAÑA**

# JARDÍN BOTÁNICO

Tanto en Minecraft como en el mundo real, diferentes plantas prosperan en diferentes condiciones. Cultivos como el trigo y la remolacha necesitan un buen riego; sin embargo, los cactus crecen en arena, y algunas plantas prosperan bajo el agua. En un jardín botánico, los expertos se aseguran de que cada planta tenga las condiciones idóneas y estudian su desarrollo. Piensa en lo que quieres cultivar en tu jardín botánico y decide si abrirlo a visitantes o mantenerlo privado.

## RESUMEN

**Componentes esenciales:** un invernadero con una cúpula alta que deja pasar la luz

**Extras y añadidos:** un aldeano granjero que cuide bien del jardín

**No olvides:** añadir abejas que polinicen y den vida a tu invernadero

Pon una azalea en flor en una maceta y colócala en el lugar más soleado del jardín.

En Minecraft, el color de una rana depende del bioma en el que crece desde renacuajo. En los biomas templados son anaranjadas.

Añade adoquines cubiertos de musgo al suelo para darle textura.

Crea un sendero con una pala en bloques de césped.

## MEJORES BLOQUES

Las paredes de bloque de vidrio son la opción obvia para el invernadero de un jardín botánico. Los bloques de cobre oxidado cortado dan al invernadero una apariencia desgastada.

**COBRE OXIDADO CORTADO**

**BLOQUE DE CRISTAL**

## MUNDO REAL

El jardín botánico más grande del mundo es Kew Gardens, en Reino Unido. Alberga más de 27 000 especies de plantas y es famoso por la investigación botánica que se lleva a cabo en él. Se calcula que un tercio de las plantas conocidas se conserva en jardines botánicos de todo el mundo.

**CREA TU MUNDO** 189

Usa bloques de cobre oxidado cortado para crear puertas brillantes y coloridas.

Resistentes arcos de pizarra abismal representan el marco del invernadero.

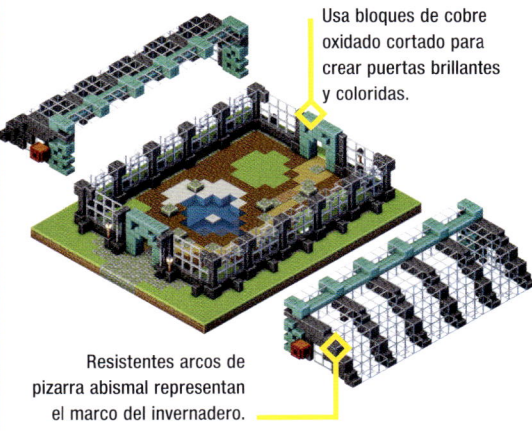

### EL INVERNADERO

Los jardines botánicos a menudo cuentan con invernaderos para las especies que prosperan en condiciones más cálidas o tropicales. Este está hecho de bloques de vidrio, que dejan entrar mucha luz para que las flores crezcan, además de cobre oxidado, pizarra pulida y vidrio para que tenga la clásica forma arqueada. Puedes construir varios invernaderos o una gran estructura.

Al igual que las abejas del mundo real, las de Minecraft transportan polen. Aceleran el crecimiento de las plantas al polinizarlas.

Utiliza polvo de hueso en los bloques de hierba para una exuberante vegetación.

### IDEAS PARA EL RIEGO

Todas las plantas de la vida real necesitan agua, pero algunas necesitan más que otras. En Minecraft, pon agua en un cubo y construye un estanque cerca de tus flores más sedientas. Hidratará hasta cuatro bloques en cada dirección. Para las plantas que están más lejos, puedes usar el cubo de agua y crear un arroyo.

**TRUCO**

Aunque el césped es ideal para la mayoría de las plantas, algunas prefieren otros bloques. Cultiva verrugas del Inframundo en arena de almas, cactus en arena y corales en agua, e incluso hongos en un bloque de podsol.

# TEATRO

Lleva tu talento interpretativo y teatral al mundo de Minecraft, construyendo tu propio teatro y escribiendo una obra sobre una aventura en Minecraft. Puedes pedir a tus amigos que se conviertan en actores y, cuando la hayáis ensayado, invitar a jugadores a disfrutar del espectáculo. Con butacas especiales y un gran escenario, no hay mejor lugar para compartir tu pasión por Minecraft.

## RESUMEN

**Componentes esenciales:** un escenario, gradas con butacas

**Extras y añadidos:** lámparas de redstone para encender y apagar las luces

**No olvides:** pegar carteles por el Mundo superior para dar a conocer tu teatro

## MUNDO REAL

El primer teatro conocido se construyó en Grecia hace más de 2500 años. Las primeras obras se representaban con un solo actor principal (o protagonista) y un coro que le ayudaba a contar la historia.

Añade paredes o paneles de cristal en el palco para la seguridad de los espectadores pero sin bloquear la vista.

Dale un toque de glamur al teatro con suelos de lana roja.

El suelo bajo los asientos es rocanegra pulida. Este resistente material no se estropea con bebidas derramadas o restos de aperitivos.

Ilumina el teatro con luces de baja intensidad: aquí se han dispuesto varas del End en las escaleras.

## MEJORES BLOQUES

En un teatro, todo el mundo ha de ver el escenario. Este modelo tiene gradas escalonadas, hechas con escotillas de mangle y troncos de mangle sin corteza.

**ESCOTILLA DE MANGLE**

**TRONCO DE MANGLE SIN CORTEZA**

## CREA TU MUNDO  191

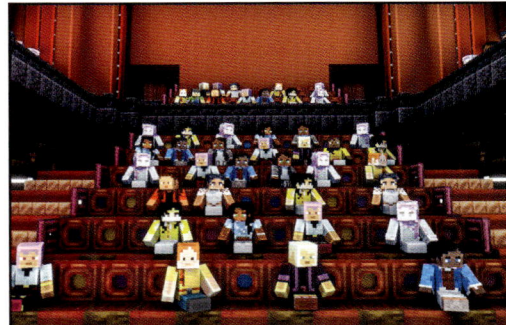

### CONSEJO
Tómate un momento para añadir ingeniería de redstone al cielorraso. Estas lámparas de redstone están conectadas con polvo de redstone a la palanca. Aciónala para encender los focos del escenario al comienzo del espectáculo.

Crea el escenario para tu obra: esta tiene lugar en una ciudad moderna, con un fondo de ladrillo de piedra.

### GRADAS DE BUTACAS
Instala filas de butacas de 12 bloques de largo y 2 de ancho. Coloca lana negra y piedra negra en el suelo para dar ambiente. Luego crea las butacas con variantes de mangle: troncos, escotillas y troncos sin corteza. Acaba las filas con escotillas carmesí en los extremos y cuelga coloridos carteles detrás cada asiento.

### EN EL ESCENARIO
¡Chist! ¡Empieza el espectáculo! El escenario es perfecto para la obra: representa una calle de ladrillos de piedra con escaparates, coches y un podio para que el narrador comience a contar la historia. Construye el escenario para tu espectáculo y busca a los actores que vayan a interpretar los papeles. ¿Será una ciudad como esta o tal vez una recreación del End para contar cómo venciste al Dragón Ender? Construye el escenario con bloques del lugar en el que se desarrolle tu aventura.

# LOS CONSTRUCTORES

Se necesita creatividad, pasión y muchas horas de trabajo para crear las increíbles construcciones que se presentan en este libro. ¿Quieres saber cómo lo hacen los constructores y qué les inspira? ¡Léelo a continuación!

## CYANA

**NOMBRE DE USUARIO** CEa_Tlde

**LOCALIZACIÓN** Países Bajos

**HA JUGADO A MINECRAFT** 10 largos y divertidos años

**¿Qué es lo que más te gusta construir en Minecraft?**
Mis construcciones favoritas son las orgánicas (realistas e inspiradas en la naturaleza) y, en general, las que no son simétricas. También me gusta animarlas para que parezca que se mueven y están llenas de vida.

**¿En qué te inspiras?**
¡Mi mente está en constante búsqueda de inspiración! Puede ser una situación de la vida real, imágenes que veo en internet o construcciones de otras personas. Colecciono inspiraciones para poder verlas en cualquier momento.

**¿Qué construcción de este libro ha supuesto el mayor reto?**
La Acrópolis (p. 44–47): el reto fue hacerla tan parecida como fuera posible a como debió de ser en la Antigüedad.

**¿Cuál es tu construcción favorita en Minecraft?**
Una escena que hice para el Año Nuevo Lunar, ¡el Año del Tigre! Se ve un tigre pasando por una puerta china en una calle decorada con muchas linternas. Todas las estructuras se inspiran en edificios reales de China: me lo pasé muy bien buscando referencias para ellos.

*Estatua de Atenea de la Acrópolis de Atenas (p. 44–45)*

## ERIK LÖF

**NOMBRE DE USUARIO** Kebabegott

**LOCALIZACIÓN** Suecia

**HA JUGADO A MINECRAFT** Unos 10–11 años

**¿Qué es lo que más te gusta construir en Minecraft?**
Sobre todo cosas antiguas y realistas.

**¿Cuál ha sido tu construcción favorita en este libro?**
El Tesoro de Petra (pp. 52–53).

**¿Qué le aconsejarías a los constructores principiantes?**
No tengas miedo de equivocarte y prueba muchos estilos. No te preocupes si no eres capaz de hacer algo grande a la primera. ¡Siempre puedes volver a probar!

**¿Bloque u objeto favorito?**
Me gusta construir con arenisca y adobe.

**¿Utilizas algún bloque de modo inusual?**
Sí, los botones, por ejemplo. Me parecen perfectos para detalles como dar textura a las paredes. También utilizo puertas de valla de modo decorativo. Son excelentes capiteles en columnas y dan un toque elegante.

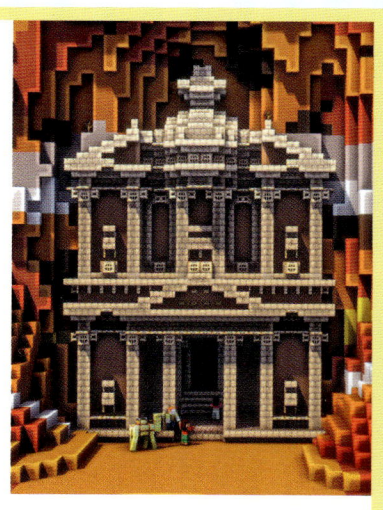

*El Tesoro de Petra, Jordania (pp. 52–53)*

# FROST_BEER

**NOMBRE DE USUARIO**
Frost_Beer

**LOCALIZACIÓN**
Países Bajos

**HA JUGADO A MINECRAFT**
Unos 11-12 años

**¿Qué es lo que más te gusta construir en Minecraft?**
Me encanta recrear edificios y ciudades de la vida real: ¡es como construir tus vacaciones! Cada vez que quieras visitar un país, puedes abrir Minecraft y experimentarlo.

**¿En qué te inspiras?**
Sobre todo en la historia. No imagino nada más interesante que estudiar cómo las personas construyeron sus edificios, cómo se pensó cada pequeño detalle.

**¿Cuál ha sido tu construcción favorita en este libro?**
El yacimiento paleontológico (pp. 58-59) o el castillo de Neuschwanstein (pp. 30-31). Los dos son precisos con respecto a la realidad.

**¿Bloque u objeto favorito?**
¡El bloque de champiñón marrón! ¿Sabías que tiene dos texturas? Si colocas otro bloque igual al lado y lo rompes, te queda un bloque amarillento con manchas marrones.

**¿Usas algún bloque de modo inusual?**
Sí, una vela marrón sobre un panel de cristal verde; si luego los colocas en el agua, parece una caña.

Castillo de Neuschwanstein, Alemania (pp. 30-31)

# GUILLAUME DUBOCAGE

**NOMBRE DE USUARIO**
MinecraftRepro

**LOCALIZACIÓN**
Chequia (República Checa), francés de origen

**HA JUGADO A MINECRAFT**
12 años

**¿Qué es lo que más te gusta construir en Minecraft?**
Reproducciones de monumentos y lugares emblemáticos reales, así como aviones a escala real.

**¿Qué te inspira?**
El reto de que las construcciones sean lo más realistas posible respetando las restricciones de escala y con Minecraft estándar, sin modificaciones del usuario.

**¿Cuál ha sido tu construcción favorita en Minecraft?**
El monte Saint Michel (Francia) y el castillo de Praga, así como una reproducción a escala 10:1 de mi avión favorito, el Mirage 2000C.

**¿Qué le aconsejarías a los constructores principiantes?**
Planea con antelación y usa referencias. Usa herramientas de fuera de Minecraft como ayuda. Puedes utilizar planos y convertirlos a Minecraft y no tener que improvisar en construcciones detalladas.

**¿Bloque u objeto favorito?**
Me gusta usar madera de abedul sin corteza.

**¿Usas algún bloque de modo inusual?**
Andamios para ventanas y estandartes para todo tipo de detalles.

Castillo de Chenonceau, Francia (pp. 138-139)

# HUGO

**NOMBRE DE USUARIO**
MYodaa

**LOCALIZACIÓN**
Francia

**HA JUGADO A MINECRAFT**
11 años

**¿Qué es lo que más te gusta construir en Minecraft?**
Estructuras a gran escala, como barcos realistas o casas enormes con intrincados diseños. También disfruto mucho con recreaciones a escala de edificios reales, como la Torre Eiffel y otros lugares famosos.

**¿En qué te inspiras?**
Estudio diferentes estilos arquitectónicos y trato de incorporar elementos de ellos en mis construcciones. También me inspiran edificios históricos y monumentos de todo el mundo.

**¿Qué le aconsejarías a los constructores principiantes?**
Ve poco a poco y experimenta con diferentes técnicas de construcción; avanza de forma gradual hacia construcciones más complejas. Y, lo más importante: ¡diviértete y ten paciencia!

**¿Bloque u objeto favorito?**
¡Me gustan todos! Siempre hay ocasión de utilizar los bloques y objetos de modos inesperados.

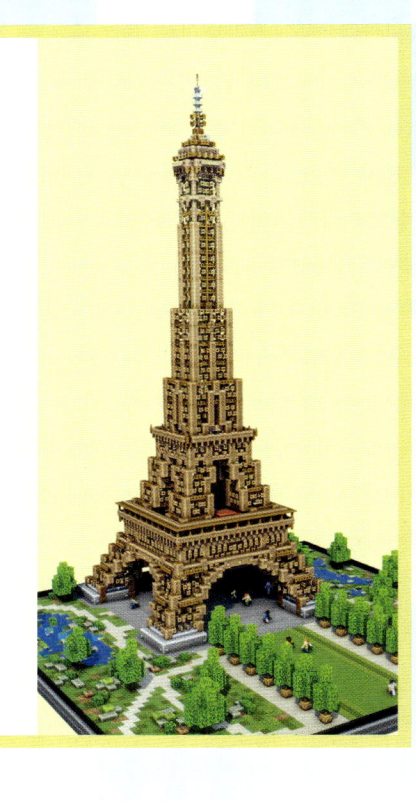

Torre Eiffel, Francia (pp. 56–57)

# JAKOB GRAFE

**NOMBRE DE USUARIO**
RobJW

**LOCALIZACIÓN**
Alemania

**HA JUGADO A MINECRAFT**
Más de 10 años

**¿Qué es lo que más te gusta construir en Minecraft?**
Enormes paisajes explorables, casas medievales y estructuras subterráneas de los enanos.

**¿En qué te inspiras?**
En libros y películas de fantasía, como *El Señor de los Anillos* y *Dune*, así como en el arte digital y, por supuesto, en arquitectura y lugares reales.

**¿Cuáles son tus construcciones favoritas en Minecraft?**
Una ciudad medieval gigante en la que trabajé con mis amigos, seguida por una gran nave espacial y el mapa del DLC (contenido descargable) de Lacoste para celebrar la colección de ropa Minecraft de Lacoste.

**¿Qué le aconsejarías a los constructores principiantes?**
No temas experimentar con diferentes formas de construir; tómate tu tiempo; y, sobre todo, encuentra un compañero de construcción con el que divertirte.

**¿Bloque u objeto favorito?**
Mi bloque favorito es el barril y mi objeto favorito es el marco luminoso.

**¿Usas algún bloque de modo inusual?**
Me encanta usar los pepinos de mar como salpimenteros en las mesas.

Islas Galápagos, Ecuador (pp. 94–95)

# JÉRÉMIE TRIPLET

**NOMBRE DE USUARIO**
iTriplet

**LOCALIZACIÓN**
Francia

**HA JUGADO A MINECRAFT**
6 años

**¿Qué es lo que más te gusta construir en Minecraft?**
Lo que más me gusta es construir en Minecraft, pero también me gusta jugar en Modo supervivencia con otros jugadores.

**¿Cuál ha sido tu construcción favorita en este libro?**
Mi construcción favorita es la Ciudad futurista (pp. 178–181). Quiero inspirar a una nueva generación de arquitectos del mañana.

**¿Cuáles son tus construcciones favoritas en Minecraft?**
Me gustó construir el Teatro (pp. 190–191) con CEa_TIde. ¡Fue muy divertido!

**¿Qué le aconsejarías a los constructores principiantes?**
Prueba todo lo que puedas, sé creativo y no tengas miedo de hacer las cosas de un modo diferente.

**¿Bloque u objeto favorito?**
La prismarina oscura.

Teatro (pp. 190–191)

# JONATHIZE

**NOMBRE DE USUARIO**
Jonathize

**LOCALIZACIÓN**
Canadá

**HA JUGADO A MINECRAFT**
5 años

**¿Qué es lo que más te gusta construir en Minecraft?**
Sobre todo estructuras medievales y criaturas orgánicas.

**¿Qué te inspira?**
Poner a prueba mis límites creativos.

**¿Cuál ha sido tu construcción favorita en este libro?**
El Gran Bazar de Estambul (pp. 136–137).

**¿Qué le aconsejarías a los constructores principiantes?**
Aprende a usar una gran variedad de bloques y a combinarlos. Luego puedes aplicar esto a estructuras y construcciones más grandes.

**¿Bloque u objeto favorito?**
Me gustan los bloques de andesita y los de madera de abeto.

**¿Usas algún bloque de modo inusual?**
Las macetas de flores son excelentes ojos para pequeñas criaturas.

Linternas del Gran Bazar, Estambul (pp. 136–137)

# RUBEN SIX

**NOMBRE DE USUARIO**
mokie852

**LOCALIZACIÓN**
Bélgica

**HA JUGADO A MINECRAFT**
Unos 10 años

**¿Qué es lo que más te gusta construir en Minecraft?**
Me gusta construir criaturas... a veces, personas.

**¿En qué te inspiras?**
En las creaciones de gente con talento y, por supuesto, en las pelis de ciencia-ficción.

**¿Cuál ha sido tu construcción favorita en este libro?**
Definitivamente, Angkor Wat (pp. 54–55). Siempre quise recrearla pero nunca había tenido el tiempo para hacerla.

**¿Cuál ha sido la construcción más difícil?**
De modo inesperado, los lagos de Plitvice (pp. 100–101).

**¿Cuál es tu construcción favorita de Minecraft?**
Un warden realista y un Mosasaurus (un reptil marino ya extinto).

**¿Qué le aconsejarías a los constructores principiantes?**
¡Referencias, referencias, referencias! Solo usando referencias detalladas como guía mejorarás en tus construcciones.

**¿Bloque u objeto favorito?**
Los deformados: tienen un color muy chulo y se pueden usar como pelo en algunas criaturas.

Angkor Wat, Camboya (pp. 54–55)

# SANDER POELMANS

**NOMBRE DE USUARIO**
Craftgig

**LOCALIZACIÓN**
Bélgica

**HA JUGADO A MINECRAFT**
Desde hace más de 10 años (desde la edición de bolsillo)

**¿Qué es lo que más te gusta construir en Minecraft?**
Estructuras, terrenos y naves espaciales.

**¿Cuál ha sido tu construcción favorita en este libro?**
La Plataforma de lanzamiento (pp. 122–125).

**¿Cuál ha sido la construcción más difícil?**
La Plataforma de lanzamiento: hacerla suficientemente sencilla para mostrarla en el libro pero mantener el detalle suficiente ha sido todo un reto.

**¿Cuál es tu construcción favorita de Minecraft?**
Probablemente una de mis naves espaciales (más de 1300 bloques de longitud).

**¿Qué le aconsejarías a los constructores principiantes?**
¡No temas equivocarte! Prueba tantos estilos de construcción diferentes como puedas. Al experimentar con ellos, aprenderás técnicas nuevas que podrás aplicar en futuras construcciones.

**¿Bloque u objeto favorito?**
Dos: los bloques de terracota para dar color y las maderas sin corteza para crear edificios.

**¿Usas algún bloque de modo inusual?**
Utilizo señales para añadir piedras angulares a edificios.

Plataforma de lanzamiento (pp. 122–123)

# SONJA FIREHART

**NOMBRE DE USUARIO**
firehart

**LOCALIZACIÓN**
Países Bajos

**HA JUGADO A MINECRAFT**
Unos 10 años

**¿Cuál ha sido tu construcción favorita en este libro?**
La selva tropical (pp. 70–73)

**¿Cuál ha sido la construcción más difícil?**
La selva tropical. Exigió tanto mis mejores habilidades de construcción como las más débiles; fue todo un reto. Me encanta. ¡Nunca me había divertido tanto construyendo estructuras!

**¿En qué te inspiras?**
En la naturaleza, los juegos de fantasía, la Edad Media y películas y series como *El Hobbit* y *Juego de Tronos*.

**¿Cuál es tu construcción favorita de Minecraft?**
Islas flotantes, grandes islas con ciudades medievales y grandes castillos fantásticos rodeados de eternos bosques.

**¿Qué le aconsejarías a los constructores principiantes?**
No te desanimes. Construir es un viaje de práctica y paciencia, y cuanta más experiencia tengas, más fácil se volverá todo. ¿No te gusta tu construcción actual? Observa lo que te gusta y lo que no. Mantén lo bueno y mejora lo malo. Pide opiniones e inspírate en las creaciones de otras personas. Recuerda: ¡se supone que construir es divertido! No es una carrera.

**¿Bloque u objeto favorito?**
Me encantan los élitros. No puedo dejar de volar.

Selva tropical (pp. 70–73)

# CHRISTIAN GLÜCKLICH

**NOMBRE DE USUARIO**
Cookiie

**LOCALIZACIÓN**
Alemania

**HA JUGADO A MINECRAFT**
13 años

**¿Qué es lo que más te gusta construir en Minecraft?**
Me encanta construir cosas con colores vibrantes e interesantes materiales, pero siempre acabo construyendo algo tontorrón. ¡Se trata de divertirse!

**¿Cuál ha sido tu construcción favorita en este libro?**
Como coordinador del proyecto, tuve el privilegio de ver a estos constructores de talento increíble crear lo que has visto en las páginas del libro. Puse unos bloques aquí y allá, ¡pero lo que más me gustó construir para el libro fue un equipo increíble!

**¿Cuál es tu construcción favorita de Minecraft?**
Hasta hoy sigue siendo un caracol con grandes ojos saltones mirando por un arcoíris.

**¿Qué le aconsejarías a los constructores principiantes?**
Sé original, no te rindas y diviértete. ¿A quién le importa si algo parece una tontería si te lo has pasado genial haciéndolo?

**¿Usas algún bloque de modo inusual?**
Puedes hacer geniales paneles solares con sensores de luz diurna.

El equipo de constructores